DEIN COACH ZUM ERFOLG!

W0336712

Dein ActiveBook auf MySTA

Du kannst auf alle digitalen Inhalte (Prüfung 2022, interaktive Aufgaben, MindCards, Glossar) online zugreifen. Registriere dich dazu unter **www.stark-verlag.de/mystark** mit deinem **persönlichen Zugangscode**:

C08140-004718

Die Inhalte dieser Auflage stehen bis 31.7.2024 zur Verfügung.

MySTARK

Das ActiveBook *bietet dir:*

- Viele interaktive Übungsaufgaben zu prüfungsrelevanten Kompetenzen
- Tipps zur Bearbeitung der Aufgaben
- Sofortige Ergebnisauswertung und Feedback
- MindCards und digitales Glossar zum gezielten Üben und Wiederholen zentraler Inhalte

DEIN COACH ZUM ERFOLG!

So kannst du interaktiv lernen:

Interaktive Aufgaben

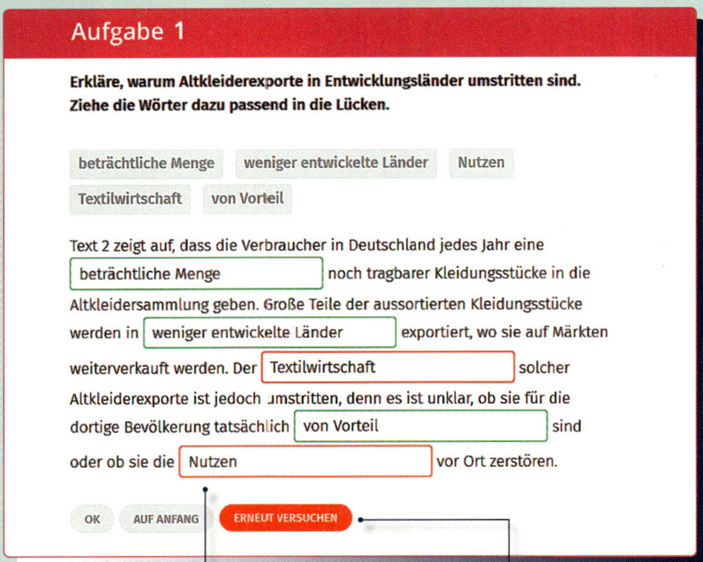

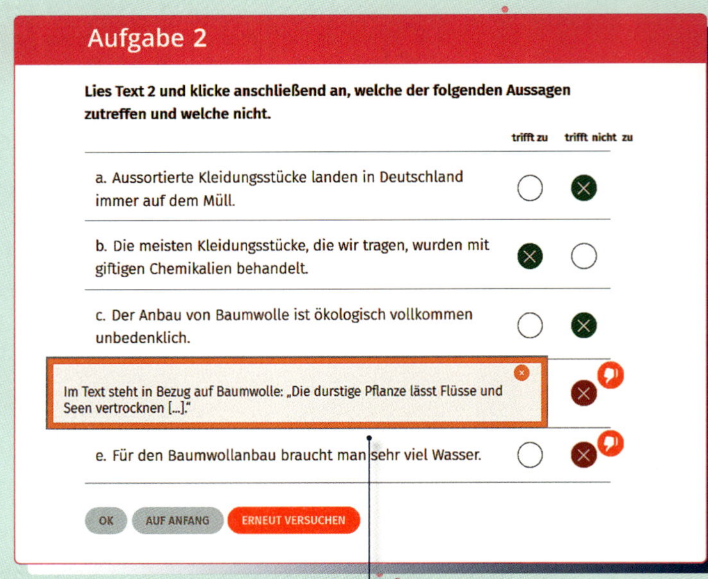

Sofortige Ergebnisauswertung

Zwei Versuche pro Aufgabe

Hilfreiche Tipps zum Lösen der Aufgaben

Digitales Glossar

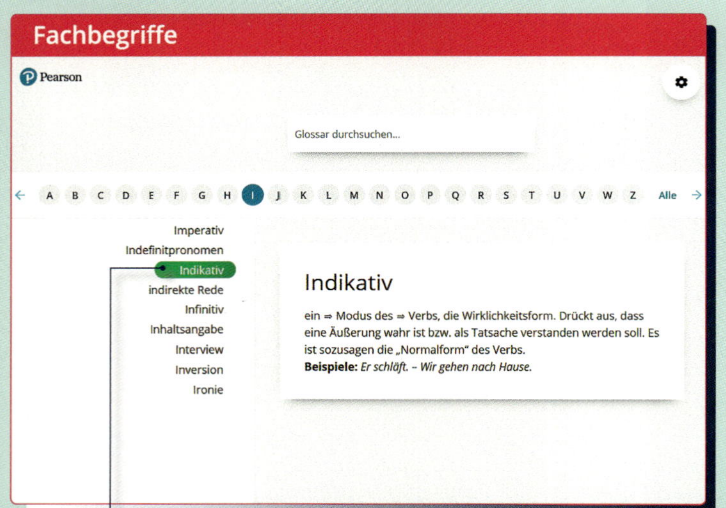

Schnelles Nachschlagen von Fachbegriffen

Web-App „MindCards"

Merkwissen gezielt üben und wiederholen

Individuelles Lernen nach dem Karteikartensystem

Systemvoraussetzungen:
- Mindestens 1024×768 Pixel Bildschirmauflösung
- Chrome, Firefox oder ähnlicher Webbrowser
- Internetzugang
- Adobe Reader oder anderer kompatibler PDF-Reader

Direkt zu den MindCards

2023

Training

Abschlussprüfung

Realschule Baden-Württemberg

Deutsch

STARK

17. neu bearbeitete und ergänzte Auflage
www.stark-verlag.de

Inhalt

Interaktive Aufgaben: A 1: Sachtext

*Über den QR-Code kannst du **Lernvideos** zu wichtigen Rechtschreibregeln abrufen.*

Interaktive Aufgaben: A 2: Lektüre

Interaktive Aufgaben: Textgebundene dialektische Erörterung

Interaktive Aufgaben: Textbeschreibung Lyrik

Interaktive Aufgaben: Textbeschreibung Prosa

Übungsaufgaben im Stil der Abschlussprüfung

Original-Abschlussprüfungen

Abschlussprüfung 2022

Sobald die Original-Prüfungsaufgaben 2022 freigegeben sind, können sie als PDF auf der Plattform MyStark heruntergeladen werden (Zugangscode vgl. Farbseiten vorne im Buch).

Autorinnen:
Anja Engel: Die Abschlussprüfung; Kapitel 1, 2, 3, 6; Übungsaufgabe 2
Sandra Wagner: Kapitel 4, 5
Franziska Schnurrer: Übungsaufgabe 1

Interaktives Training

ActiveBook
Interaktives Training

Dieses Buch umfasst auch ein interaktives Prüfungstraining fürs Lernen am Computer oder Tablet. Zum ActiveBook gelangst du über die Online-Plattform *MyStark*. Nutze dafür den vorne im Buch eingedruckten **Link** und deinen persönlichen **Zugangscode**.
Im Folgenden siehst du das Inhaltsverzeichnis zum ActiveBook. Die abgebildeten **Symbole** findest du auch auf anderen Seiten im Buch wieder. Sie zeigen dir, zu welchen Kompetenzbereichen es im ActiveBook **zusätzliche interaktive Aufgaben** gibt.

Inhalt ActiveBook

Interaktive Aufgaben
Aufgaben mit Hinweisen, Tipps und sofortiger Auswertung zu allen Bereichen der Prüfung:

Pflichtteil A

1 A 1: Sachtext

2 A 2: Lektüre

Wahlteil B

3 Textgebundene dialektische Erörterung

4 Textbeschreibung Lyrik

5 Textbeschreibung Prosa

MindCards
Interaktive Lernkarten zum intensiven Üben und Wiederholen zentraler Stilmittel und Fachbegriffe. Die MindCards sind für die Arbeit am Smartphone/Tablet bestens geeignet. Du kannst sie auch über den QR-Code vorne im Buch abrufen.

Digitales Glossar
Einfaches und schnelles Nachschlagen von Fachbegriffen, wie z. B. Textsorten, Stilmittel, Grammatikwissen

Lernvideos
Wenn du den QR-Code mit deinem Smartphone oder Tablet scannst, kannst du Lernvideos abrufen, die dir wichtige Rechtschreibregeln erläutern.
Im Hinblick auf eine eventuelle Begrenzung deines Datenvolumens empfehlen wir, dass du dich beim Ansehen der Videos im WLAN befindest. Hast du keine Möglichkeit, den QR-Code zu scannen, findest du die Lernvideos auch unter:

http://qrcode.stark-verlag.de/rechtschreibung-deutsch

Vorwort

Liebe Schülerin, lieber Schüler,

mit diesem Buch kannst du dich selbstständig und intensiv auf die **Realschulabschlussprüfung** im Fach **Deutsch** vorbereiten. Wenn du die einzelnen Kapitel gründlich durcharbeitest, bist du für alle Anforderungen der **Abschlussprüfung 2023** gut gerüstet.

- Anhand von **zehn Fragen und Antworten** erhältst du vorab einen Überblick darüber, was dich in der Abschlussprüfung erwartet.
- Im **Training Grundwissen** werden **alle prüfungsrelevanten Aufgabentypen** ausführlich erklärt und anhand zahlreicher **Übungen** gefestigt. Einprägsame **Tipps**, übersichtliche Zusammenfassungen (**Auf einen Blick**) und zahlreiche **Hinweise** helfen dir, deine Fähigkeiten gezielt auf Prüfungsniveau zu trainieren. Du erfährst, wie die einzelnen Aufgaben aussehen können und wie du sie **Schritt für Schritt** bearbeitest. Anhand von speziellen Trainingseinheiten kannst du dich auch auf die verpflichtenden **Ganzschriften „Blackbird“** von **Matthias Brandt** oder **„Nathan und seine Kinder“** von **Mirjam Pressler** vorbereiten.
- Mit den anschließenden **Übungsaufgaben im Stil der Abschlussprüfung** trainierst du selbstständig die zielsichere und erfolgreiche Bearbeitung der Prüfungsaufgaben. Am besten führst du zu Hause schon einmal eine „eigene“ Prüfung durch. So lernst du, dir die Prüfungszeit sinnvoll einzuteilen.
- Die **Original-Abschlussprüfung** des Jahres 2021 findest du am Ende des Buches. Die **Abschlussprüfung 2022** steht dir auf der Plattform *MyStark* als Download zur Verfügung. Die Original-Aufgaben dienen dir ebenfalls zur gezielten Prüfungsvorbereitung und zeigen dir noch einmal genau, was dich in der konkreten Prüfungssituation erwartet.

Zu diesem Band ist ein separates **Lösungsbuch** (Best.-Nr. C08140L) erhältlich. Darin findest du zu allen Trainings-, Übungs- und Prüfungsaufgaben **ausführliche Lösungsvorschläge** mit hilfreichen Hinweisen und Tipps zur selbstständigen Bearbeitung.

Weitere **Übungsaufgaben im Stil der neuen Abschlussprüfung** sind in unserem Band „Realschule 2023 – Original-Prüfungsaufgaben mit Lösungen“ (Best.-Nr. C08140K) enthalten.

Sollten nach Erscheinen dieses Bandes noch wichtige Änderungen für die Abschlussprüfung 2023 vom Kultusministerium bekannt gegeben werden, findest du aktuelle Informationen dazu ebenfalls bei *MyStark*.

Viel Spaß beim Üben und vor allem viel Erfolg in der Prüfung wünschen die Autorinnen und der Verlag!

Die Abschlussprüfung

Die schriftliche **Realschulabschlussprüfung** im Fach **Deutsch** besteht aus einem **Pflicht-** und einem **Wahlteil**. Den Pflichtteil musst du vollständig bearbeiten, im Wahlteil werden dir **drei Aufsatzthemen zur Wahl** gestellt, von denen nur **eines** bearbeitet werden muss.

Die Prüfung ist folgendermaßen aufgebaut:

Pflichtteil A		&	Wahlteil B	
A1: Sachtext Aufgaben zum Textverständnis und Sprachgebrauch (z. B. Rechtschreibung, Grammatik, Satzbau)	25 Punkte		**Wahlteil B** Wähle aus zwischen: 1. Textgebundene dialektische Erörterung **oder** 2. Textbeschreibung Lyrik **oder** 3. Textbeschreibung Prosa	50 Punkte
A2: Lektüre Aufgaben zum Textverständnis und produktive Aufgaben	25 Punkte			

Die **Endnote** im Fach Deutsch setzt sich folgendermaßen zusammen:

Anmeldenote		Prüfungsnote
(= Jahresleistung bis zur Prüfung)	50 %	
	50 %	(= Ergebnis der schriftlichen Prüfung bzw. der schriftlichen und mündlichen Prüfung)

Bei Ablegen der freiwilligen mündlichen Prüfung zählt die schriftliche Abschlussprüfung dreifach und die mündliche einfach.

Zehn wichtige Fragen und Antworten

Welche Kompetenzen prüft die Realschulabschlussprüfung ab?

1 Die Realschulabschlussprüfung überprüft **Kompetenzen des Unterrichts aus den Klassen 7 bis 10** der zum Realschulabschluss führenden Schulen. Diese sind im Bildungsplan des Landes Baden-Württemberg auf dem M-Niveau ausgewiesen und sollten so gut beherrscht werden, dass alle Aufgaben in der Realschulabschlussprüfung von jeder Schülerin und jedem Schüler bearbeitet werden können. Je vertrauter dir die einzelnen Aufgabenformate sind, desto besser wirst du damit zurechtkommen.

Wie viel Bearbeitungszeit hat man für die Prüfung?

2 Die Arbeitszeit für die gesamte Prüfung beträgt **240 Minuten (4 Zeitstunden)**. Die jeweilige Arbeitszeit für die verschiedenen Bereiche (A 1, A 2 und B) darf frei eingeteilt werden. Sinnvoll ist es aber, für den Pflicht- und den Wahlteil jeweils die Hälfte der Zeit einzuplanen.

Pflichtteil A1	**Sachtext** (25 Punkte, ca. 60 Minuten)
Pflichtteil A2	**Lektüre** (25 Punkte, ca. 60 Minuten)
Wahlteil B	**Aufsatz** (50 Punkte, ca. 120 Minuten)

Woraus besteht der Pflichtteil A inhaltlich?

3 Der **Pflichtteil** setzt sich aus den beiden Prüfungsteilen A 1 und A 2 zusammen. Diese musst du beide bearbeiten.

Pflichtteil A 1 (Sachtext)

- Beim **Pflichtteil A 1** bekommst du zunächst zu einem **Sachtext** Aufgaben zum Textverständnis. Weitere Aufgaben werden zu Sätzen, Formulierungen und Begriffen, die im Text enthalten sind, sowie zur Grammatik, Rechtschreibung und Zeichensetzung usw. gestellt.

Pflichtteil A 2 (Lektüre)

- Die Basis für den **Pflichtteil A 2** ist eine literarische Vorlage, z. B. ein Roman. Diese **Ganzschrift** wird im Unterricht so erarbeitet, dass du mit dem Text gut vertraut bist. Zur jeweiligen Prüfungslektüre werden Aufgaben zum Textverständnis, z. B. zum Inhalt, zur Sprache oder zum Textzusammenhang, gestellt. Zusätzlich bekommst du eine oder mehrere produktive Schreibaufgaben. Die Schreibaufgabe kann u. a. ein Brief, ein Tagebucheintrag, ein innerer Monolog oder ein Gespräch sein. Du schreibst hierbei aus der Perspektive einer anderen Person (meist einer Figur aus der Lektüre) und setzt in gewisser Weise den Text selbstständig fort.
  Die verpflichtende Ganzschrift für das Schuljahr 2022/2023 ist der Roman **„Blackbird" von Matthias Brandt** oder das Jugendbuch **„Nathan und seine Kinder" von Mirjam Pressler** – je nachdem, welches Werk an deiner Schule ausgewählt wird.

4 Im **Wahlteil B** darfst du dich für **eine der drei** vorgegebenen Aufgaben entscheiden. Folgende **Aufsatzarten** stehen zur Wahl:

Woraus besteht der Wahlteil B inhaltlich?

Textgebundene dialektische Erörterung

- Bei einer **textgebundenen dialektischen Erörterung** werden dir ein Sachtext und eventuell auch andere Materialien, z. B. ein Schaubild, eine Tabelle oder ein Diagramm, als Grundlage zur Verfügung gestellt. Diese musst du im Hinblick auf ein vorgegebenes Thema untersuchen. Das Thema enthält eine sogenannte Themenfrage, in der meist zwei Aspekte einander gegenübergestellt werden, z. B. Pro und Kontra oder Vor- und Nachteile. Dialektisch bedeutet demzufolge, dass man sowohl die Argumente für die eine als auch die andere Seite aufführen muss.

Textbeschreibung Lyrik/Prosa

- Mit einer Textbeschreibung sollst du die Besonderheiten eines literarischen Textes schriftlich darstellen. Grundlage dafür ist dein Textverständnis, das du vorher erworben hast. Für die **Textbeschreibung Lyrik** erhältst du einen lyrischen Text, also ein Gedicht oder einen Liedtext, zur Bearbeitung. Für die **Textbeschreibung Prosa** bekommt du einen erzählenden Text, meist eine Kurzgeschichte. Bestimmte Bausteine der Textbeschreibung werden auf jeden Fall erwartet, auch wenn sie nicht in der Aufgabenstellung erwähnt werden. Das betrifft die Einleitung und den Schluss. Die Schwerpunkte für den Hauptteil werden in der Aufgabenstellung ausdrücklich aufgeführt.

5 Im **Pflichtteil A** kannst du insgesamt 50 Punkte erreichen. Jeweils die Hälfte dieser Punkte entfallen auf die beiden Aufgabenbereiche:

Wie werden die Punkte verteilt?

Pflichtteil A

Pflichtteil A 1	25 Punkte
Pflichtteil A 2	25 Punkte

Wahlteil B

Im **Wahlteil B** kannst du ebenfalls insgesamt 50 Punkte erreichen.
Für die Bewertung der Wahlaufgabe B bzw. die Punkteverteilung gilt folgender Bewertungsschlüssel:

Inhalt	25 Punkte
Sprache	15 Punkte
Aufbau/Form	5 Punkte
Rechtschreibung	5 Punkte

6 Die Benutzung eines **Rechtschreibwörterbuches** ist ausdrücklich erwünscht. Es hilft dir nicht nur bei Fragen zur Rechtschreibung, Grammatik und Zeichensetzung weiter, sondern kann auch ein wichtiges Hilfsmittel für Worterklärungen (z. B. bei Fremdwörtern) sein.

Welche Hilfsmittel sind zulässig?

Außerdem darfst du die von dir **bearbeitete Prüfungslektüre** (ohne Klebezettel und nach Durchsicht durch die Lehrkraft) verwenden.

Welche Schreibgeräte sind erlaubt?

7 Dein Schreibgerät muss **dokumentenecht** sein, es darf also z. B. nicht radierbar oder ohne Spuren korrigierbar sein. Für die Prüfung solltest du dir daher, je nach Absprache mit deiner Lehrerin oder deinem Lehrer, einen Füller, Tintenroller, Kugelschreiber, Faserstift oder anderen nicht radierbaren Stift zulegen.

Was hat es mit den „Anforderungsbereichen" auf sich?

8 Der Bildungsplan für die Sekundarstufe im Fach Deutsch definiert **drei** sogenannte **Anforderungsbereiche (= AFB)**, die sich in jeder Aufgabe in unterschiedlicher Form wiederfinden. Die einzelnen Anforderungsbereiche machen deutlich, welche Art der Leistung bei der Bearbeitung einer Aufgabe erbracht werden muss.

- **Anforderungsbereich I** umfasst die **Reproduktion**, das heißt die Wiedergabe oder die wiederholende Zusammenfassung von gelernten Sachverhalten. Bei diesen Aufgaben soll also zum Einsatz gebracht werden, was im Unterricht erarbeitet und gelernt wurde, z. B. das Faktenwissen zur Lektüre.
- **Anforderungsbereich II** beinhaltet unter anderem das selbstständige Auswählen, Ordnen, Erläutern oder Vergleichen von Inhalten, also die sogenannte **Reorganisation** von Bekanntem. Du sollst außerdem zeigen, dass du in der Lage bist, Arbeitsweisen, die du im Unterricht gelernt hast, anzuwenden, z. B. auf ein unbekanntes Gedicht oder eine Kurzgeschichte.
- **Anforderungsbereich III** betrifft die selbstständige gedankliche Leistung. Hier müssen Sachverhalte und Zusammenhänge eigenständig ausgewertet, durchdacht und begründet beurteilt oder sprachlich gestaltet werden, um zu einer differenzierten und kritischen Wertung zu gelangen. Zudem sollst du zeigen, dass du das Erarbeitete auf neue Zusammenhänge und Sachverhalte übertragen kannst. Du sollst also deine Fähigkeit zum **Transfer** beweisen.

Die Aufgabenstellung ist meist so formuliert, dass die Arbeitsanweisung bzw. der gewählte Operator (= das handlungsleitende Verb) klarmacht, in welchem Anforderungsbereich die Aufgabe angesiedelt ist.

Was sind Operatoren und welchen Zweck erfüllen sie?

9 **Operatoren** sind **„handlungsleitende Verben"** und machen deutlich, welche konkrete Handlung bei einer Aufgabenstellung verlangt wird. Dadurch wird z. B. klar, ob eine stichwortartige Darstellung, eine ausführliche Textvariante oder ein schlichter Antwortsatz erwartet wird. Operatoren lassen sich den Anforderungsbereichen des Bildungsplans zuordnen und geben damit einen Hinweis auf die Ausrichtung der entsprechenden Aufgabe. Durch ihre konkreten Vorgaben dienen Operatoren dazu, Arbeitsaufträge eindeutig zu formulieren und voneinander abzugrenzen. Sie geben außerdem vor, welche Maßstäbe bei der Korrektur und Bewertung angesetzt werden.

10 Diese Operatoren kommen häufig in Aufgabenstellungen vor:

Operator	Beschreibung	Beispiel	AFB
(be-)nennen	Du sollst z. B. Begriffe, Gegenstände oder Sachverhalte aufzählen oder zuordnen.	*Nenne Gründe für Peters Heimweh.*	I
beschreiben	Hier müssen z. B. Personen, Situationen oder Sachverhalte in eigenen Worten dargestellt werden.	*Beschreibe Nics Verhalten gegenüber seinem Sohn.*	I
bestimmen	Du sollst Gegebenheiten und Inhalte nach festgelegten Kriterien feststellen.	*Bestimme die Wortarten der unterstrichenen Wörter.*	I
formulieren	Hier soll z. B. ein Ergebnis, ein Standpunkt oder ein Eindruck knapp zum Ausdruck gebracht werden.	*Formuliere, welchen Standpunkt die Autorin im Text vertritt.*	I
skizzieren	Du sollst z. B. eine Person, eine Handlung, einen Entwicklungsprozess oder einen Sachverhalt in groben Zügen darstellen.	*Skizziere den Handlungsverlauf.*	I
wiedergeben	Du hast die Aufgabe, Informationen aus einem vorliegenden Text zusammenfassend in eigenen Worten zu präsentieren.	*Gib wieder, welche Gründe für Schulangst im Text genannt werden.*	I
darstellen / darlegen	Hier sollen z. B. Zusammenhänge, Entwicklungen, Meinungen oder Probleme neutral wiedergegeben werden.	*Stelle anhand des Textes den Zusammenhang zwischen Fleischkonsum und Klimawandel dar.*	I, II
zeigen/ aufzeigen	Von dir wird erwartet, dass du z. B. Zusammenhänge, Entwicklungen oder Probleme unter einer bestimmten Fragestellung wiedergibst.	*Zeige anhand von Textbeispielen, dass die Hauptfigur mutig gehandelt hat.*	I, II
zusammenfassen	Du sollst z. B. Inhalte und Zusammenhänge von Texten auf das Wesentliche beschränkt wiedergeben.	*Fasse zusammen, was Lena schlussendlich zur Flucht bewegt hat.*	I, II
analysieren/ untersuchen	Bei dieser Aufgabe sollen z. B. formale und inhaltliche Aspekte eines Textes unter einer bestimmten Fragestellung herausgearbeitet werden.	*Analysiere, inwieweit Jans Verhalten durch seine Freunde beeinflusst wird.*	II
begründen	Es geht darum, z. B. eine Position oder Vermutung durch Argumente (mit Belegen und Beispielen) zu stützen.	*Begründe, warum Dario mit Andy wegläuft.*	II

Welche Operatoren kommen in der Prüfung häufig vor und was wird jeweils erwartet?

Operator	Beschreibung	Beispiel	AFB
belegen	Hier sollen z. B. zu bestimmten Aussagen Zitate (Belege, Beweise) im Text gefunden und genannt werden.	*Belege deine Vermutungen am Text.*	II
charakterisieren	Du sollst z. B. Personen und ihre Eigenschaften darstellen.	*Charakterisiere die Hauptfigur.*	II
erklären	Hier musst du Sachverhalte in einen Zusammenhang stellen und begründen oder zu Schlussfolgerungen kommen.	*Erkläre die Schreibweise mit dem Doppelkonsonanten „mm".*	II
erläutern	„Erläutern" entspricht eigentlich dem Operator „erklären", enthält darüber hinaus aber noch den Aspekt, dass die Ergebnisse durch Zusatzinformationen und Beispiele veranschaulicht werden sollen.	*Erläutere Pauls Beweggründe für sein aggressives Verhalten.*	II
herausarbeiten	Hier sollen z. B. Strukturen oder Leitgedanken aus einem Text herausgelöst und auf das Wesentliche konzentriert dargestellt werden.	*Arbeite die drei Hauptgedanken des vorliegenden Sachtextes heraus.*	II
vergleichen	Du sollst Texte, Figuren, Sachverhalte oder Problemstellungen unter vorgegebenen oder selbst gewählten Aspekten einander gegenüberstellen und Gemeinsamkeiten sowie Unterschiede feststellen.	*Vergleiche die beiden Pflegerinnen Fabiola und Elisa miteinander.*	II
beurteilen/ bewerten	Hier sollst du zu einem Text, einem Sachverhalt oder einem Problem zu einem selbstständigen und begründeten Urteil gelangen.	*Beurteile, wie geeignet dir die im Text genannten Maßnahmen zur Reduzierung von Plastikmüll erscheinen.*	III
erörtern	Es geht darum, bei einer These, Problemstellung oder Themenfrage das Für und Wider abzuwägen. Dabei sollst du verschiedene Perspektiven überprüfen sowie ein begründetes Urteil fällen, ggf. auch Schlussfolgerungen ziehen und Lösungsperspektiven entwickeln.	*Erörtere, ob es sinnvoll ist, Einwegprodukte aus Plastik zu verbieten.*	III
Stellung nehmen	Hier geht es darum, nach kritischer Prüfung und Abwägung eine Einschätzung zu einer Problemstellung, einem Sachverhalt oder eine Wertung zu formulieren.	*Nimm Stellung zur zentralen These des Autors, der zufolge Computerspiele die Gewaltbereitschaft bei Jugendlichen fördern.*	III

Training Grundwissen

Pflichtteil A 1: Sachtext

Interaktive Aufgaben: A 1: Sachtext

Ausgangspunkt für diesen Prüfungsteil ist immer ein **Sachtext**, dessen Thema du vorher nicht kennst. Es gilt, den Text möglichst gründlich zu lesen, ihn zu bearbeiten und inhaltlich zu durchdringen (= lesen und verstehen).
Für den Pflichtteil A 1 kannst du insgesamt **25 Punkte**, also **ein Viertel aller Punkte** bekommen. Plane daher auch ungefähr **ein Viertel der Bearbeitungszeit** dafür ein (**60 Minuten** von 240 Minuten).

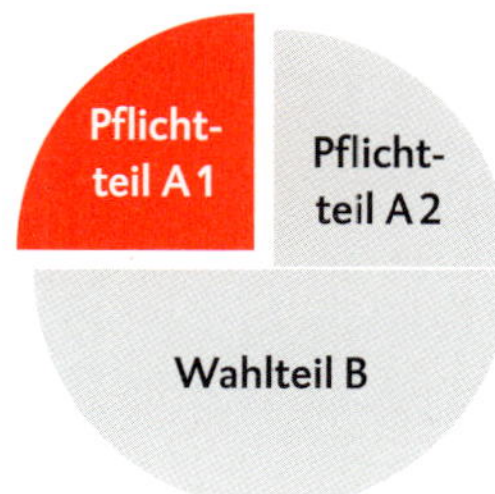

Zu dem Sachtext werden dir dann Aufgaben zum
- **Textverständnis**, also inhaltliche Fragen, und zum
- **Sprachgebrauch**, z. B. zur Rechtschreibung oder Grammatik, gestellt.

Grundlage für die Aufgaben zum Sprachgebrauch sind Sätze, Formulierungen oder Wörter aus dem Text. Bei diesen Aufgaben benötigst du ein breitgefächertes Regel- und Faktenwissen.

1 Textverständnis

Es ist sinnvoll, sich den Text zunächst **gründlich durchzulesen**, um einen ersten Überblick über dessen Inhalt und Thema zu bekommen. Anschließend solltest du die Aufgaben zum Textverständnis lesen, damit du weißt, welche Aspekte du beim zweiten Lesen besonders in den Blick nehmen musst.
Möglicherweise stößt du beim Lesen des Sachtextes auf unbekannte Begriffe oder Formulierungen. Achte dann auf das „Kleingedruckte", denn manchmal sind Wörter, die dir Schwierigkeiten bereiten könnten, am Ende des Textes in Fußnoten oder Anmerkungen erklärt. Zudem kann dir folgende Schritt-für-Schritt-Anleitung beim **Umgang mit Unklarheiten im Text** helfen:

Schritt für Schritt

Arbeitsschritt 1	**Ignoriere** kleinere Unklarheiten, d. h., beachte sie nicht. Vielleicht ist der Aspekt, der dir unverständlich ist, gar nicht wichtig.
Arbeitsschritt 2	**Lies weiter**, um festzustellen, ob dir dadurch der Sinn des Textes klarer wird.
Arbeitsschritt 3	**Lies** unklare Textstellen **noch einmal**.
Arbeitsschritt 4	Lies den **Abschnitt vor der schwierigen Textstelle** ein zweites Mal.
Arbeitsschritt 5	**Stelle einen Zusammenhang her** zu Dingen, die du schon kennst, weißt oder vorher gelesen hast.
Arbeitsschritt 6	Nimm das **Rechtschreibwörterbuch** zu Hilfe, vielleicht ist der unverständliche Begriff dort erklärt.

1.1 Lesestrategien

Es gibt eine Vielzahl von Vorgehensweisen, die dich dabei unterstützen, einen **Text zu verstehen** und dessen Informationen zu nutzen. Wichtig ist in erster Linie: Nimm dir Zeit zum Lesen und Bearbeiten des Textes!
Gehe vor wie in der folgenden Übersicht dargestellt. Wende zur Übung verschiedene Strategien an, damit du mit ihnen vertraut wirst, und hake sie danach ab.

Auf einen Blick

Checkliste zum effektiven Umgang mit Texten		☑
Vor dem ersten Lesen	**Überfliege den Text.** Welche Themen oder welches Thema erkennst du? Welche Begriffe oder Bilder springen dir ins Auge? Achte auf Signalwörter.	☐
	Lies die Überschrift/den Untertitel. Wovon könnte der Text handeln? Hast du bereits Vorinformationen zum vermuteten Thema des Textes? Lasse erste Assoziationen zu.	☐
	Stelle Verbindungen zu deinem Vorwissen her. Was weißt du schon zu dem Thema? Knüpfe an Bekanntes an.	☐
Während des Lesens	**Konzentriere dich aufs Lesen.** Bemühe dich, gründlich zu lesen und nicht gedanklich abzuschweifen. Stelle dir den Inhalt des Textes bildlich vor.	☐
	Arbeite bereits beim ersten Lesen mit einem Bleistift. Markiere Wörter oder Formulierungen, die dir unbekannt oder unklar sind, z. B. mit einem Fragezeichen.	☐
	Beseitige Unklarheiten, die dich am Textverständnis hindern. Denke daran, dass du nicht unbedingt alle Wörter verstehen musst (siehe Schritt-für-Schritt-Anleitung, S. 1).	☐
	Kläre am Ende dein allgemeines bisheriges Textverständnis. Welches Thema wird im Text behandelt? Um welche Unterthemen geht es im Text? Welche Hauptaussagen werden getroffen?	☐
Nach dem ersten Lesen	**Lies jetzt alle Fragestellungen aufmerksam durch.** Was sollst oder willst du herausfinden? Welche Informationen bzw. Details soll dir der Text liefern?	☐
	Mache dir deinen ersten konkreten Leseauftrag bewusst.	☐
	Lies den Text nochmals gründlich und unterstreiche dabei „sachdienliche“ Textstellen. Markiere im Text diejenigen Stellen oder Schlüsselbegriffe, die Antworten auf die Fragen in der Prüfung geben können. Beachte auch die Aufgaben, deren Lösungen nicht wörtlich im Text zu finden sind.	☐

Lies den nachfolgenden Sachtext und wende die Lesestrategien an.
Du siehst in den Gedankenblasen bereits, welche **Assoziationen** Titel und Untertitel hervorrufen können.

Thema Wegwerfgesellschaft?

Konsumverhalten in Sachen Kleidung?

Was passiert mit den Kleidern aus dem Altkleidercontainer?

Für die Tonne

Die Reise meines Pullovers: vom Kleiderschrank in den Altkleidercontainer und darüber hinaus

Noelle Konate

Seit zwei Jahren liegt er da, unberührt. Der graue Pullover einer Skatemarke, den ich unbedingt haben wollte. Viele meiner Freund*innen trugen ihn, Jungs, die ich toll fand, und auch die Sängerin Rihanna. Ich musste den Pullover besitzen. Ich habe ihn geliebt, neun Monate lang, um ihn dann wie eine missglückte Romanze langsam auszublenden. Das Schrankfach verlässt er seither nicht mehr.
Aber wohin mit dem Fehlkauf? Für den Müll ist er bis auf einen ausgeleierten Ärmelsaum zu gut erhalten. Ich entscheide mich, ihn in einen Altkleidercontainer zu werfen. Schließlich will ich gleichzeitig etwas Gutes tun, so wie viele Menschen in Deutschland. Im Durchschnitt spendet jede*r zwölf Kilogramm alte Kleider im Jahr, 160 000 gefüllte Altkleidercontainer kommen so zusammen. Doch nicht alle dienen karitativen Zwecken. Immer mehr illegale Container werden auf Privatgrundstücken aufgestellt. Manche Firmen wollen damit Profit machen, denn das Geschäft mit den alten Hosen und Sweatshirts ist lukrativ. Für einen vollen Container bekommen sie bis zu 450 Euro.
Das Internet verrät mir, woran ich seriöse Container erkenne: Auf ihnen müssen Adresse sowie Rufnummer der sammelnden Organisation stehen. Wenig später stehe ich vor einem roten, leicht zerbeulten Container des Deutschen Roten Kreuzes (DRK). Ich entziffere die Anschrift und die Telefonnummer, unter der sich tatsächlich ein Anrufbeantworter meldet und eine freundliche Stimme darauf hinweist, dass es sich hier um einen Altkleidercontainer des DRK handelt. Wird schon stimmen. Test bestanden. Ich bin zufrieden und werfe meinen Pullover hinein.

Gut genug für die Kleiderkammer?

Das DRK gibt an, dass es im Jahr knapp 100 000 Tonnen Altkleider sammelt, den Großteil verkauft es an eine Verwertungsfirma. Nur fünf Prozent verteilt das DRK in Kleiderkammern an Bedürftige in Deutschland. Ich bin neugierig und will herausfinden, ob mein Pullover in einem Umsonstladen des DRK gelandet ist.
In einem kleinen Häuschen treffe ich Frau Camps von der Kleiderkammer und Frau Ahmed, eine der vier Frauen, die drei- bis viermal die Woche ehrenamtlich helfen. Frau Ahmed steht hinter einer Theke, hinter ihr ein Regal, das voll ist mit Büchern, Gläsern, Vasen und einem Teddybären.
Auch der restliche Raum ist vollgestopft mit Kleiderständern, Boxen und Tüten voller Kleidung. Ich finde schwarze Lederstiefel einer Fast-Fashion-Marke, einen Parka eines nachhaltigen Labels, sogar eine Jacke eines großen Designers. Aber keine Spur von meinem Pullover. „In unserer Kleiderkammer landen nur Sachen, die Leute direkt vorbeibringen oder in den Container vor unserer Tür werfen“, sagt Frau Camps. Wohin ging dann mein Pullover? Der wurde wahrscheinlich weiterverkauft.

Vom Pullover zum Putzlappen

Die Verwertungsfirmen, die die Kleidung ankaufen, sortieren sie nach Qualität. Etwa die Hälfte landet direkt im Müll oder wird zu Putzlappen und Dämmmaterial für die Autoindustrie verarbeitet. Einen kleinen Teil der sauberen, gut erhaltenen Kleidung verkaufen die Firmen an Secondhandläden in Deutschland. Der Rest landet in unterschiedlichen Ländern. Neben West- und Osteuropa, dem Nahen Osten und Asien geht das meiste nach Afrika.

Dort können Großhändler die Klamotten nach unterschiedlichen Kriterien bestellen. Wintermäntel? Eher was für die Ukraine als für Uganda. Am wahrscheinlichsten ist es, dass mein Pullover mit dem ausgeleierten Ärmelsaum in einem Flieger nach Afrika liegt. Wo er von einem Großhändler an einen Secondhandladen verkauft und vielleicht von einem skatebegeisterten Mädchen auf einem Wühltisch gefunden und gekauft wird.

Eine schöne Vorstellung, finde ich. Aber ist das vertretbar? Bei dieser Frage scheiden sich die Geister. Kritiker*innen argumentieren, dass durch den Export von Secondhandkleidung die regionale Textilindustrie in Afrika zerstört werde: Mit den billigen Preisen könne die nicht mithalten. 2019 hat Ruanda deswegen ein Importverbot verhängt, um die lokale Industrie wieder aufleben zu lassen.

Befürworter*innen sehen das anders: Von einem Verbot profitiere nicht zwangsläufig die lokale Textilindustrie, sondern chinesische T-Shirts, Hosen oder Jacken könnten den Markt überschwemmen. Viele Menschen in Afrika würden gerne Secondhandkleidung tragen, weil sie den westlichen Modetrends entspräche, die durch Social Media auch in Afrika ankommen.

Ernüchtert stelle ich fest, dass mein Versuch, meine Spende sinnvoll einzusetzen, nicht ganz geglückt ist. Altkleiderspenden sind nur eine halbherzige Lösung für ein Problem, das viel tiefer liegt. Das eigentliche Problem bin ich, die Konsumentin, die zu vielen kurzlebigen Modetrends nacheifert.

Am Tag nachdem ich meinen Pullover in den Container warf, kam ich an einem Schaufenster vorbei. Darin hing ein Pullover, den ich mir schöner kaum vorstellen kann. Es tat fast ein bisschen weh, als ich die Ladentür nicht öffnete, weiterlief und mir fest vornahm, einen ähnlichen im Secondhandladen zu suchen.

Quelle: Noelle Konate: Für die Tonne. Fluter vom 27. 02. 2020. Im Internet unter: www.fluter.de/altkleidercontainer-was-passiert-mit-der-alten-kleidung

1.2 Aufgaben zum Textverständnis

Bearbeite nachfolgende **Aufgaben zum Textverständnis**, wie sie dir in ähnlicher Weise auch in der Prüfung begegnen könnten. Hier erhältst du allerdings noch Tipps und Hilfestellungen zur Umsetzung. Achte insbesondere auf die in der Aufgabenstellung vorkommenden **Operatoren**.

Tipp

Was sind Operatoren?

Operatoren sind „handlungsleitende Verben" und sollen deutlich machen, welche konkrete Handlung bei einer Aufgabenstellung von dir verlangt wird. Dadurch wird dir z. B. klar, ob eine stichwortartige Darstellung, eine ausführliche Textvariante oder ein schlichter Antwortsatz erwartet wird. Eine Liste der wichtigsten Operatoren findest du vorne im Buch (10. Frage).

Übung 1

1. Entscheide mithilfe des Textes, ob folgende Aussagen richtig oder falsch sind. Kreuze entsprechend an.

   Hinweis: Denke daran, dass du deine Antworten in der Prüfung auf den gesonderten Schülerbögen (linierten Blättern) notieren musst.

	richtig	falsch
Die Autorin berichtet von einem Pullover, den sie ursprünglich einmal gut fand und hauptsächlich deshalb haben wollte, weil ihn auch andere besaßen.	☐	☐
Jede*r Deutsche kauft im Jahr durchschnittlich 12 kg neue Kleidung.	☐	☐
Nur 5 Prozent aller in Deutschland gespendeter Kleidung wird direkt an Bedürftige verteilt.	☐	☐
Überwiegend werden die gespendeten Altkleider an sogenannte Verwertungsfirmen weiterverkauft.	☐	☐
Es gibt mittlerweile viele illegal aufgestellte Altkleidercontainer, die nur vorgeben, die Kleidung für karitative Zwecke zu sammeln. In Wahrheit wollen die Betreiber aber Profit machen.	☐	☐

2. **Nenne** die Beweggründe, die Menschen haben könnten, wenn sie ihre abgelegte Kleidung nicht wegwerfen, sondern in einen Kleidercontainer geben.

Tipp

Was wird beim Operator „nennen" erwartet?

Du sollst z. B. Begriffe, Gegenstände oder Sachverhalte aufzählen oder zuordnen.

a) Suche und unterstreiche zuerst im Text die Stellen, die folgende Schlüsselbegriffe enthalten:
   - „zu gut erhalten"
   - „etwas Gutes"
   - „karitativen Zwecken"
   - „Bedürftige in Deutschland"

b) Vervollständige nun die nachfolgenden Sätze mithilfe der Informationen, die in den von dir unterstrichenen Textstellen vorkommen.

- *Oft sind die Kleidungsstücke zu gut erhalten, um sie wegzuschmeißen, deshalb* ______________________________
- *Viele Menschen in Deutschland glauben,* ______________________________
- *Viele denken, dass die ausrangierten Kleider* ______________________________

3. **Skizziere**, wer davon profitiert oder im Laufe der Zeit daran verdient, wenn jemand seine alten Kleidungsstücke in einen Altkleidercontainer wirft.

Tipp

Was wird beim Operator „skizzieren" erwartet?
Du sollst z. B. eine Person, eine Handlung, einen Entwicklungsprozess oder einen Sachverhalt in groben Zügen darstellen.

a) Trage im folgenden Flussdiagramm ein, wer nacheinander an der Kleidung verdient oder von ihr profitiert.

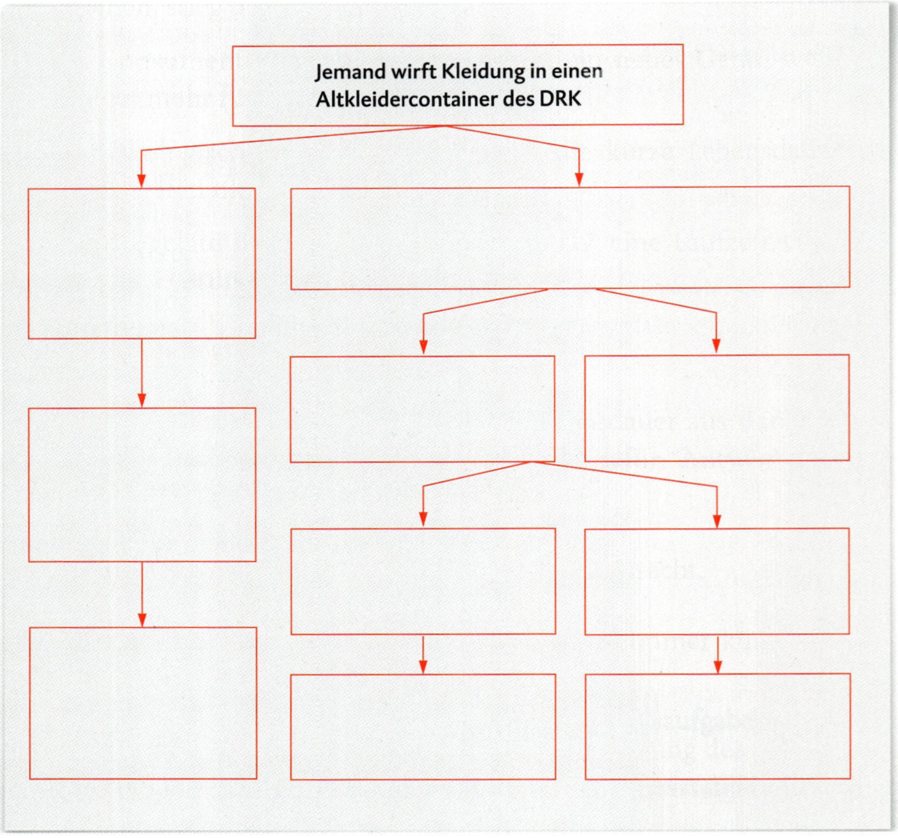

b) Formuliere nun mithilfe des Diagramms einen Ergebnistext. Beginne ihn wie folgt:

Es profitieren z.B. karitative Einrichtungen wie das Deutsche Rote Kreuz (DRK). Es betreibt Kleiderkammern oder sogenannte Umsonstläden …

4. **Erkläre** in eigenen Worten, weshalb manche afrikanischen Länder ein Importverbot für Secondhandkleidung aus dem Ausland verhängen.

Tipp

Was wird beim Operator „erklären“ erwartet?

Hier musst du Sachverhalte in einen Zusammenhang stellen und begründen oder zu Schlussfolgerungen kommen.

a) Unterstreiche im Text zuerst die hier aufgelisteten „Aktionen“ und notiere jeweils die Auswirkung, die sie laut Text besitzen.

Aktion: Europa exportiert Secondhandkleidung nach Afrika.

Auswirkung:

Aktion: Ruanda verhängte 2019 ein Importverbot für Secondhandkleidung aus dem Ausland.

Auswirkung:

b) Formuliere mithilfe deiner Notizen einen Lösungstext für Aufgabe 4.

5. **Erläutere**, was laut Text gegen ein Importverbot von Secondhandkleidung spricht.

Tipp

Was wird beim Operator „erläutern“ erwartet?

„Erläutern“ entspricht eigentlich dem Operator „erklären“, enthält jedoch den zusätzlichen Aspekt, dass die Ergebnisse durch Zusatzinformationen und Beispiele veranschaulicht werden sollen.

a) Unterstreiche im Text die Argumente der Befürworter*innen der Importe.

b) Formuliere nun mithilfe der unterstrichenen Informationen einen Antworttext. Ergänze dazu nachfolgenden Satzanfang.

*Befürworter*innen der Importe von europäischer Secondhandkleidung nach Afrika argumentieren,* ____________________

6. **Arbeite heraus**, zu welcher Erkenntnis der Text bzw. die Autorin des Textes zum Thema „Altkleidercontainer“ kommt.

Tipp

Was wird beim Operator „herausarbeiten“ erwartet?

Hier sollen z. B. Strukturen oder Leitgedanken aus einem Text herausgelöst und auf das Wesentliche konzentriert dargestellt werden.

a) Unterstreiche im Text die Passagen, die Auskunft über die Erkenntnisse der Autorin zum Thema „Altkleidercontainer“ geben.

b) Setze nun aus den hier abgedruckten Satzteilen vollständige Sätze zusammen, sodass ein sinnvoller Antworttext entsteht. (→ Heft)

da sie zu vielen kurzlebigen Modetrends nacheifert	und damit die Massen an Altkleidern verursacht.	mit ihrer Altkleiderspende viel Gutes zu bewirken,
naiv waren.	Noelle Konate kommt zu der ernüchternden Erkenntnis,	Sie erkennt,
das eigentliche Problem ist,	dass ihre Vorstellungen,	dass sie als Konsumentin

2 Sprachgebrauch

In diesem Bereich musst du Regeln und Strategien des Sprachgebrauchs anwenden und erklären können. Laut Bildungplan spielen folgende Inhalte eine Rolle:

Auf einen Blick

SPRACHGEBRAUCH

Struktur von Wörtern (Morphologie)

- **Wortarten**
  - Nomen/Eigennamen
  - bestimmter und unbestimmter Artikel
  - Adjektiv
  - Numerale
  - Pronomen
    - Personalpronomen
    - Reflexivpronomen
    - Possessivpronomen
    - Demonstrativpronomen
    - Relativpronomen
    - Interrogativpronomen
    - Indefinitpronomen
  - Verb
  - Adverb
    - Temporaladverb
    - Lokaladverb
    - Modaladverb
    - Kausaladverb
  - Präposition
  - Konjunktion/Subjunktion
  - Interjektion
- **Wortbildung**, *z. B. Komposita (= zusammengesetzte Wörter), Vorsilben*
- **Konjugation von Verben**
  - Tempus
    - Präsens
    - Präterium
    - Perfekt
    - Plusquamperfekt
    - Futur I
    - Futur II
  - Modus
    - Indikativ (Realität)
    - Konjunktiv I (v. a. indirekte Rede)
    - Konjunktiv II (Irrealität)
    - Imperativ (Befehl)
  - Aktiv/Passiv
- **Kategorien des Nomens**
  - Genus
    - Maskulinum
    - Femininum
    - Neutrum
  - Numerus
    - Singular
    - Plural
  - Kasus
    - Nominativ
    - Genitiv
    - Dativ
    - Akkusativ

Bedeutung von Wörtern (Semantik)

- **Denotation und Konnotation**, z. B.
  - *sprachliche Bilder*
  - *Redewendungen*
  - *Sprichwörter*
- Bedeutung von **Lehn- und Fremdwörtern**
- Synonyme/Antonyme

Struktur von Sätzen und Texten (Syntax)

- **Satzglieder**
  - Subjekt
  - Prädikat
  - Objekte
    - Genitivobjekt
    - Dativobjekt
    - Akkusativobjekt
    - Präpositionalobjekt
  - adverbiale Bestimmungen
    - Lokaladverbiale (Ort)
    - Temporaladverbiale (Zeit)
    - Modaladverbiale (Art und Weise)
    - Kausaladverbiale (Grund)
- **Attribute** (= Teile von Satzgliedern)
  - Adjektivattribut
  - Genitivattribut
  - Präpositionales Attribut
  - Attributsatz
  - Apposition
- Beschreiben von Sätzen mithilfe des **Feldermodells**, *z. B. Einordnen in das Feldermodell (Koordinations-, Vor-, Mittel- und Nachfeld, linke und rechte Satz-/Verbklammer)*
- **Satzarten**, *z. B. Haupt- und Nebensatz, Verberst-, Verbzweit- und Verbletztsatz (= eingeleitet durch Subjunktion)*
- **satzwertige Infinitiv- und Partizipgruppe**

Zeichensetzung (Interpunktion)

- **Zeichensetzung bei Zitaten**
- **Regeln bei der Kommasetzung**, z. B.
  - *Aufzählungen*
  - *Trennung von Hauptsätzen*
  - *Trennung von Haupt- und Nebensatz*
  - *bei Einschüben (Appositionen)*
  - *nach Anreden*
  - *bei Infinitiv- und Partizipgruppen*
- Begriffe und Regeln aus dem Rechtschreibrahmen

Rechtschreibung (Orthografie)

- **Regeln der Groß- und Kleinschreibung**, *z. B. von Nomen, Nominalisierungen, Satzanfängen*
- **Regeln der Getrennt- und Zusammenschreibung**
- Schreibung von gängigen **Fremdwörtern**
- **Begriffe und Regeln aus dem Rechtschreibrahmen** (Klasse 7–10, z. B. Fugenelement)
- Kenntnisse über die Nutzung eines Rechtschreibwörterbuchs

Mithilfe der Übersicht auf Seite 9 kannst du dir einen Überblick darüber verschaffen, welche Themen für diesen Prüfungsteil infrage kommen und welche du vorrangig noch bearbeiten solltest. Gehe dabei folgendermaßen vor:

Schritt für Schritt

So arbeitest du mit der Übersicht über die Themen:

Arbeitsschritt 1 Sieh dir zu jedem Oberbegriff in der Liste auch die Unterpunkte an, damit du zweifelsfrei weißt, was mit den einzelnen Begriffen gemeint ist.

Arbeitsschritt 2 Hake zuerst die Themen/Begriffe ab, die dir vertraut sind und die du auf Anhieb einordnen konntest.

Arbeitsschritt 3 Markiere dann die Themen/Begriffe, an die du dich erst mithilfe der Unterpunkte erinnern konntest.

Arbeitsschritt 4 Kennzeichne die Themen/Begriffe mit einem Frage- oder Ausrufezeichen, die dir auch nach Sichtung der Unterpunkte unbekannt vorkommen.

Arbeitsschritt 5 Markiere danach die Übungen zu den Themen, die du noch nicht beherrschst oder bei denen du dir unsicher bist. Mit diesen Aufgaben solltest du beginnen.

2.1 Struktur von Wörtern (Morphologie)

Wortarten

Um in einer Aufgabe Wortarten korrekt benennen zu können, solltest du folgende Wortarten kennen:

Auf einen Blick

Veränderbare Wortarten	
NOMEN bezeichnen Lebewesen und Dinge. Man unterscheidet: • Nomen, die etwas **Reales** bezeichnen (Konkreta) • Nomen, die etwas **Gedachtes** bezeichnen (Abstrakta) • **Eigennamen**, die Lebewesen oder Dingen persönliche Namen geben	 *Stuhl, Ball, Katze, Käse* *Trauer, Hoffnung, Freiheit* *Johannes: Name eines Jungen,* *Amerika: Name eines Kontinents*
ARTIKEL sind **Begleiter** von **Nomen**. Es gibt: • **bestimmte** Artikel • **unbestimmte** Artikel	 *der, die, das* *ein, eine*
ADJEKTIVE bezeichnen **Eigenschaften** und sind steigerbar: Positiv → Komparativ → Superlativ	*gelb, fröhlich, leicht, still* *schön, schöner, am schönsten*
NUMERALIEN (Zahlwörter) geben die Menge/Anzahl an, in der ein Sachverhalt auftritt. Sie gelten in manchen Grammatiken als Sonderform des Adjektivs.	*drei, vierte, zweifach, viermalig, achtel*
VERBEN bezeichnen eine **Handlung/Tätigkeit**. Man unterscheidet: • Vollverben • Hilfsverben • Modalverben	 *gehen, essen, liegen* *haben, sein, werden* *können, wollen, sollen, müssen, dürfen*

PRONOMEN (Fürwörter) sind **Begleiter** oder **Stellvertreter** von Nomen. Die wichtigsten sind:	
• Personalpronomen	*ich, du, er/sie/es, wir, ihr, sie*
• Reflexivpronomen	*mich, dich, sich, uns, euch, sich*
• Possessivpronomen	*mein, dein, sein/ihr/sein, unser, euer, ihr*
• Demonstrativpronomen	*diese, -r, -s; jene, -r, -s; der/die/das (da)*
• Relativpronomen	*der, die, das; welche, -r, -s*
• Interrogativpronomen	*Wer? Wo? Was? Wann? Wie? Warum?*
• Indefinitpronomen	*etwas, nichts, wenig, kein, alle/s, einige*

Auf einen Blick

Unveränderbare Wortarten	
ADVERBIEN bezeichnen die genaueren **Umstände** einer Handlung, zum Beispiel:	
• den Ort (Wo? Woher? Wohin?) → **Lokaladverbien**	*dort, hier, oben, überall*
• die Zeit (Wann? Seit wann? Bis wann? Wie lange? Wie oft?) → **Temporaladverbien**	*gestern, jetzt, morgens, nachts, selten, schon, oft, manchmal*
• die Art und Weise oder das Ausmaß (Wie? Wie sehr?), Erweiterungen oder Einschränkungen → **Modaladverbien**	*gern, lieber, irgendwie, anders; sehr, äußerst, kaum; auch, sonst; allerdings, nur*
• den Grund (Warum?) → **Kausaladverbien**	*deshalb, daher, somit, also, folglich*
PRÄPOSITIONEN bezeichnen das **Verhältnis**, in dem Personen oder Dinge zueinander stehen.	*an, bei, mit, vor, zwischen, neben, über, unter, innerhalb, gegen*
KONJUNKTIONEN verbinden Wörter, Wortgruppen oder Sätze miteinander. Man unterscheidet:	
• **nebenordnende Konjunktionen**, die Gleichrangiges verbinden (z. B. Hauptsätze)	*und, oder, denn, aber, doch*
• **unterordnende** Konjunktionen, sogenannte **Subjunktionen**, die Nicht-Gleichrangiges verbinden (z. B. Haupt- und Nebensätze)	*als, weil, obwohl, nachdem, wenn, dass*
INTERJEKTIONEN sind wortähnliche Lautäußerungen oder Ausrufe, mit denen z. B. Empfindungen ausgedrückt werden.	*Aua! Ach! Igitt! Bäh! Pfui! Oho!*

Übung 2

1. Bestimme die **Wortart** der unterstrichenen Wörter. Kreuze entsprechend an.

	Nomen	Artikel	Adjektiv	Numerale	Pronomen	Verb	Adverb	Präposition	Konjunktion	Subjunktion	Interjektion
Das Internet verrät <u>mir</u>, woran ich seriöse Container erkenne.	☐	☐	☐	☐	☐	☐	☐	☐	☐	☐	☐
Nur fünf Prozent verteilt das DRK in Kleiderkammern an <u>Bedürftige</u>.	☐	☐	☐	☐	☐	☐	☐	☐	☐	☐	☐
Gut genug <u>für</u> die Kleiderkammer?	☐	☐	☐	☐	☐	☐	☐	☐	☐	☐	☐
<u>Eine</u> schöne Vorstellung, finde ich.	☐	☐	☐	☐	☐	☐	☐	☐	☐	☐	☐
<u>Aber</u> ist das vertretbar?	☐	☐	☐	☐	☐	☐	☐	☐	☐	☐	☐
<u>Eher</u> was für die Ukraine als für Uganda.	☐	☐	☐	☐	☐	☐	☐	☐	☐	☐	☐

	Nomen	Artikel	Adjektiv	Numerale	Pronomen	Verb	Adverb	Präposition	Konjunktion	Subjunktion	Interjektion
Ernüchtert stelle ich fest, dass mein Versuch nicht ganz geglückt ist.	☐	☐	☐	☐	☐	☐	☐	☐	☐	☐	☐
Altkleiderspenden sind nur eine halbherzige Lösung.	☐	☐	☐	☐	☐	☐	☐	☐	☐	☐	☐
Aha, das hätte ich mir denken können.	☐	☐	☐	☐	☐	☐	☐	☐	☐	☐	☐
Von einem Verbot profitiere nicht zwangsläufig die lokale Textilindustrie.	☐	☐	☐	☐	☐	☐	☐	☐	☐	☐	☐
Das DRK gibt an, dass es im Jahr knapp hunderttausend Tonnen Altkleider sammelt.	☐	☐	☐	☐	☐	☐	☐	☐	☐	☐	☐

2. Suche im Text „Für die Tonne“ auf S. 3/4 das jeweils erste Beispiel (ab Z. 1) für nachfolgende Wortarten und schreibe es inkl. Zeilenangabe heraus.

   a) Das erste Lokaladverb: ______________________ (Z. ______)

   b) Das erste Modaladverb: ______________________ (Z. ______)

   c) Das erste Numerale: ______________________ (Z. ______)

   d) Das erste Personalpronomen: ______________________ (Z. ______)

   e) Das erste Possessivpronomen: ______________________ (Z. ______)

   f) Das erste Relativpronomen: ______________________ (Z. ______)

   g) Die erste Konjunktion: ______________________ (Z. ______)

   h) Die erste Subjunktion: ______________________ (Z. ______)

   i) Das erste Modalverb: ______________________ (Z. ______)

3. Bestimme jeweils die Wortart der unterstrichenen Wörter (je nach Funktion im Satz). Schreibe jeweils den Fachbegriff unter das Wort auf die Zeile.

   a) Das Konsumverhalten, das hier angeprangert wird, betrifft auch uns.

   ____

   b) Die Container werden zwar zuverlässig geleert, aber nicht immer von zuverlässigen Organisationen.

   ____

   c) An der Idee ist am besten, dass die Besten weiterhin z. B. von Bedürftigen getragen werden können.

   ____

Wortbildung

Die Wortbildung ist ein Teilgebiet der Sprachwissenschaft, das sich mit den Möglichkeiten, Regeln und Mustern befasst, wie die einzelnen Wortformen entstehen und **neue Wörter gebildet** werden können.

Auf einen Blick

Arten der Wortbildung	
Komposita (Zusammensetzungen)	Komposita werden durch die Zusammensetzung von **mehreren Wortstämmen** gebildet. Diese können unterschiedlichen Wortarten angehören. Manchmal benötigt man zusätzlich sogenannte **Fugenelemente** wie -e-, -(e)s-, -er-, -(e)n-. Die Wortbildung durch Komposition folgt dem Schema: Wortstamm + Wortstamm (+ Wortstamm) Beispiel: *alt* + *Kleid* + *er (Fugenelement)* + *Container* = *Altkleidercontainer*
Ableitungen	Bei der Ableitung wird ein neues Wort gebildet, indem an den **Wortstamm** ein **Präfix** (Vorsilbe) und/oder ein **Suffix** (Nachsilbe) angehängt wird. Auch hier können Fugenelemente notwendig sein. Ableitungen folgen dem Schema: (Präfix) + (veränderter) Wortstamm + (Suffix) Beispiel: *vor* + *wurf (von werf-en)* + *s (Fugenelement)* + *voll* = *vorwurfsvoll* Es gibt **typische Suffixe**, die zur Bildung bestimmter **Wortarten** verwendet werden, z. B. für … • **Nomen**: -ung, -heit, -keit, -igkeit, -schaft, -nis • **Adjektive**: -bar, -lich, -isch, -ig, -los, -voll Durch die Ableitung **mit Präfixen** ändert sich nicht die Wortart, aber die **Bedeutung** eines Wortes. Beispiele: *be* + *suchen (Verb)* = *besuchen (Verb)* *miss* + *Verständnis (Nomen)* = *Missverständnis (Nomen)* *un* + *pünktlich (Adjektiv)* = *unpünktlich (Adjektiv)*

Übung 3

Fülle die Tabelle, indem du Wörter der jeweils fehlenden Wortart bildest.

Verb	Adjektiv	Nomen	zusammengesetztes Nomen (Kompositum)
		Schutz	
verschwenden			
recyceln			Recyclinghof
	verwertbar		
weiterverkaufen			Weiterverkaufsverbot
		Konsumentin	

Konjugation von Verben

Verben lassen sich konjugieren, werden also z. B. abhängig von Tempus, Aktiv/Passiv und Modus unterschiedlich gebildet.

Tempora des Verbs

Die grundlegenden Tempora (Zeitformen) sind das **Präsens** und das **Präteritum**. Sie bestehen nur aus einem Vollverb, z. B. *hilft, landet; half, landete.*
Alle übrigen Tempora setzen sich aus mindestens zwei Verbformen zusammen: Neben dem **Vollverb** benötigen sie noch eines der **Hilfsverben** *haben, sein* oder *werden.*
Schwache Verben behalten ihren Stammvokal bei, wie z. B.: *landen – landete – gelandet.* **Starke Verben** verändern hingegen in einigen Formen ihren Stammvokal, wie z. B.: *helfen – half – geholfen.*

Auf einen Blick

Die Tempora des Verbs		
Präsens	Stamm des Vollverbs + Personalendung	*Sie hilft.* *Er landet.*
Präteritum	Stamm des Vollverbs + t(e) + Personalendung	*Sie half.* *Er landete.*
Perfekt	Präsensform von *haben* oder *sein* + Partizip Perfekt des Vollverbs	*Sie hat geholfen.* *Er ist gelandet.*
Plusquamperfekt	Präteritumform von *haben* oder *sein* + Partizip Perfekt des Vollverbs	*Sie hatte geholfen.* *Er war gelandet.*
Futur I	Präsensform von *werden* + Infinitiv des Vollverbs	*Sie wird helfen.* *Er wird landen.*
Futur II	Präsensform von *werden* + Partizip Perfekt des Vollverbs + Infinitiv von *haben* oder *sein*	*Sie wird geholfen haben.* *Er wird gelandet sein.*

Aktiv und Passiv

Aktiv und Passiv zeigen dir, welchen Blickwinkel man auf eine Handlung hat:

- Im **Aktiv** steht die Person oder Sache, die aktiv tätig ist, im Mittelpunkt und ist das Subjekt des Satzes.
- Im **Passiv** stehen das Geschehen und die-/derjenige, mit der/dem etwas getan wird, im Fokus. Sie werden daher zum Subjekt des Satzes. Das Passiv wird oft verwendet, wenn die handelnde Person unbekannt oder nicht wichtig ist.

Beispiel

Aktiv: Noelle **kauft** den Pullover.

Subjekt Objekt

Passiv: Der Pullover **wird** (von Noelle) **gekauft**.

Subjekt

Um das **Passiv** zu bilden, benötigt man eine Form des Hilfsverbs *werden* und das Partizip Perfekt, z. B. *gekauft, gespendet.* Auch im Passiv können alle **Tempora** des Verbs vorkommen.

Auf einen Blick

Aktiv-/Passivsätze in den verschiedenen Tempora

	Präsens	Präteritum	Perfekt	Plusquamperfekt	Futur I	Futur II
Aktiv	*Noelle kauft den Pullover.*	*Noelle kaufte den Pullover.*	*Noelle hat den Pullover gekauft.*	*Noelle hatte den Pullover gekauft.*	*Noelle wird den Pullover kaufen.*	*Noelle wird den Pullover gekauft haben.*
Passiv	*Der Pullover wird gekauft.*	*Der Pullover wurde gekauft.*	*Der Pullover ist gekauft worden.*	*Der Pullover war gekauft worden.*	*Der Pullover wird gekauft werden.*	*Der Pullover wird gekauft worden sein.*

Die Modi: Indikativ, Imperativ und Konjunktiv

Der Begriff „Modus“ bedeutet „Art und Weise“. Der Modus zeigt an, wie eine Aussage verstanden werden soll. Es gibt drei Möglichkeiten:

Auf einen Blick

Die Modi des Verbs

<table>
<tr><td>Indikativ
(= Wirklichkeitsform)</td><td>Man verwendet ihn, wenn eine Aussage als Tatsache verstanden werden soll. Der Indikativ wird im Alltag am häufigsten verwendet.</td><td>Noelle kauft den Pullover nicht.</td></tr>
<tr><td>Imperativ
(= Befehlsform)</td><td>Er wird verwendet, um eine Aufforderung oder einen Befehl auszusprechen. Bei einigen Verben mit dem Stammvokal e verändert sich im Imperativ dieser Stammvokal, z. B.: nehmen → nimm</td><td>Nimm dir ein Beispiel an Noelle und kauf den Pullover nicht!</td></tr>
<tr><td>Konjunktiv
(= Möglichkeitsform)</td><td>Mit ihm zeigt man an, dass man nicht von Tatsachen spricht. Man unterscheidet zwei Formen des Konjunktivs:
• Konjunktiv I: Man verwendet ihn in der indirekten Rede. Damit drückt man aus, dass man nur wiedergibt, was man gehört oder gelesen hat. Man bildet den Konjunktiv I, indem man nach dem Stamm ein e einfügt (z. B.: du hab|e|st, er lieg|e; unregelmäßige Formen bei sein: er sei, sie seien). Beim Umwandeln von direkter Rede in indirekte Rede muss man eventuell auch Pronomen verändern: Aus ich wird z. B. er oder sie.
• Konjunktiv II: Man verwendet ihn, um etwas zu sagen, das man sich nur vorstellen kann; man weiß genau, dass es nicht der Realität entspricht. Man bildet den Konjunktiv II aus der Präteritumform; dabei werden die Vokale a, o und u oft zu den Umlauten ä, ö und ü (sehen: sah → sähe; fliegen: flog → flöge; tragen: trug → trüge).</td><td>Noelle sagte: „Ich habe den Pullover nicht gekauft.“ → Noelle sagte, sie habe den Pullover nicht gekauft.

Noelle wäre gern noch umweltbewusster. Dann hätte sie kein schlechtes Gewissen mehr.</td></tr>
</table>

Tipp

Wann verwendest du den Konjunktiv II und die Ersatzform mit „würde“?

Es kann vorkommen, dass eine **Konjunktiv-Form identisch** ist mit der des **Indikativs**. Dann kannst du **ersatzweise** zu einer anderen Form greifen, und zwar so:

- unklare Form des Konjunktivs I → Konjunktiv II
  Beispiel: *Sie sagten, sie geben viel Geld für Kleidung aus.* → *Sie sagten, sie gäben viel Geld für Kleidung aus.*
- unklare Form des Konjunktivs II → Ersatzform mit *würde*
  Beispiel: *Sie sagten, sie spendeten regelmäßig.* → *Sie sagten, sie würden regelmäßig spenden.*

Die Ersatzform mit *würde* kannst du auch verwenden, wenn die Konjunktiv-Form veraltet klingt.
Beispiel: *Sie sagten, sie hülfen/hälfen gern.* → *Sie sagten, sie würden gerne helfen.*

Übung 4

1. Bestimme jeweils das **Tempus**, in dem die angegebenen Sätze stehen.
   a) Ich bin neugierig und will herausfinden, ob mein Pullover in einem Umsonstladen des DRK gelandet ist.

   ____

   b) Bevor ich dieses Wissen hatte, war ich recht naiv gewesen.

   ____

   c) Ich werde beim nächsten Mal den Einkaufsverlockungen besser widerstehen können.

   ____

2. Setze nachfolgenden Satz ins Präteritum.
   Ich bin neugierig und will herausfinden, ob mein Pullover in einem Umsonstladen des DRK gelandet ist.

   Ich ____________ neugierig und ____________ herausfinden, ob mein Pullover in einem Umsonstladen des DRK gelandet ____________ .

3. Wandle folgende Sätze vom **Aktiv** ins **Passiv** und umgekehrt um.
   a) Altkleidercontainer werden von dubiosen Firmen illegal aufgestellt und karitative Vorhaben werden nur vorgetäuscht.

   ____

   ____

   b) Die Dame am Telefon wies mich darauf hin, dass es sich hier um einen Altkleidercontainer des DRK handelt.

   ____

   ____

   c) Ich habe seither keinen neuen Pullover gekauft.

   ____

4. Bestimme jeweils den **Modus**. Kreuze entsprechend an.

	Indikativ	Konjunktiv I	Konjunktiv II	Ersatzform mit „würde“
Kritiker*innen argumentieren,	☐	☐	☐	☐
dass durch den Export von Secondhandkleidung die regionale Textilindustrie in Afrika zerstört werde:	☐	☐	☐	☐
Mit den billigen Preisen könne die nicht mithalten.	☐	☐	☐	☐
2019 hat Ruanda deswegen ein Importverbot verhängt.	☐	☐	☐	☐
Befürworter*innen sehen das anders:	☐	☐	☐	☐
Von einem Verbot profitiere nicht zwangsläufig die lokale Textilindustrie,	☐	☐	☐	☐
sondern chinesische T-Shirts, Hosen oder Jacken könnten den Markt überschwemmen.	☐	☐	☐	☐
Viele Menschen in Afrika würden gerne Secondhandkleidung tragen,	☐	☐	☐	☐
weil sie den westlichen Modetrends entspräche,	☐	☐	☐	☐
die durch Social Media auch in Afrika ankommen.	☐	☐	☐	☐

5. Wandle die folgenden Äußerungen in die indirekte Rede um.

Die Autorin erläutert:	**Die Autorin erläutert, …**
„Im Durchschnitt spendet jede*r zwölf Kilogramm alte Kleider im Jahr […].“ (Z. 9)	
„Das Internet verrät mir, woran ich seriöse Container erkenne […].“ (Z. 15)	
„Nur fünf Prozent verteilt das DRK in Kleiderkammern an Bedürftige in Deutschland.“ (Z. 24/25)	
„Altkleiderspenden sind nur eine halbherzige Lösung für ein Problem, das viel tiefer liegt.“ (Z. 61/62)	

Kategorien des Nomens

In der deutschen Grammatik können Nomen in **drei Kategorien** eingeteilt werden. Diese unterscheiden die Nomen nach deren Geschlecht, Anzahl und dem Fall, in dem sie verwendet werden:

Auf einen Blick

Kategorien des Nomens	
Genus	Es lassen sich folgende grammatische Geschlechter unterscheiden: • **Femininum** (weiblich), z. B. *die Hose* • **Maskulinum** (männlich), z. B. *der Pullover* • **Neutrum** (sächlich), z. B. *das Jackett*
Numerus	Hier unterscheidet man zwischen: • **Singular** (Einzahl), z. B. *das Hemd* • **Plural** (Mehrzahl), z. B. *die Hemden*
Kasus	Um den Kasus (Fall) eines Nomens zu bestimmen, muss man den jeweiligen Satzzusammenhang berücksichtigen. Die Fälle lassen sich wie folgt erfragen: • **Nominativ** (Wer oder was?), z. B. *der Schuh (Singular), die Schuhe (Plural)* • **Genitiv** (Wessen?), z. B. *des Schuhs (Singular), der Schuhe (Plural)* • **Dativ** (Wem?), z. B. *dem Schuh (Singular), den Schuhen (Plural)* • **Akkusativ** (Wen oder was?), z. B. *den Schuh (Singular), die Schuhe (Plural)*

Übung 5

Bestimme in den vorliegenden Sätzen jeweils das Genus, den Numerus und den Kasus des unterstrichenen Nomens.

a) „Das Internet verrät mir, woran ich seriöse Container erkenne […].“ (Z. 15)

Genus: ____________________ Numerus: ____________________

Kasus: ____________________

b) „Wenig später stehe ich vor einem roten, leicht zerbeulten Container des Deutschen Roten Kreuzes (DRK).“ (Z. 16/17)

Genus: ____________________ Numerus: ____________________

Kasus: ____________________

c) „In einem kleinen Häuschen treffe ich Frau Camps von der Kleiderkammer […].“ (Z. 27)

Genus: ____________________ Numerus: ____________________

Kasus: ____________________

d) „Mit den billigen Preisen könne die nicht mithalten.“ (Z. 52/53)

Genus: ____________________ Numerus: ____________________

Kasus: ____________________

e) „Der Rest landet in unterschiedlichen Ländern.“ (Z. 41/42)

Genus: ____________________ Numerus: ____________________

Kasus: ____________________

2.2 Struktur von Sätzen und Texten (Syntax)

Satzarten

Du solltest in der Prüfung auch in der Lage sein, Satzarten zu erkennen und deren Aufbau zu beschreiben. Im Deutschen lassen sich verschiedene **Satzarten** nach der jeweiligen **Stellung des finiten** (= konjugierten) **Verbs** unterscheiden. Daran kannst du auch am sichersten erkennen, ob es sich um einen **Haupt- oder Nebensatz** handelt:

Auf einen Blick

Satzarten		
Verberstsatz	Das finite Verb steht bei **Hauptsätzen**, die als **Frage- oder Aufforderungs-/Ausrufesätze** formuliert sind, an erster Stelle.	*Geht es um den Umweltschutz?* *Schützt die Umwelt!*
Verbzweitsatz	Das finite Verb steht bei **Hauptsätzen**, die als **Aussagesätze** formuliert sind, an zweiter Stelle.	*Es geht dabei um den Umweltschutz.*
Verbletztsatz	Das finite Verb steht bei **Nebensätzen** an letzter Stelle. Diese können durch eine Konjunktion bzw. Subjunktion (= unterordnende Konjunktion) eingeleitet sein. Es gibt aber auch Nebensätze, die nicht mit einer Subjunktion beginnen, z. B. Relativsätze.	*…, weil es um den Umweltschutz geht.* *… einen Pullover, der ihr noch besser gefällt.*

Außerdem kannst du Sätze dahingehend untersuchen, ob sie aus Haupt- und/oder Nebensätzen bestehen, und wie diese miteinander verbunden sind.

Auf einen Blick

Satzreihe und Satzgefüge		
Satzreihe	Hierbei werden **mehrere gleichrangige Hauptsätze** aneinandergereiht. Diese können durch Kommas oder nebenordnende Konjunktionen (*und, oder, denn, aber, sondern …*) verbunden sein.	*Sie liebt neue Kleidung und die Umwelt liebt sie auch.*
Satzgefüge	Hierbei wird ein **Hauptsatz** durch mindestens einen **untergeordneten Nebensatz** ergänzt und z. B. mit einer Subjunktion (*weil, als, obwohl, ob …*) verknüpft.	*Weil sie mit der Mode gehen will, ist ihr neue Kleidung wichtig.*

Übung 6

Beschreibe alle deine Erkenntnisse über nachfolgende Sätze. Handelt es sich z. B. um ein Satzgefüge oder eine Satzreihe, einen Verberst-, Verbzweit- oder Verbletztsatz? (→ Heft)

a) Noelle ist glücklich, da sie im Secondhandladen eine schöne Jacke gefunden hat.

b) Noelle verzichtet seit einem Jahr auf den Kauf neuer Kleidung und sie erwirbt ausschließlich Mode aus zweiter Hand.

c) So kann Noelle die Umwelt schonen, obwohl sie oft einkaufen geht.

Beschreiben von Sätzen mithilfe des Feldermodells

Das **Feldermodell** der Grammatik soll dir helfen, die Strukturen/Bauweise der deutschen Sprache bzw. den **Aufbau eines Satzes** zu durchschauen und einzelne **Satzglieder** voneinander zu **unterscheiden**.

Tipp

Warum verwendet man das Feldermodell, um Sätze zu beschreiben?
Satzglieder und Wortgruppen lassen sich durch die räumliche Gliederung des Satzes (z. B. in Vor-, Mittel- und Nachfeld) optisch voneinander abheben. So soll das Modell den Aufbau von Sätzen veranschaulichen und damit den Zugang zur grammatischen Struktur der deutschen Sprache erleichtern.

Die Satzklammer (auch: Verbklammer)

Trotz der zahlreichen Möglichkeiten bei der Anordnung des Prädikats und der Satzglieder im Deutschen liegt allen Sätzen ein gemeinsames Muster zugrunde: Es ist geprägt von der sogenannten **Satz- oder Verbklammer** (linke und rechte Satz-/Verbklammer). Diese wird durch die Verbformen des Prädikats (oder durch Subjunktionen) besetzt.
Wenn du Sätze mithilfe des Feldermodells beschreiben willst, musst du im Satz immer zuerst die **finite**, also die konjugierte **Verbform** suchen. Danach solltest du herausfinden, ob es sich um ein zweiteiliges Prädikat handelt und somit noch ein weiteres Element zum Prädikat gehört.

Beispiele

Beispiele für die Einordnung von Sätzen mit ein- und zweiteiligen Prädikaten in die Feldertabelle:

Vorfeld	linke Satz-/ Verbklammer	Mittelfeld	rechte Satz-/ Verbklammer	Nachfeld
Ich	*habe*	*einen neuen Pullover*	*gekauft.*	
Ich	*recycle.*			

Im ersten Beispielsatz sind die linke und rechte Satz-/Verbklammer besetzt. Diese ergeben zusammen das Prädikat des Satzes. Die linke Satz-/Verbklammer wird durch die konjugierte Verbform gebildet. Ist das Prädikat zweiteilig, steht der zweite Teil des Prädikats in der rechten Satz-/Verbklammer.
Bei einem einteiligen Prädikat bleibt die rechte Satz-/Verbklammer leer.

Das Vor- und Mittelfeld

Die Untersuchung geht immer vom **finiten Verb** aus. Die **Satzglieder** besetzen dann das **Vor- und das Mittelfeld**.
Das Feldermodell hilft dir also auch dabei, Satzglieder zu erkennen. Bei Wörtern oder Wortgruppen, die **allein im Vorfeld** stehen können, handelt es sich um Satzglieder (= Vorfeldprobe). Eine Ausnahme bildet nur das Prädikat: Es kann zwar nicht allein im Vorfeld stehen, gehört aber dennoch zu den Satzgliedern.

Beispiel für die Vorfeldprobe mithilfe der Feldertabelle:

Beispiel

Vorfeld	linke Satz-/ Verbklammer	Mittelfeld	rechte Satz-/ Verbklammer	Nachfeld
Heute	*habe*	*ich einen Pullover in den Container*	*geworfen.*	
Einen Pullover	*habe*	*ich heute in den Container*	*geworfen.*	
Ich	*habe*	*heute einen Pullover in den Container*	*geworfen.*	
	Habe	*ich heute einen Pullover in den Container*	*geworfen?*	

Das Koordinations- und Nachfeld

Besteht ein Satz aus mehreren Hauptsätzen (Satzreihe) oder einem Haupt- und einem Nebensatz (Satzgefüge), brauchst du vorne ein zusätzliches **Koordinationsfeld** und hinten das **Nachfeld**.

Hinweis: Du musst in der Prüfung auf jeden Fall in der Lage sein, eine Feldertabelle mit sechs Feldern aufzuzeichnen.

Sieh dir die folgenden Sätze und deren Einordnung in die Feldertabelle genau an:

Beispiele

1. *Bei dieser Frage scheiden sich die Geister.*
2. *Die noch einigermaßen tragbaren Kleider werden in unterschiedlichen Ländern landen.*
3. *Manche Firmen wollen damit Profit machen, denn das Geschäft mit den alten Hosen und Sweatshirts ist lukrativ.*
4. *Kritiker argumentieren, dass durch den Export von Secondhandkleidung die regionale Textilindustrie in Afrika zerstört werde.*

Beispiele für die Einordnung in eine Feldertabelle mit sechs Feldern:

Koordinationsfeld	Vorfeld	linke Satz-/ Verbklammer	Mittelfeld	rechte Satz-/ Verbklammer	Nachfeld
	Bei dieser Frage	*scheiden sich*	*die Geister.*		
	Die noch einigermaßen tragbaren Kleider	*werden*	*in unterschiedlichen Ländern*	*landen.*	
	Manche Firmen	*wollen*	*damit Profit*	*machen,*	
denn	*das Geschäft mit den alten Hosen und Sweatshirts*	*ist*	*lukrativ.*		

Beispiel 1 (einteiliges Prädikat)

Beispiel 2 (zweiteiliges Prädikat)

Beispiel 3 (HS + HS)

Beispiel 4 (HS + NS)

	Kritiker	*argumentieren,*			*dass durch den Export von Secondhandkleidung die regionale Textilindustrie in Afrika zerstört werde.*
oder:		*dass*	*durch den Export von Secondhandkleidung die regionale Textilindustrie in Afrika*	*zerstört werde.*	

Im **3. Beispiel** siehst du, was du bei zwei **gleichrangigen Sätzen** (z. B. einer **Satzreihe**), die **durch eine Konjunktion** verbunden sind (hier durch die Konjunktion „denn“), machen musst:
Die beiden gleichrangigen Sätze werden **einzeln untereinander eingetragen**. Die **Konjunktion** wandert unter dem vorhergehenden Satz **in das Koordinationsfeld**. Der nächste Satz wird wie gehabt in die Tabelle eingetragen.

Im **4. Beispiel** siehst du, was du bei einem **Satzgefüge**, bei dem ein Nebensatz einem anderen Satz mit einer **Subjunktion untergeordnet** ist (hier durch die Subjunktion „dass“), machen kannst:
Du kannst den ganzen **Nebensatz** einfach **in das Nachfeld** einfügen. Wenn das Nachfeld leer bleiben soll und du den Nebensatz auch in der Tabelle aufschlüsseln willst, belegt die **Subjunktion** die **linke Satz-/Verbklammer**. Dann musst du aber darauf achten, dass das **Prädikat in die rechte Satz-/Verbklammer** wandert.

Schritt für Schritt

Beschreiben von Sätzen mithilfe des Feldermodells

Arbeitsschritt 1 Zeichne zuerst eine **Feldertabelle mit sechs Feldern**.

Arbeitsschritt 2 Trage als Erstes die **finite Verbform** des Satzes in die linke Satz-/Verbklammer ein.

Arbeitsschritt 3 Ergänze dann den **zweiten Prädikatsteil** in der rechten Satz-/Verbklammer, wenn es sich um ein zweiteiliges Prädikat handelt. Hier steht also der **trennbare Teil des Verbs** (z. B. kommt … an) oder das **infinite Verb** (z. B. bin … angekommen).

Arbeitsschritt 4 Trage danach alle Wörter, die zwischen dem ersten und ggf. zweiten Prädikatsteil stehen, in das **Mittelfeld** ein.

Arbeitsschritt 5 Füge als Nächstes alles, was vor dem finiten Verb steht, in das **Vorfeld** ein.

Arbeitsschritt 6 Trage in das **Nachfeld** alles ein, was nach dem zweiten Prädikatsteil folgt (falls vorhanden), z. B. den Nebensatz oder einen anderen Nachtrag wie einen Vergleich.

Arbeitsschritt 7 Trage, wenn es sich um eine Satzreihe handelt, die Konjunktion in das **Koordinationsfeld** ein und verfahre mit dem Rest des Satzes wie in den Schritten 2–5.

Übung 7

1. Unterstreiche jeweils das finite Verb und kreise den zweiten Prädikatsteil ein, sofern einer vorhanden ist. Orientiere dich an den Beispielen.

Beispiele

Meine Mutter wirft regelmäßig alte Kleider in den Container.
Mit den billigen Preisen kann die lokale Industrie in Afrika nicht mithalten.

a) Seit zwei Jahren liegt er da.

b) Auf ihnen müssen Adresse sowie Rufnummer der sammelnden Organisation stehen.

c) Der wurde wahrscheinlich weiterverkauft.

2. Trage nun die drei Hauptsätze aus Aufgabe 1 in die Feldertabelle ein. Beginne mit dem finiten Verb und ergänze dann, wenn vorhanden, den zweiten Teil des Prädikats. Fülle anschließend die weiteren Felder.

Beispiele

Vorfeld	**linke Satz-/ Verb-klammer**	**Mittelfeld**	**rechte Satz-/ Verb-klammer**	**Nachfeld**
Meine Mutter	*wirft*	*regelmäßig alte Kleidung in den Container.*		
Mit den billigen Preisen	*kann*	*die lokale Industrie in Afrika nicht*	*mithalten.*	

3. Probiere mit nachfolgendem Satz aus, welche der Wörter oder Wortgruppen **allein im Vorfeld** stehen können. Trage die unterschiedlichen Möglichkeiten in die Tabelle ein.

   Der restliche Raum ist daher mit Boxen und Tüten voller Kleidung vollgestopft.

	Vorfeld	linke Satz-/ Verb-klammer	Mittelfeld	rechte Satz-/ Verbklammer	Nachfeld
Beispiel	*Der restliche Raum*	*ist*	*daher mit Boxen und Tüten voller Kleidung*	*vollgestopft.*	

4. Zeichne eine **Feldertabelle mit sechs Feldern** und trage die folgenden Sätze in die Felder der Tabelle ein. Bestimme anschließend mithilfe der **Vorfeldprobe**, wie viele Satzglieder der jeweilige Satz besitzt. (→ Heft)

   Hinweis: Denke daran, dass du bei der Vorfeldprobe kein Element des Satzes weglassen darfst.

   a) 2019 hat Ruanda ein Importverbot verhängt, um die lokale Industrie wieder aufleben zu lassen.

   b) Am wahrscheinlichsten ist es, dass mein Pullover mit dem ausgeleierten Ärmelsaum in einem Flieger nach Afrika liegt.

   c) Es hat fast ein bisschen geschmerzt, als ich die Ladentür nicht öffnete.

Satzglieder bestimmen

Nachdem du mithilfe des Feldermodells und der Vorfeldprobe festgestellt hast, welche Wörter oder Wortgruppen jeweils ein Satzglied bilden, kannst du bestimmen, um welche **Art Satzglied** es sich jeweils handelt.

Folgende Satzglieder solltest du (er-)kennen:

Auf einen Blick

Satzglieder		
Subjekt	ist der Satzgegenstand im Nominativ und antwortet auf die Frage: „Wer oder Was?"; ist meist ein Nomen oder Pronomen, kann aber auch ein ganzer Subjektsatz sein.	*Noelles Pullover ist wahrscheinlich in Afrika gelandet. Dass der Pullover vermutlich nicht an ein bedürftiges Mädchen verteilt wurde, enttäuscht sie ein wenig.*
Prädikat	ist immer das Vollverb und mit ihm das dazugehörige Hilfsverb, das Partizip II, das Verbpartikel oder das Reflexivpronomen.	*Vielleicht wird er wenigstens in Afrika von einem skatebegeisterten Mädchen gekauft. Es freut sich bestimmt über den Pullover.*
Objekte	sind Ergänzung zum Prädikat und können erfragt werden. Man unterscheidet: • **Genitivobjekt** (Wessen?)	 *Noelle entledigte sich der alten Kleider.* *→ Wessen entledigte Noelle sich?* *– der alten Kleider*
	• **Dativobjekt** (Wem?)	*Sie schenkte einen Teil ihrer Schwester.* *→ Wem schenkte sie einen Teil?* *– ihrer Schwester*
	• **Akkusativobjekt** (Wen oder was?)	*Sie kaufte sich keinen neuen Pullover.* *→ Wen oder was kaufte sie sich?* *– keinen neuen Pullover*
	• **Präpositionalobjekt** (Präposition ist Teil der Frage.)	*Deswegen war sie stolz auf sich.* *→ Auf wen oder was war sie stolz?* *– auf sich*
Adverbiale Bestimmungen	Man unterscheidet: • **Lokaladverbiale** (Ort)	 *Sie ging zur Kleiderkammer des DRK.*
	• **Temporaladverbiale** (Zeit)	*Nach 30 Minuten war sie dort.*
	• **Modaladverbiale** (Art und Weise)	*Die Mitarbeiterin begrüßte sie freundlich.*
	• **Kausaladverbiale** (Grund)	*Aus Zeitmangel blieb sie nur kurz.*

Attribute sind **keine eigenen Satzglieder**, sondern Teile davon. Sie sind Ergänzungen zum Nomen und können entweder links oder rechts von diesem stehen. Es gibt verschiedene Arten von Attributen, die du kennen solltest:

Auf einen Blick

Attribute		
Adjektivattribut	steht meist vor dem Nomen.	*Das kurze Gespräch war sehr informativ.*
Genitivattribut	steht meist hinter dem Nomen, ohne Präposition.	*Die Mitarbeiterin der Kleiderkammer erklärte Noelle, was mit den meisten Altkleidern passiert.*

Präpositionales Attribut	steht meist hinter dem Nomen, aber immer mit einer Präposition.	*Sie erklärte ihr z. B., dass die meiste Kleidung aus den Containern bei Verwertungsfirmen landet.*
Attributsatz	ist ein Nebensatz in der Rolle eines Attributs. Dabei handelt es sich oft um Relativsätze.	*Diese verarbeiten die Kleidung, die gespendet wurde, z. B. zu Putzlappen, oder verkaufen sie weiter.*
Apposition	ist ein substantivisches Attribut, das im selben Kasus wie das Bezugswort steht.	*Wir als Konsumentinnen und Konsumenten sollten lieber etwas an unserem Verhalten ändern, statt jährlich rund 12 kg alte Kleider zu spenden. Das hat auch Noelle, die Autorin des Textes, erkannt.*

Übung 8

1. Bestimme die **Satzglieder** in nachfolgenden Sätzen. Nutze die Zahlen zur Darstellung der Lösung. (→ Heft)
   a) 2019 (1) hat (2a) Ruanda (3) ein Importverbot (4) verhängt (2b), um die lokale Industrie wieder aufleben zu lassen (5).
   b) Am wahrscheinlichsten (1) ist (2) es (3), dass mein Pullover mit dem ausgeleierten Ärmelsaum in einem Flieger nach Afrika liegt.
   c) Es (1) hat (2a) fast (3) ein bisschen (4) geschmerzt (2b), als ich die Ladentür nicht öffnete (5).

2. Unterstreiche zuerst alle **Attribute** in den nachfolgenden Sätzen und bestimme anschließend jeweils die Art des Attributs.
   a) Die Container ohne Aufstellgenehmigung sollte man meiden.

   ____

   b) Die Absichten der Spender sind nachvollziehbar.

   ____

   c) Ein schlechtes Gewissen spielt bei Altkleidersammlungen oft eine Rolle.

   ____

   d) Noelle Konate, eine Verbraucherin, resigniert am Ende nicht.

   ____

   e) Der Transport der Kleidung nach Afrika bringt Probleme mit sich.

   ____

   f) Am beliebtesten sind Kleidungsstücke, die Marken angehören.

   ____

   g) Die Kleiderkammern des DRK helfen vielen Bedürftigen.

   ____

Satzwertige Infinitiv- und Partizipgruppen

Satzwertige Infinitiv- und Partizipgruppen lassen sich wie Satzglieder verschieben und ähneln Sätzen. Da ihnen aber Subjekt und Prädikat (finites Verb) fehlen, sind sie **keine echten Sätze**. Du erkennst sie auch daran, dass sie sich zu vollwertigen Sätzen umformulieren lassen, indem du die fehlenden Satzglieder ergänzt. Infinitiv- und Partizipgruppen begegnen dir auch häufig im Zusammenhang mit der Kommasetzung.

Auf einen Blick

Satzwertige Infinitiv- und Partizipgruppen	
Infinitivgruppe (= erweiterter Infinitiv mit „zu")	*Viele Altkleider sind von zu schlechter Qualität, …* • Infinitivgruppe: *… um sie Bedürftigen geben zu können.* • Echter Satz: *… als dass die Altkleider (Subjekt) Bedürftigen gegeben werden können (Prädikat mit finitem Verb).*
Partizipgruppe (auch „erweitertes Partizip" genannt)	• Partizipgruppe: *Über das Thema informiert, …* • Echter Satz: *Nachdem Noelle (Subjekt) sich über das Thema informiert hat (Prädikat mit finitem Verb) …* *… ändert Noelle ihr Konsumverhalten.*

Übung 9

Überprüfe jeweils, ob es sich beim unterstrichenen Teil des Satzes um eine Infinitivgruppe, eine Partizipgruppe oder einen vollwertigen Satz handelt. Kreuze entsprechend an.

	Infinitivgruppe	Partizipgruppe	Satz
Vom Einkaufen berauscht, denken viele Menschen nicht an die Vergänglichkeit von Mode.	☐	☐	☐
Manche Menschen gehen in Secondhandläden, um beim Einkaufen Geld zu sparen.	☐	☐	☐
Einige Firmen verdienen viel Geld mit Altkleidern, indem sie diese gewinnbringend weiterverkaufen.	☐	☐	☐
Anstatt weniger Kleidung zu kaufen, gehen die Menschen immer öfter zum Einkaufen.	☐	☐	☐
Altkleider aus Deutschland werden häufig ins Ausland gebracht, wo sie der lokalen Textilindustrie Konkurrenz machen.	☐	☐	☐
Online-Shops erfreuen sich großer Beliebtheit, da sie es ermöglichen, bequem von zu Hause aus einzukaufen.	☐	☐	☐
Durch Freunde bekräftigt, wollen junge Leute den neuesten Modetrends folgen.	☐	☐	☐
Die Fast-Fashion-Bewegung schadet unserer Umwelt, da billig produzierte Kleidungsstücke häufig mit giftigen Chemikalien behandelt werden.	☐	☐	☐

2.3 Bedeutung von Wörtern (Semantik)

In der Semantik analysiert man die Bedeutung von Wörtern. Man unterscheidet unter anderem Synonyme und Antonyme sowie Denotation und Konnotation.

Auf einen Blick

Grundbegriffe der Semantik		
Synonym	Wort mit gleicher/ähnlicher Bedeutung	*weich, flauschig, geschmeidig; Couch, Sofa, Kanapee*
Antonym	Wort mit gegenteiliger Bedeutung	*groß – klein, Glück – Pech*
Denotation	Hauptbedeutung eines Wortes (wörtliche Bedeutung)	Flasche: *Gefäß, in dem sich eine Flüssigkeit befindet*
Konnotation	Nebenbedeutung eines Wortes (wertende, stilistische, emotionale Mitbedeutung)	Flasche: *Person, die in einer bestimmten Situation enttäuscht hat (negative Konnotation)*

Übung 10

1. Ersetze die aus dem Text stammenden Begriffe zuerst durch deutsche Synonyme und anschließend durch passende Antonyme.

   Hinweis: Nutze ein Wörterbuch, wenn sich dir die Bedeutung der Begriffe nicht aus dem Textzusammenhang erschließt.

   a) „Doch nicht alle dienen <u>karitativen</u> ________________ (Synonym) Zwecken." (Z. 10/11)
   → Es gibt auch Altkleidercontainer, die aus ________________ (Antonym) Gründen aufgestellt wurden.

   b) „Manche Firmen wollen damit <u>Profit</u> ________________ (Synonym) machen […]." (Z. 12)
   → Andere Firmen sind zumindest darauf bedacht, damit keinen ________________ (Antonym) zu machen.

   c) „[D]as Geschäft mit den alten Hosen und Sweatshirts ist <u>lukrativ</u> ________________ (Synonym)." (Z. 12/13)
   → Ganz im Gegensatz zu anderen Geschäften, die eher ________________ (Antonym) sind.

2. Ergänze die Tabelle. Bei der Konnotation gibt es meist mehrere Möglichkeiten.

Wort	Denotation	Konnotation
Haus		*Schutz, Geborgenheit, Familie …*
Herz	*lebensnotwendiges Organ*	
Ratte		

2.4 Zeichensetzung (Interpunktion)

Zeichensetzung bei Zitaten

Im Pflichtteil A 1 können dir auch Aufgaben zur Zeichensetzung gestellt werden. Außerdem kommt es immer wieder vor, dass du Aussagen aus Texten direkt (= wörtlich) oder indirekt zitieren musst, z. B. bei den Aufsätzen im Wahlteil. Daher solltest du folgende Regeln kennen:

Auf einen Blick

Zeichensetzung bei direkten Zitaten		
Grundregel	Wörtliche Übernahmen aus Texten (= direkte Zitate) werden in **doppelte Anführungszeichen** gesetzt. Hinter das Zitat kommt eine **Klammer mit der Quellenangabe**, also die Zeilenangabe und ggf. die Namen der Verfasser*innen des Textes oder die Materialnummer (bei der Erörterung).	*So heißt es in Kästners Gedicht dazu: „Er war nicht nötig, wie es schien.“ (V. 4)*
Zitat im Zitat	Befinden sich im wörtlich zitierten Text bereits Anführungszeichen, werden diese mit **einfachen Anführungszeichen** wiedergegeben.	*Er stürmt zum Nachbarn und „noch bevor er ‚guten Tag‘ sagen kann, schreit ihn unser Mann an“ (Z. 15/16).*
Auslassungen	Wenn du Wörter oder Satzteile aus einem direkten Zitat ausgelassen hast, so setzt du an diese Stelle **Auslassungspunkte in eckigen Klammern**. Wenn du den Anfang oder das Ende eines Satzes weglässt, benötigst du keine Auslassungszeichen. Du brauchst diese nur, wenn mittendrin etwas fehlt.	*Bettina Levecke erklärt: „Eine musische Ausbildung [...] fördert die Intelligenz.“ (M 1, Z. 28/29)*
Veränderungen	Wenn du etwas aus einem direkten Zitat hinzufügen oder austauschen musst, damit es verständlich oder grammatikalisch richtig wird, so setzt du das nötige Wort/die nötigen Wörter an die passende Stelle im Satz in **eckigen Klammern** ein.	*Noelle Konate erklärt: „Der [Pullover] wurde wahrscheinlich weiterverkauft.“ (Konate, Z. 36)*

Du kannst Aussagen aber auch **indirekt**, also **sinngemäß zitieren**.

Auf einen Blick

Zeichensetzung bei indirekten Zitaten

Sinngemäße Wiedergaben, also indirekte Zitate, werden **nicht mit Anführungszeichen** versehen. Die Inhalte sind dem Text nicht wörtlich entnommen, sondern werden in eigenen Worten formuliert. Auch hier fügst du eine **Klammer mit der Quellenangabe**, also der Zeilenangabe, der Materialnummer oder dem Namen der Autorin oder des Autors ein. Bei indirekten Zitaten wird zudem **„vgl.“** vorangestellt. Achte bei indirekten Zitaten darauf, auch wirklich eigene Worte zu verwenden, ansonsten musst du direkt zitieren.

Statt dem im Text vorliegenden Satz ...
„Von einem Verbot profitiere nicht zwangsläufig die lokale Textilindustrie, sondern chinesische T-Shirts, Hosen oder Jacken könnten den Markt überschwemmen.“ (Konate, Z. 55–57)

... zitierst du indirekt:
Ein Verbot bedeutet nicht zwingend, dass die lokale Textilindustrie gestärkt wird. Stattdessen könnten auch massenhaft Kleidungsstücke aus China verkauft werden (vgl. Konate, Z. 55–57).

Kommasetzung

Kommas dienen dazu, einen Text **optisch** und **inhaltlich** zu **gliedern**. Dies hilft den Leserinnen und Lesern, die Sinnzusammenhänge leichter zu verstehen. Manchmal kann ein einziges Komma die Aussage eines Satzes verändern.

Beispiel *Elisa sagt, Lena sei doof.* **oder** *Elisa, sagt Lena, sei doof.*

Auf einen Blick

Über den QR-Code kannst du ***Lernvideos*** *zu wichtigen Kommaregeln abrufen.*

Die wichtigsten Kommaregeln

1. Aufzählung	Das Komma steht zwischen den Teilen einer **Aufzählung** (Wörter, Wortgruppen, ganze Sätze). Aufzählung 1 **,** Aufzählung 2 **und** Aufzählung 3.	*Jacken, T-Shirts* ***und*** *vieles mehr landen in Altkleidercontainern.*
2. Trennung von Hauptsätzen	**Hauptsätze** werden in einer **Satzreihe** durch Kommas getrennt. Sind die Sätze aber mit *und/oder/sowie* verbunden, wird kein Komma gesetzt. Hauptsatz 1 **,** Hauptsatz 2 **und** Hauptsatz 3.	*Ein neuer Trend entsteht, die Menschen tragen die Mode kurz* ***und*** *spenden die Kleidung dann.*
3. Trennung von Nebensätzen	**Haupt- und Nebensätze**, die ein **Satzgefüge** bilden, werden durch Kommas voneinander getrennt. Eingeschobene Nebensätze werden vorne und hinten von Kommas eingeschlossen. Hauptsatz **,** Nebensatz.	*Die gespendete Kleidung kann häufig nicht verwertet werden, weil die Qualität zu schlecht ist.*
4. Einschübe und nachgestellte Erläuterungen	Das Komma trennt **nachgestellte Erläuterungen** vom vorangehenden Hauptsatz ab. Wenn eine Erläuterung (z. B. eine Apposition) in einen Satz **eingeschoben** ist, wird sie vorne und hinten durch Kommas umschlossen. Satzanfang **,** Erläuterung (**,** evtl. Satzende).	*Die schnelllebige Mode, die Fast Fashion, ist ein Problem. Die Deutschen spenden viele Altkleider pro Jahr, nämlich 12 kg.*
5. Anrede, Betonung, Interjektion	Nach einer **Anrede**, nach **Interjektionen** und **betonten Satzteilen** folgt ein Komma. Anrede/Betonung/Interjektion **,** Satzende.	*Leute, kauft nicht so viel! Die Umwelt, die wird es euch danken. Ach, wäre das doch allen bewusst!*
6. Infinitiv- und Partizipgruppen	Bei **Infinitivgruppen** (zu + Infinitiv + ggf. nähere Bestimmung) und **Partizipgruppen** (Partizip + nähere Bestimmung) muss immer dann ein Komma gesetzt werden, wenn sie … • von einem **Nomen abhängig** sind. • durch **bestimmte Konjunktionen** bzw. Subjunktionen eingeleitet werden: *als, außer, ohne, (an)statt, um.* • durch ein **hinweisendes Wort** angekündigt oder wieder aufgegriffen werden. (Satzanfang **,**) Infinitiv-/Partizipgruppe (**,** Satzende).	*Ein Großteil der* ***Kleidung,*** *oft kaum getragen, landet im Müll. Viele Menschen spenden ihre alte Kleidung,* ***um*** *etwas Gutes zu tun.* ***Es*** *ist dennoch erschreckend, diese Masse an Altkleidern zu sehen.*
7. Aneinanderreihung und Gegensätze	**Aneinanderreihende** (z. B. *je – desto, nicht nur – sondern auch, teils – teils*) und **entgegengesetzte** oder einschränkende **Konjunktionen** (z. B. *doch, sondern, einerseits – andererseits*) fordern ein Komma. Satzanfang **,** Konjunktion + Satzende.	***Je*** *verantwortungsvoller wir einkaufen,* ***desto*** *weniger Müll entsteht. Spenden ist gut,* ***doch*** *löst es nicht das Problem.*

Übung 11

1. Trage die Nummer der passenden Kommaregel in die rechte Spalte ein.
   Hinweis: Lies dir hierzu alle Regeln gründlich durch und vergleiche die Beispielsätze jeweils mit den vorliegenden Sätzen.

	Regel
a) Je genauer sich Noelle Konate mit Altkleidercontainern beschäftigt, desto deutlicher wird ihr die Komplexität des Themas.	
b) Sie entsorgt einen Pullover, den sie schon lange nicht mehr getragen hat.	
c) Sie wirft den Pullover in den Container des Deutschen Roten Kreuzes, um ein besseres Gefühl beim Wegwerfen zu haben.	
d) Noelle hat sehr viele ungetragene Kleidungsstücke in ihrem Schrank, vor allem Pullover.	
e) Es ist ihr ein Bedürfnis, sich mit dem Thema auseinanderzusetzen.	
f) Mensch, warum ist auch immer alles so kompliziert?	
g) Sehr geehrte Damen und Herren des Deutschen Roten Kreuzes, ist der Altkleidercontainer in der Mörikestraße einer von Ihrer Organisation?	
h) Sie zeigt Bereitschaft, den Pullover frühzeitig auszusortieren.	
i) Noelle Konate, voller neuer guter Vorsätze, verzichtet schweren Herzens auf den Kauf eines neuen Pullovers.	
j) Noelle Konate hat den Gefallen an ihrem Pullover verloren, jedoch will sie ihn auch nicht einfach wegwerfen.	
k) Noelle Konate sortiert ihren Pullover aus, sie wirft ihn in einen Kleidercontainer des DRK.	
l) Das Deutsche Rote Kreuz, verschiedene Verwertungsfirmen, Großhändler und Besitzer von Secondhandläden verdienen an Kleidung aus Containern.	

2. Ergänze in den Sätzen jeweils die fehlenden notwendigen Kommas und schreibe die Nummer der passenden Kommaregel auf die Linie dahinter.
   a) Das Internet ist hilfreich um seriöse Container zu erkennen. ____
   b) Einerseits möchte man gerne allen Modetrends folgen andererseits will man kein Konsummonster sein. ____
   c) Menschen die umweltbewusst einkaufen reduzieren automatisch ihren Konsum. ____
   d) Kinder lasst uns mehr über Nachhaltigkeit sprechen! ____
   e) Frau Camps ist eine der vier Frauen die drei- bis viermal die Woche ehrenamtlich in der Kleiderkammer helfen. ____
   f) Durch die Einführung eines Importverbots von Altkleidern können chinesische T-Shirts Pullover Hosen oder Jacken den afrikanischen Markt überschwemmen. ____

3. Begründe kurz, warum die Kommas in nachfolgenden Sätzen gesetzt wurden.
   a) „Das Internet verrät mir, woran ich seriöse Container erkenne […].“ (Z. 15)

   b) „Seit zwei Jahren liegt er da, unberührt.“ (Z. 1)

   c) „Ich entscheide mich, ihn in einen Altkleidercontainer zu werfen.“ (Z. 7/8)

   d) „Ich finde schwarze Lederstiefel einer Fast-Fashion-Marke, einen Parka eines nachhaltigen Labels, sogar eine Jacke eines großen Designers.“ (Z. 32/33)

   e) „Die Verwertungsfirmen, die die Kleidung ankaufen, sortieren sie nach Qualität.“ (Z. 38)

4. Ergänze in den folgenden Zitaten aus dem Text „Für die Tonne“ (S. 3/4) alle fehlenden Satzzeichen. Dazu musst du die Zitate genau prüfen und gegebenenfalls auch Auslassungen oder Veränderungen im Zitat kennzeichnen.
   a) Ich habe den Pullover geliebt neun Monate lang um ihn dann wie eine missglückte Romanze langsam auszublenden (Z. 3–5)
   b) Noelle Konate berichtet Immer mehr illegale Container werden auf Privatgrundstücken aufgestellt (Z. 11/12)
   c) Die Autorin erfährt Die Verwertungsfirmen die die Kleidung ankaufen sortieren sie nach Qualität Etwa die Hälfte landet direkt im Müll oder wird zu Putzlappen und Dämmmaterial für die Autoindustrie verarbeitet (Z. 38–40)
   d) Ernüchtert stelle ich fest dass mein Versuch nicht ganz geglückt ist (Z. 60/61)

2.5 Rechtschreibung (Orthografie)

In diesem Bereich kann von dir verlangt werden, dass du …
- zwischen mehreren **Schreibweisen auswählen** und die **Regel oder Strategie**, die du angewendet hast, **erklären** sollst,
- beschreiben sollst, wie du **Schreibweisen überprüfen** kannst, oder
- die **Schreibweise** bestimmter Wörter oder Wortgruppen **erklären** musst.

*Über den QR-Code kannst du **Lernvideos** zu wichtigen Rechtschreibregeln abrufen.*

Um gut auf diese Aufgaben vorbereitet zu sein, solltest du die wichtigsten **Rechtschreibstrategien** und **Regeln zur Rechtschreibung** kennen.

Rechtschreibstrategien

Auf einen Blick

Strategien zur Überprüfung der Rechtschreibung	
Verlängerungsprobe	Versuche, die Wörter zu verlängern, z. B. indem du den Plural, Infinitiv oder Komparativ (erste Steigerungsform) bildest, z. B.: *Wal**d** oder Wal**t**? – Wälder; hefti**k** oder hefti**g**? – heftiger*
Ableitungsprobe	Überlege, von welchem Wort aus der gleichen Wortfamilie du den Begriff ableiten kannst, z. B.: *l**ä**stig – L**a**st – bel**ä**stigen; e**ss**en – (er) i**ss**t – E**ss**tisch*
Silbenprobe	Versuche, die Wörter in Silben zu zerlegen, z. B.: *ge | **hen***
Ersatzprobe	Versuche, das Wort durch ein Synonym zu ersetzen, z. B.: *„Das T-Shirt, das/dass …"* → ersetzbar durch „welches" (Relativpronomen) → *das*
Artikel/Signalwort beachten	Achte auf Artikel/Signalwörter, die einen Hinweis auf die Großschreibung geben, z. B.: ***nichts** Gutes; **mein** Wohlergehen; **beim** (bei + dem) Gehen*
Wortart bestimmen	Achte auf Nachsilben, die auf eine bestimmte Wortart hinweisen, z. B. *Heiter**keit**, Geheim**nis***, oder auf die Funktion des Wortes im Satz.
Vokallänge beachten	Achte auf die Länge der Vokale, z. B.: *Schro**t** oder Schro**tt**?*

Kurz gesprochene Vokale

Zur Kennzeichnung von kurzen Vokalen gibt es folgende Regeln:

Auf einen Blick

Kennzeichnung	**Regel**	
Doppelkonsonant	Auf einen kurzen Vokal folgen **zwei Konsonanten**. Hörst du nach dem Vokal **nur einen Konsonanten**, dann muss er **verdoppelt** werden.	*ka**lt**, He**lm**, si**nd** Ki**nn**, so**ll**en, Ku**tt**e*
	<u>Ausnahmen und Besonderheiten</u>	
	• Ein Doppelkonsonant, der zum Wortstamm gehört, **bleibt** in allen Wortformen **erhalten**, auch dann, wenn ein weiterer Konsonant folgt.	*beste**ll**en – beste**ll**t kennen – beka**nn**t*
	• Bei **manchen einsilbigen Wörtern** schreibt man keinen Doppelkonsonanten.	*da**s**, mi**t**, o**b**, zu**m***
ck oder tz	Die Konsonanten **k** und **z** werden nicht verdoppelt. Man schreibt stattdessen **ck** oder **tz**.	*Mü**ck**e, Wi**tz**e*

Lang gesprochene Vokale

Zu den langen Vokalen zählen nicht nur lang gesprochenes *a*, *e*, *i*, *o* oder *u*, sondern auch **Doppellaute** wie *au* und *ei*.
Zur Kennzeichnung von langen betonten Vokalen gibt es folgende Regeln:

Auf einen Blick

Kennzeichnung	Regel	
keine Kennzeichnung	Bei den meisten Wörtern wird der lange Vokal **nicht extra gekennzeichnet**.	*Tag, lesen, Mut, Bote, fragen*
ie	Ein **langes i** wird in der Regel mit **ie** wiedergegeben. Bei **Fremdwörtern** steht häufig ein **einfaches i**.	*Tier, lieben, Knie* *Notiz, Kino, Virus*
Doppelvokal	Es gibt auch Wörter, in denen der **Vokal verdoppelt** wird. Diese Wörter musst du **auswendig lernen**.	*Aal, Meer, Moor*
stummes h	Wenn auf einen langen betonten Vokal **l**, **m**, **n** oder **r** folgen, wird bei **einigen** Wörtern ein **stummes h** eingeschoben. Diese Wörter musst du ebenfalls auswendig lernen.	*Stuhl, Rahm* **Ohne** *stummes h: Schal, Person*
silbentrennendes h	Manchmal folgt auf einen **langen** Vokal ein **kurzer**. Dann wird oft ein sogenanntes **silbentrennendes h** eingefügt, um zu zeigen, dass eine neue Silbe anfängt.	*ge | **hen**, flie | **hen**, se | **hen***

s-Laute

Die Schreibweise von s-Lauten hängt von zweierlei ab: von der **Länge des vorangehenden Vokals** und von der **Aussprache des s-Lauts**.

Auf einen Blick

s-Laute richtig schreiben	
s	**Einfaches „s"** schreibst du, wenn das s **stimmhaft** ist, z. B.: *Hase, leise, lesen*
ß	**Scharfes „ß"** schreibst du, wenn der s-Laut **stimmlos** ist und nach einem **langen Vokal** steht, z. B.: *Ruß, Füße, beißen, heiß*
ss	**Doppel-s** schreibst du, wenn der s-Laut **stimmlos** ist und auf einen **kurzen Vokal** folgt, z. B.: *wissen, Kissen, Masse, nass*

Hinweis: Führe bei s-Lauten **am Wortende** die **Verlängerungsprobe** durch, da das stimmhafte s am Wortende im Deutschen stimmlos ausgesprochen wird:

Beispiel

Bei dem Wort „Maus" hört man nach einem langen Vokal ein stimmloses „s". Die Verlängerungsprobe zeigt, dass das „s" eigentlich stimmhaft ist: Maus → Mäuse.

Tipp

Wie erkennst du, ob ein s-Laut stimmhaft oder stimmlos gesprochen wird?

Wenn du dir nicht sicher bist, kannst du die **Handprobe** machen: Lege die Hand vorn um deinen Hals und sprich das Wort laut aus. Ist der s-Laut stimmhaft, vibrieren deine Stimmbänder – und das kannst du fühlen! Solltest du mit der Hand nichts fühlen, ist der s-Laut stimmlos.

Die Wörter „das" und „dass" unterscheiden

Die Schreibung von s-Lauten bei „das" und „dass" folgt eigenen Regeln:

Auf einen Blick

Zwischen „das" und „dass" unterscheiden	
das	„Das" kann dreierlei sein: • **Artikel**, z. B.: *das T-Shirt, das neue Kleid* → Er bezieht sich immer auf ein nachfolgendes Nomen. • **Relativpronomen**, z. B.: *Ich freue mich sehr über das Kleid, das Pia mir geschenkt hat.* → Du kannst *das* durch *welches* ersetzen. • **Demonstrativpronomen**, z. B.: *Der Pullover ist in Afrika gelandet. Das hätte ich nie erwartet.* → Du kannst *das* durch *dieses/dies* oder *jenes* ersetzen.
dass	„Dass" ist immer eine **Subjunktion**, die einen Nebensatz einleitet, z. B.: *Ich hätte nie erwartet, dass der Pullover in Afrika landet.* → Du kannst *dass* nicht durch ein anderes Wort ersetzen.

Groß- und Kleinschreibung

Auch wenn man grundsätzlich die meisten Begriffe kleinschreibt, gibt es einige Wörter, die du großschreiben musst.

Auf einen Blick

Diese Wörter musst du großschreiben	
Nomen	*der Schuh, die Tierhandlung, das Wetter*
Als Nomen verwendete Wörter	*das Blau, dein Lächeln*
Satzanfänge	*Plötzlich musste er grinsen.*
Eigennamen	*Sandra, Köln, der Schweizer Käse, das Rote Meer*
Das erste Wort einer Überschrift/ eines Gliederungspunkts	*Grüne Marsmännchen endlich gelandet;* *2.2 Klimafreundliche Elektrogeräte*
Höfliche Anredepronomen	*Ich danke Ihnen für Ihre zügige Antwort.*

Zusammen- und Getrenntschreibung

Es ist nicht immer leicht zu entscheiden, ob zwei Wörter, die in einem Satz nebeneinanderstehen, getrennt oder zusammengeschrieben werden.
Folgende vier Grundregeln können dir dabei helfen:

Auf einen Blick

Das musst du in der Regel zusammenschreiben		
Komposita	Treffen diese Wortarten direkt aufeinander, musst du sie zusammenschreiben:	
	Nomen + Nomen	*Geldbörse, Haustür, Sackgasse …*
	Nomen + Adjektiv	*gewaltbereit, mausetot, herzensgut …*
	Nomen + Adverb	*bergab, flussaufwärts, landeinwärts …*
	Verb + Nomen	*Wanderstiefel, Hörspiel, Gefriertruhe …*
	Adverb + Verb	*weglaufen, entlanggehen, weitermachen …*
	Präposition + Verb	*aufessen, vorlesen, nachmachen …*

Das musst du in der Regel getrennt schreiben	
Verb + Verb	Stehen zwei Verben hintereinander, schreibst du sie getrennt, z. B.: *Lass uns später spazieren gehen.* **Ausnahme:** Wenn die beiden Verben zusammen als Nomen verwendet werden, musst du sie zusammenschreiben, z. B.: *Beim Spazierengehen traf er Nadine.*
Nomen + Verb	Folgt auf ein Nomen ein Verb, schreibst du die beiden Wörter getrennt, z. B.: *Wir könnten heute Nachmittag Fußball spielen.* **Ausnahme:** Wenn Nomen und Verb zusammen ein Nomen bilden, musst du sie zusammenschreiben, z. B.: *Das Fußballspielen macht ihm großen Spaß.*
Adjektiv + Verb	Steht nach einem Adjektiv ein Verb und das Adjektiv lässt sich steigern, musst du die beiden Wörter getrennt schreiben, z. B.: *laut singen → lauter singen, schnell sprechen → schneller sprechen* **Ausnahme:** Wenn Adjektiv und Verb zusammen eine besondere Bedeutung haben, musst du sie zusammenschreiben, z. B.: *schwarzarbeiten, krankschreiben*

Übung 12

1. Entscheide in den folgenden Sätzen jeweils, ob man „**das**“ oder „**dass**“ schreibt. Streiche die falsche Schreibweise durch.
   a) *Das / Dass* Entsorgen von Kleidung in Altkleidercontainern kann sich negativ auf die Textilwirtschaft in anderen Ländern auswirken.
   b) Viele wissen nicht, *das / dass* unsere gespendete Kleidung im Ausland weiterverkauft wird.
   c) Dadurch kann es dazu kommen, *das / dass* die lokale Textilindustrie zerstört wird und *das / dass* Wirtschaftswachstum im Land gebremst wird.

2. **Getrennt** oder **zusammen**? Trage jeweils die richtige Schreibweise in die Lücken ein.
   a) Viele ______________________ (*Kleidung, Stücke*) kann man mehrere Jahre lang tragen.
   b) Trotzdem gibt es Menschen, die ihren ______________________ (*Kleider, Schrank*) regelmäßig ______________________ (*aus, sortieren*).
   c) Die Tendenz geht dazu, dass die Leute ihre Kleidung ______________________ (*schnell, entsorgen*), um wieder Platz im Schrank zu schaffen.

3. Erkläre jeweils die **Großschreibung** der unterstrichenen Wörter. (→ Heft)
   a) „Schließlich will ich gleichzeitig etwas Gutes tun, so wie viele Menschen in Deutschland.“ (Z. 8/9)
   b) „Wenig später stehe ich vor einem roten, leicht zerbeulten Container des Deutschen Roten Kreuzes (DRK).“ (Z. 16/17)
   c) „Kritiker*innen argumentieren, dass durch den Export von Secondhandkleidung die regionale Textilindustrie in Afrika zerstört werde: Mit den billigen Preisen könne die nicht mithalten.“ (Z. 51–53)

Pflichtteil A 2: Lektüre

Ein Pflichtbestandteil der Prüfung sind **jährlich wechselnde Lektüren**. Im **Prüfungsjahr 2023** stehen der Roman „**Blackbird**" des Autors und Schauspielers Matthias Brandt und das Jugendbuch „**Nathan und seine Kinder**" der preisgekrönten Autorin Mirjam Pressler zur Wahl.
Deine Kenntnisse zur Lektüre, die an deiner Schule ausgewählt wurde, musst du im **Pflichtteil A 2** unter Beweis stellen. Dafür kannst du insgesamt **25 Punkte**, d. h. **ein Viertel aller Punkte** bekommen. Plane also auch ungefähr **ein Viertel der Bearbeitungszeit** dafür ein (**60 Minuten** von 240 Minuten).

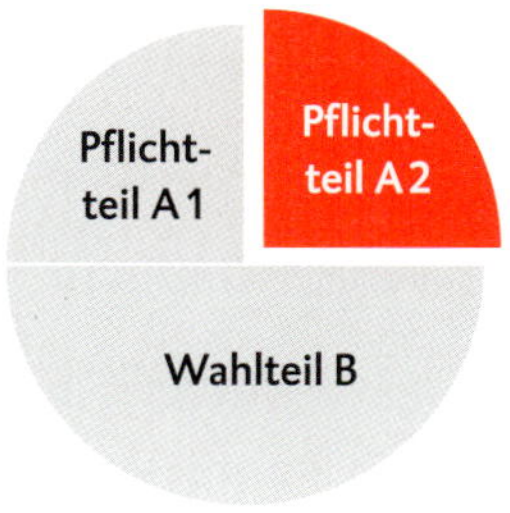

Interaktive Aufgaben: A 2: Lektüre

Zur Bearbeitung der Aufgaben darfst du **dein eigenes Exemplar der Prüfungslektüre** verwenden. Darin dürfen **Randnotizen** enthalten sein, die du dir während der Bearbeitung der Lektüre zu wichtigen Stellen gemacht hast. Allerdings dürfen keine Haftnotizzettel oder andere Hilfsmittel (z. B. Büroklammern, Klebestreifen) eingefügt werden. Zusätzlich darfst du während der gesamten Prüfungsdauer ein **Rechtschreibwörterbuch** benutzen.

Dir werden in Bezug auf die Lektüre z. B. **Aufgaben zum Textverständnis** gestellt, also

- zum **konkreten Inhalt**,
- zu **einzelnen Textstellen**,
- zu **übergeordneten Themen**,
- zur **Sprache** und
- zum **Textzusammenhang**.

Zusätzlich wird eine **produktive Schreibaufgabe** verlangt. Dabei musst du z. B. zu einer bestimmten Situation oder Textstelle im Buch

- einen Tagebucheintrag,
- einen Brief,
- einen inneren Monolog oder
- ein Gespräch (Dialog) schreiben.

Der produktive Teil der Aufgaben enthält eine **Mindestwortangabe**. Es wird eine Textlänge von mindestens **150 bis 250 Wörtern** verlangt werden. Diese solltest du keinesfalls unterschreiten. Konzentriere dich insbesondere darauf, alle inhaltlichen Vorgaben der Aufgabenstellung umzusetzen. Dabei kann der Text auch länger werden. Punktabzüge gibt es nur bei Unterschreitung der Mindestwortanzahl.

Übung 13

Überprüfe, ob du die Informationen zum Pflichtteil A 2 verstanden hast. Kreuze alle zutreffenden Antworten an.

a) Wie lange kannst du dir für die Aufgaben zur Lektüre ungefähr Zeit nehmen?
- ☐ zwei Stunden ☐ 90 Minuten ☐ 30 Minuten ☐ eine Stunde

b) Wie viele Punkte kannst du im Pflichtteil A 1 insgesamt erreichen?
- ☐ 50 ☐ 150 ☐ 25 ☐ 10

c) Wie lang muss der Text bei der produktiven Schreibaufgabe mindestens sein?
- ☐ 200 Wörter ☐ 100 Wörter ☐ 150 Wörter ☐ 300 Wörter

d) Welche Hilfsmittel sind für diesen Prüfungsteil zugelassen?
- ☐ ein Rechtschreibwörterbuch ☐ dein Exemplar der Lektüre
- ☐ Randnotizen im eigenen Buch ☐ Klebezettel in der Prüfungslektüre

Anforderungen

Gehe im Kopf die nachfolgenden **Anforderungen**, die im Pflichtteil A 2 an dich gestellt werden, durch und kennzeichne, ob du die Aspekte schon beherrschst (✓) oder noch Handlungsbedarf (X) besteht.

Auf einen Blick

Anforderungen im Pflichtteil A 2	✓	X
Du sollst beweisen, dass du das Buch **gründlich gelesen** und verstanden hast. **Tipp:** Höre dir die Lektüre zur Wiederholung als Hörbuch an, falls es eines gibt.		
Du musst die Ereignisse der **Handlung in der richtigen Reihenfolge** kennen. **Tipp:** Hier kann dir die Kapitelzusammenfassung zur Wiederholung helfen.		
Du musst die **Hauptfiguren der Lektüre** sowie deren Gedanken und Sorgen **gut kennen** und beschreiben können. **Tipp:** Markiere im Buch alle Informationen zu den wichtigen Figuren der Lektüre.		
Du musst dich **im Buch gut auskennen**, um z. B. möglichst schnell Behauptungen mit Textstellen aus der Lektüre belegen zu können. Dazu brauchst du sinnvolle Randnotizen, z. B. zu einer bestimmten Figur oder zu wiederkehrenden Themen. **Tipp:** Erstelle „Textstellenlisten" zu wichtigen Themen.		
Du musst die **Merkmale der möglichen Textsorten**, die von dir verlangt werden können, kennen. **Tipp:** Lies die Textsortenmerkmale auf der nächsten Seite und präge sie dir ein.		
Du darfst bei der produktiven Schreibaufgabe keinesfalls weniger als die **Mindestwortzahl** schreiben. **Tipp:** Schreibe einen Text im Umfang von 150–200 Wörtern in Schönschrift. Unterteile ihn auch in sinnvolle Absätze. So bekommst du ein Gefühl für die ungefähre Textlänge, ohne die Wörter zählen zu müssen.		
Deine Lösungen müssen sauber und **ordentlich dargestellt** und **richtig geschrieben** werden. Äußere Form und Rechtschreibung werden bewertet. **Tipp:** Nutze ein Rechtschreibwörterbuch, wenn du dir unsicher bist.		

Merkmale möglicher Textsorten im Überblick

Damit du die produktive Schreibaufgabe gut umsetzen kannst, müssen dir neben dem Inhalt der Lektüre auch die Merkmale der Textsorten, die in der Prüfung von dir gefordert werden könnten, vertraut sein:

Auf einen Blick

Dialog/Gespräch

Ein **Dialog** ist ein Gespräch zwischen zwei oder mehreren Personen. In der Prüfung soll meist ein Gespräch, das in der Lektüre nicht stattgefunden hat, aber denkbar wäre, geschrieben werden. Auf diese Weise soll eine sogenannte Leerstelle in der Lektüre gefüllt werden.

Äußere Merkmale:	wörtliche Rede; Namen der Figuren am Zeilenanfang; *Regieanweisungen*, die die Sprechweise verdeutlichen
Sprache:	wörtliche Rede in Dialogform; zu den Figuren passende Ausdrucksweise; typische Aussagen oder sprachliche Eigenheiten; Regieanweisungen zur Verdeutlichung der Handlungen/Gesten/Mimik der Figuren während des Gesprächs

Innerer Monolog

Der **innere Monolog** ist ein Selbstgespräch, das nur im Kopf der literarischen Figur abläuft. Du musst dich in die Figur und in die Situation, in der sie sich gerade befindet, hineinversetzen. Es kommt nur das zur Sprache, was die Figur in dem genannten Moment denkt und fühlt.

Äußere Merkmale:	evtl. Auslassungszeichen, Gedankenstriche; Fragen, die sich die Figur selbst oder anderen in Gedanken stellt
Sprache:	Ich-Perspektive, Alltags-/Umgangssprache, typische Formulierungen und Aussagen der Figur aus der Lektüre

Tagebucheintrag

Einen **Tagebucheintrag** schreibt man dann, wenn einen etwas so sehr beschäftigt, dass man seine Gedanken loswerden oder ordnen will. Es findet eine Auseinandersetzung mit der Situation, in der sich die Figur befindet, statt. Daher kommen ehrliche Gedanken über Ereignisse oder andere Figuren vor. Die Schreiberin oder der Schreiber wird versuchen, sich Fragen zur Situation selbst zu beantworten. Rückblenden und Überlegungen zur Zukunft sind möglich.

Äußere Merkmale:	evtl. Anrede („Liebes Tagebuch") sowie Schlussworte („Dein/e …"); Datum (falls bekannt); kurze einleitende Worte, die die Problematik andeuten
Sprache:	Ich-Perspektive, Alltags-/Umgangssprache, Formulierungen/Aussagen der Figur

Brief/E-Mail

Bei einem **Brief** handelt es sich um eine Art verschriftlichten Monolog. Die Schreiberin oder der Schreiber wendet sich an die Figur, an die das Schreiben gerichtet ist (Adressat*in), und möchte dieser etwas Wichtiges mitteilen. Den Inhalt gibt die jeweilige Aufgabenstellung vor.

Äußere Merkmale:	Datum (falls bekannt), Anrede („Hallo …", „Liebe/r …", „Sehr geehrte/r …"), Text, Grußformel („Mit freundlichen/herzlichen Grüßen")
Sprache:	Schriftsprache, geordnete Gedanken, roter Faden von der Einleitung über die Erläuterung des Schreibanlasses (Hauptteil) bis hin zum Schluss

3 Pflichtlektüren 2022/2023

Eine der beiden für den Prüfungsdurchgang im Schuljahr 2022/2023 vorgegebenen Ganzschriften heißt „Blackbird" und stammt von dem Schauspieler und Autor Matthias Brandt.

3.1 Matthias Brandt: Blackbird

Mit zwei Flaschen Amselfelder auf dem 10-Meter-Brett. Als der 15-jährige Morten Schumacher, genannt Motte, einen Anruf bekommt, ist in seinem Leben nichts mehr, wie es einmal war. Sein bester Freund Bogi ist plötzlich sehr krank. Aber das ist nur eine der herzzerreißenden Explosionen dieses Jahres, die in Matthias Brandts Roman „Blackbird" Mottes Leben komplett auf den Kopf stellen. Kurz danach fährt Jacqueline Schmiedebach vom Einstein-Gymnasium auf einem Hollandrad an ihm vorbei, und die nächste Erschütterung nimmt ihren Lauf. Zwischen diesen beiden Polen, der Möglichkeit des Todes und der Möglichkeit der Liebe, spitzen sich die Ereignisse immer weiter zu, geraten außer Kontrolle und stellen Motte vor unbekannte, schmerzhafte Herausforderungen. Doch zum richtigen Zeitpunkt sind die richtigen Leute an Mottes Seite und tun genau das Richtige. Und er selbst schaut den Dingen mutig ins Gesicht, mit scharfem Blick und trockenem Witz. Die Figuren dieses Ausnahmeromans wird man nicht mehr vergessen, die Schornsteinfegerin Steffi, Elvis, den lebensklugen Bademeister mit den langen Koteletten, Neandertal-Klaus und selbst den lustbetonten Sozialkundelehrer Meinhardt. Denn sie und all die anderen zeigen uns durch die Erzählkunst des Schriftstellers Matthias Brandt die Komik und die Tragik des Lebens, ihres Lebens in einer kleinen Stadt in den 70ern, aber auch unseres. Und wir können es sehen, ganz deutlich. „Jung zu sein, bleibt immer gleich – so schmerzhaft, so unverständlich und so schön, weil alles zum ersten Mal passiert. ‚Blackbird' ist ein wundervoller Roman." Eva Menasse

Quelle: Blackbird von Matthias Brandt. Im Internet unter: https://wasliestdu.de/matthias-brandt/blackbird-0

Übung 14 Lies die Kurzzusammenfassung gründlich und beantworte nachfolgende Fragen, indem du alle zutreffenden Antworten ankreuzt.

a) An welchem Ort spielt die Handlung?

Die Handlung spielt in …

- ☐ der Ortschaft Amselfeld.
- ☐ dem Dorf Schmiedebach.
- ☐ Holland.
- ☐ einer deutschen Kleinstadt.

b) In welcher Zeit spielt die Handlung?

Die Handlung spielt …

- [ ] im Jahr 2022.
- [ ] in den 1950er-Jahren.
- [ ] in den 1960er-Jahren.
- [ ] in den 1970er-Jahren.

c) Welches einschneidende Ereignis ist die Ausgangssituation für die Handlung?

Ausgangssituation ist …

- [ ] die Begegnung mit einem „Blackbird“, also einer Amsel.
- [ ] eine Explosion am Einstein-Gymnasium.
- [ ] ein Anruf, der Motte über die Krankheit von Bogi informiert.
- [ ] der Fahrradunfall von Jacqueline Schmiedebach.

d) Welche beiden Extreme bzw. Gefühle sind in der Handlung des Romans vorherrschend?

- [ ] Hass und Wut
- [ ] Liebe und Tod
- [ ] Neid und Freude
- [ ] Liebe und Eifersucht

e) Welche Menschen sind in dieser Ausnahmesituation an Mottes Seite?

An Mottes Seite sind …

- [ ] seine Eltern, seine Lehrer*innen und Mitschüler*innen.
- [ ] ein Bademeister, ein Schornsteinfeger und ein Neandertaler.
- [ ] Elvis, Steffi und Meinhardt.
- [ ] seine Freunde Klaus, Matthias und Bogi.

f) Das Thema des Romas wird beschrieben als „Jung zu sein, bleibt immer gleich – so schmerzhaft, so unverständlich und so schön“. Was ist damit gemeint?

Gemeint ist, dass …

- [ ] die Jugend immer eine Mischung aus schmerzhaften und schönen Erfahrungen ist.
- [ ] Jugendliche auch schmerzhafte Erfahrungen als schön empfinden.
- [ ] es unverständlich ist, warum Jugendliche diese Zeit schmerzhaft finden.
- [ ] man die Jugend von früher nicht mit der von heute vergleichen kann.

g) Welche Figur steht im Mittelpunkt der Handlung (und ist Ich-Erzähler)?

Im Mittelpunkt steht …

- [ ] Jacqueline Schmiedebach, die große Liebe des Autors.
- [ ] Matthias Brandt, der Autor, der Motte genannt wurde.
- [ ] Eva Menasse, von der auch das Zitat am Ende des Artikels stammt.
- [ ] Morten Schumacher, genannt Motte.

Zusammenfassung der Handlung

In der folgenden Tabelle findest du Zusammenfassungen der einzelnen Kapitel des Romans. Lies die Zusammenfassungen und bearbeite danach die Aufgaben.

Die Seitenzahlen beziehen sich auf folgende Textausgabe:
Matthias Brandt: Blackbird. Verlag Kiepenheuer & Witsch 2021, Köln.

Kap. 1: Mitte August **S. 5–11**

___

Der fünfzehnjährige Morten Schumacher, genannt Motte, erfährt am Telefon von den Eltern (Petra und Dieter Schnellstieg) seines besten Freundes Manfred, genannt Bogi, dass dieser aufgrund eines unklaren Befunds für weitere Untersuchungen ins Krankenhaus gebracht wurde. Aus diesem Grund kann Bogi auch nicht an der geplanten Turnierfahrt teilnehmen. Zuvor hatten die beiden besten Freunde zwei Flaschen Amselfelder Wein gekauft, um auf der Fahrt ihre ersten Erfahrungen mit Alkohol zu machen. Den Spitznamen erhielt Bogi, als ein Mitschüler den Schauspieler Humphrey Bogart aus Unwissenheit „Manfred Bogart" nannte und dadurch für Lacher sorgte.
Mottes Eltern haben sich getrennt und sein Vater hat bereits eine neue Lebensgefährtin, zu der er demnächst ziehen wird. Dies bedeutet auch für Motte und seine Mutter, dass sie aus dem Haus der Familie ausziehen müssen.

Kap. 2: Mitte September **S. 12–39**

___

Motte und die Freunde Detlef Walkenhorst, genannt Walki, und Jan Borowka haben mit Bogis Mutter einen Besuchstermin bei Bogi im Krankenhaus ausgemacht. Als Motte Bogi auf der Kinderstation, im sogenannten Giraffenzimmer, besucht, hat er ein mulmiges Gefühl. Bogi kommt ihm fremd vor und ihm fällt nichts ein, womit er die merkwürdige Situation überspielen könnte. Motte ist bewusst, dass Bogi Krebs (Non-Hodgkin-Lymphom) hat und daran sterben könnte. Jan und Walki gelingt es besser, normal mit Bogi umzugehen.
Bogi und Motte kennen sich schon seit der Grundschule und sind Freunde, seit Bogi als „ausgelaufene Batterie" verkleidet zum Schulfasching kam.

Kap. 3: Ende September **S. 40–47**

___

Motte begegnet der schönen Jacqueline Schmiedebach, die mit einem Hollandrad an ihm vorbeifährt und auf das benachbarte Einstein-Gymnasium geht, und verliebt sich in sie. Um sie wie zufällig zu treffen, wartet Motte am Fähranleger, da Jacqueline auf der anderen Seite des Flusses wohnt und deshalb die Fähre nehmen muss. Dort wird er von einem Mann angesprochen, der ihm ein unsittliches Angebot macht. Motte flüchtet vor ihm, versucht aber weiterhin, Jacqueline zu begegnen.

Kap. 4: Ende September **S. 48–66**

___

Motte trifft seinen Vater, den er kaum noch sieht, zufällig im Wohnzimmer. Sie haben sich allerdings nichts zu sagen. Mottes Vater nimmt offenbar an, dass seine Ex-Frau bereits mit ihrem Sohn über die Trennung der Eltern gesprochen hat, sodass er kein klärendes Gespräch mit ihm führen muss. Mottes Vater hat seine Arbeitsstelle verloren, obwohl Motte aufgrund der früheren Aussagen seines Vaters immer dachte, dass er der Chef der Firma gewesen ist. Motte denkt daran, dass sein Vater nun mit seiner neuen Lebensgefährtin Claudia Hunger-Löper zusammenziehen wird und seine Eltern schon lange nicht mehr richtig miteinander geredet haben.

Seit einer Weile versucht Mottes Mutter verstärkt, sich um ihn zu kümmern, was Motte jedoch lästig findet. Er möchte nicht zusätzlich zu seiner eigenen Traurigkeit wegen Bogi noch die seiner Mutter aushalten müssen und geht ihr daher aus dem Weg.
Im Haus der Schumachers, aus dem der Vater gerade auszieht und aus dem bald auch Motte und seine Mutter ausziehen müssen, trifft Motte eine ehemalige Klassenkameradin aus der Grundschule, Stefanie Fuchs. Steffi macht gerade eine Schornsteinfegerlehre und ist mit ihrem Chef bei den Schumachers im Einsatz. Motte erinnert sich daran, dass sie damals versehentlich in eine Heugabel gesprungen ist und daraufhin mehrfach operiert werden musste.

Kap. 5: Erster Oktober S. 67–73

In Mottes handschriftlichem Brief an Jacqueline Schmiedebach, den er an seinem 16. Geburtstag verfasst, stellt er sich ihr vor, macht ihr Komplimente und bittet sie um ein Treffen. Dieses soll am Fähranleger stattfinden, wenn sie das nächste Mal Tennis hat. Den Briefentwurf überarbeitet und kürzt er anschließend noch.

Kap. 6: Anfang Oktober S. 74–89

Motte plant, dass Walkis Schwester Manuela, die wie Jacqueline auf das Einstein-Gymnasium geht, ihr den Brief in der Pause überbringen soll. Motte bittet Walki daher, den Brief seiner Schwester auf dem Sportplatz, den sie sich mit dem Einstein-Gymnasium teilen, zu geben. Walki möchte jedoch Näheres über den Brief wissen, sodass Motte ihn einweihen muss. Als Motte es sich kurzzeitig anders überlegt und den Brief zurückfordert, verweigert Walki die Herausgabe und versichert ihm, dass der Brief großartig ist.

Kap. 7: Anfang Oktober S. 90–97

Auf dem Sportplatz behauptet Walki gegenüber dem Sportlehrer Kragler, er müsse seiner Schwester den vergessenen Hausschlüssel bringen. Kragler lässt ihn gehen, sodass er Mottes Brief an Manuela übergeben kann.
Motte möchte am liebsten unsichtbar sein und fiebert aufgeregt dem im Brief vorgeschlagenen Treffen entgegen. Tatsächlich erscheint Jacqueline am Treffpunkt. Sie unterhalten, berühren und küssen sich sogar zum Abschied. Zudem willigt sie ein, am Sonntag mit Motte ins Kino zu gehen.

Kap. 8: Mitte Oktober S. 98–107

Ein Umzugsunternehmen übernimmt den Auszug von Mottes Vater aus dem Haus der Familie. Herr Schumacher selbst geht noch immer jeden Tag zur Arbeit oder tut zumindest so. Motte hat das Gefühl, dass sein Leben auseinanderbricht.
Er erhält eine Postkarte von Steffi, die ihm in gewisser Weise ein Treffen vorschlägt.
Motte und seine Mutter haben einen Termin für eine Wohnungsbesichtigung in der Neuen Stadt. Dort ist auch das Krankenhaus, in dem Bogi liegt. Weil Motte ihn seiner eigenen Auffassung nach nicht oft genug besucht, hat er ein schlechtes Gewissen. Motte hat das Gefühl, dass ihm nichts einfällt, über das er noch mit Bogi sprechen könnte. Alles scheint gesagt zu sein. Als Motte Bogis Mutter eines Tages im Krankenhaus begegnet, bittet sie ihn, Bogi jetzt nicht im Stich zu lassen.
Mit einem Immobilienmakler besichtigen Motte und seine Mutter eine Wohnung.

Kap. 9: Mitte Oktober S. 108–126

Motte wartet in einiger Entfernung vom Kino auf Jacqueline, weil es so aussehen soll, als käme er auch erst gerade an bzw. als hätte er sich beeilen müssen, um pünktlich zu sein. Jacqueline taucht schließlich in Begleitung von Callum, dem englischen Austauschschüler ihres Bruders, auf. Wie selbstverständlich lassen sich Jacqueline und Callum von Motte den Kinoeintritt für den erotischen Film „Bilitis" und ein Eis bezahlen. Als Motte während des Films Körperkontakt zu Jacqueline aufnehmen will, bemerkt er, dass sich Jacqueline und Callum küssen. Überstürzt flüchtet er aus dem Kino und landet schließlich beim örtlichen Freibad. Er schämt sich wie noch nie zuvor in seinem Leben.

Kap. 10: Anfang November S. 127–144

Mottes Freunde merken offenbar, dass die Verabredung mit Jacqueline nicht gut gelaufen ist, und fragen ihn daher auch nicht danach. Er ist durch die Geschichte mit Jacqueline wie betäubt und bekommt in der Schule nicht mehr viel mit.
Gelegentlich trifft sich Motte in Restaurants mit seinem Vater, der nun nicht mehr zu Hause wohnt. Auch der Umzug von Motte und seiner Mutter steht unmittelbar bevor. Die kumpelhafte Art des Immobilienmaklers, der ihnen die neue Wohnung vermittelt hat, geht Motte auf die Nerven.
Im Sportunterricht meldet sich Walki beim verhassten Sportlehrer Kragler, der immer wieder einzelne Schüler besonders quält und den sie alle für einen Nazi halten, zu einer freiwilligen Nachprüfung. Walki täuscht vor, seine Note verbessern zu wollen, und schlägt einen 5 000-Meter-Lauf, an dem vermeintlich auch Motte und Jan teilnehmen wollen, vor. Herr Kragler geht auf Walkis Vorschlag ein und erhofft sich schon etwaige Siege bei Schulwettbewerben, bei denen er mit dem guten Läufer Walkenhorst antreten könnte.
Herr Kragler trifft sich mit den drei Jungen und einer Referendarin nachmittags auf dem Sportplatz, wo Walki auf dem besten Wege ist, eine Rekordzeit zu laufen. Kragler ist begeistert und feuert Walki euphorisch an. 50 Meter vor dem Ziel bleibt Walki allerdings stehen, beleidigt den aufgeregten Kragler und konfrontiert ihn mit Erinnerungen daran, wie er Schüler gequält und erniedrigt hat. Als Kragler droht, ihn fertigzumachen, erwidert Walki, dass er ihn dann anzeigen würde. Jan und Motte dienen ihm als Zeugen.

Kap. 11: Anfang Dezember S. 145–169

Motte drückt sich vor den Besuchen bei Bogi und macht sich deswegen Vorwürfe. Jan besucht Bogi hingegen mehrfach allein.
Der Umzug aus dem Haus der Familie Schumacher ist beinahe abgeschlossen und Motte schaut sich ein letztes Mal in seinem inzwischen leergeräumten Zimmer um. Den Weg in die neue Wohnung will er aber nicht mit seiner Mutter, sondern allein mit dem Fahrrad zurücklegen. Er fährt durch den Volkspark und trifft dort auf Neandertal-Klaus. Mit ihm führt er ein merkwürdiges Gespräch, unter anderem über das Kiffen. Klaus denkt, dass Motte von ihm Gras kaufen will, und lässt ihn an seinem Joint ziehen. Nach einer Weile verabschiedet sich Motte wieder von Klaus.
Mottes weiterer Weg führt ihn durch die Fußgängerzone, wo gerade eine Rollstuhl-Squaredance-Vorführung stattfindet. Der Joint zeigt mittlerweile Wirkung. Motte wird von Steffi angesprochen und sie erkundigt sich, ob er ihre Karte bekommen habe. Er entschuldigt seine ausgebliebene Antwort mit dem Trubel rund um den Umzug. Sie stellen fest, dass ihr Heimweg in die gleiche Richtung führt. Obwohl Steffi bemerkt, dass Motte bekifft ist, willigt sie ein, mit ihm in ein Café zu gehen. Dort verschlingt Motte mehrere Stücke Kuchen und trinkt Kakao. Als Steffi ihn auf die traurige Situation bei ihm zu Hause anspricht, fällt Motte auf, dass er es nicht gewohnt ist, dass Dinge direkt angesprochen werden. Als sie das Café verlassen, muss Steffi die Rechnung übernehmen, da Motte kein Geld dabeihat. Während der weiteren Heimfahrt gesteht Steffi Motte, dass sie ihn gernhat. Motte fährt daraufhin einfach mit dem Fahrrad davon.

Kap. 12: Mitte Februar S. 170–186

Bogi darf das Krankenhaus verlassen. Nach und nach kann er auch wieder alltägliche Dinge, wie einen Ausflug zum Briefkasten, machen. Einerseits findet Motte es gut, dass Bogi wieder Teil seines Lebens ist, andererseits ist es für ihn aber auch anstrengend, weil er so andauernd mit den Themen „Krankheit" und „Tod" konfrontiert wird.
Bogi kann und darf Motte zur Eröffnung des „Rockworld"-Ladens in die Stadt begleiten. Im Bus geraten sie aber über ihren Musikgeschmack in Streit, sodass Bogi beleidigt allein durch das Musikgeschäft streift. Bei der Eröffnung sind viele Bekannte anwesend, auch Steffi ist dort. Sie küsst Motte öffentlich, was diesem unangenehm ist, zumal Bogi, der noch nichts von Steffi weiß, es sehen kann. Bogi reagiert jedoch positiv, da er sich in Krankenschwester Merle, die ebenfalls zur Eröffnung gekommen ist, verliebt zu haben scheint.
Gemeinsam spielen Motte, Jan und Walki mit Bogi Fußball, wobei sich dieser ins Tor legt.

Kap. 13: Ende Mai S. 187–201

Bogi muss wieder ins Krankenhaus. An der Reaktion von Bogis Mutter erkennt Motte, dass es schlecht um ihn steht. Als Motte ihn besucht, kommt Bogi ihm fremd vor, obwohl dieser noch recht munter wirkt und Motte darum bittet, ihm Fast Food zu besorgen. Motte erzählt ihm, welche Erfahrungen er in den letzten Monaten gemacht hat, z. B. mit Alkohol und Drogen. Vom Kinobesuch mit Jacqueline oder der Intimität mit Steffi erzählt Motte ihm jedoch nichts. Unerwartet erinnert Bogi Motte daran, dass die zwei Flaschen Amselfelder Wein noch im Versteck liegen. Schon am nächsten Tag geht Motte wieder zu Bogi ins Krankenhaus und erzählt seinem geschwächten Freund, dass der verhasste Lehrer Kragler an eine andere Schule wechselt. Als Motte Bogi am Folgetag noch einmal besucht, wird er von Bogis Vater gewarnt, dass Bogi ihn möglicherweise nicht mehr richtig versteht, weil er sehr starke Medikamente bekommt. Kurz nachdem Motte Bogis Zimmer wieder verlässt, geht ein Alarm los. Die Ärzte können Bogi nicht mehr helfen; Bogi stirbt. Motte weiß nicht, was er tun soll und verlässt fluchtartig die Klinik.

Kap. 14: Ende Mai, selber Tag S. 202–210

Motte will sich auf keinen Fall von jemandem trösten lassen und deshalb auch nicht nach Hause gehen. Auf Umwegen gelangt er in den Garten von Familie Schnellstieg und holt dort die beiden Flaschen Amselfelder Wein aus dem Versteck. Er wirft auch einen Blick auf das ehemalige Haus seiner Familie, das jetzt von anderen bewohnt wird. Dort stiehlt er ein Damenrad und fährt damit zu der Holzbrücke, an der er früher immer heimlich geraucht hat, und prostet Bogi mit dem Amselfelder Wein zu. Dies zu tun, hatte er sich offenbar schon vorgenommen, als er über Bogis möglichen Tod nachgedacht hatte.

Kap. 15: Ende Mai, selber Tag S. 211–234

Motte bekommt durch den Alkohol Lust auf Gesellschaft und beschließt, zu seinem Sozialkundelehrer Meinhardt Vogt zu fahren. Dieser hat die Schüler*innen ständig zu sich eingeladen und mit seinem „Open House" geworben. Motte möchte zu jemandem gehen, der noch nichts von Bogis Tod weiß. Angetrunken trifft er beim ebenfalls alkoholisierten Lehrer ein. Dieser bittet ihn herein, obwohl er gerade einen Streit mit seiner Frau hat. Meinhardt hatte offenbar nicht zum ersten Mal ein Verhältnis zu einer Schülerin. Als der Lehrer und später auch dessen Frau nach Bogi fragen, tut Motte so, als ob dieser auf dem Weg der Besserung sei.
Auf einem Super-8-Film, den Meinhardt auf der Klassenfahrt im vergangenen Jahr gedreht hat, sieht Motte sich und Bogi. Es wird deutlich, dass die beiden zusammengehörten und beste Freunde waren. Motte verdrängt, dass Bogi tot ist, und erinnert sich an dessen Pläne, einmal Biologe zu werden und mit einem Mädchen, das Bogi damals gut fand, auf Expedition zu gehen.

Kap. 16: Ende Mai, selber Tag S. 235–251

Motte fährt zum geschlossenen Freibad, klettert dort über den Zaun und schließlich auf den Zehnmeterturm. Als er eine der Weinflaschen ins Wasser wirft und „Amselfelder" und „Blackbirdfielder" in die Nacht ruft, wird er vom Bademeister entdeckt. Dieser fordert ihn auf, herunterzukommen, doch Motte ist zu betrunken und muss sich übergeben. Schließlich klettert der Bademeister zu Motte auf den Turm und trinkt sogar selbst vom Amselfelder. Als Bademeister Günter Reuser erfährt, dass er von den Jugendlichen „Elvis" genannt wird, erzählt er Motte, dass er ein großer Elvis-Fan ist und als Reaktion auf den Tod seines Idols zum Elvis-Imitator wurde. Weil Mottes Vater auch Elvis-Fan ist, kennt Motte viele der Lieder. Zusammen singen sie Lieder von Elvis Presley. Motte behauptet, er sei auf den Turm geklettert, um endlich seine Angst zu überwinden, und springt schließlich vom Zehnmeterturm. Als Motte im Wasser landet, übermannt ihn die Traurigkeit und ihm wird klar, dass er nie wieder sprechen wird.

Kap. 17: Sechs Wochen später, Mitte Juli S. 252–276

Nach dem Vorfall im Freibad wird Motte zunächst in einem Sozialpädiatrischen Zentrum behandelt, weil er nicht mehr spricht, und er nimmt anschließend noch an Gruppensitzungen teil. Sechs Wochen nach Bogis Tod findet die Trauerfeier bzw. Urnenbestattung statt. Mittlerweile hat Mottes Mutter einen neuen Freund namens Dieter. In der Aussegnungshalle spielt Bogis Cousine Gitarre, unter anderem eines von Bogis Lieblingsliedern, „Blackbird" von den Beatles. Bogis Eltern müssen ihre Ansprache, in der sie von Bogi erzählen, als er noch klein war, weinend abbrechen. Motte hatte die Bitte, dass auch er etwas sagt, abgelehnt, weil er nicht mehr spricht. Überraschenderweise übernimmt Steffi für ihn und spielt ein Lied ab, das Bogi gemocht hatte. Motte ärgert sich zunächst darüber, da es sich in seinen Augen um Mädchenmusik handelt. Dann wird ihm aber klar, dass es darum geht, was Bogi gefallen hätte. Als alle anderen Trauergäste bereits weg sind, verabschieden sich Motte, Jan, Walki und Steffi noch gesondert am Grab von Bogi. Allein im Arm von Steffi beginnt Motte zu weinen und wieder zu sprechen.

Übung 15

1. a) Ordne nachfolgende Vorschläge für **Kapitelüberschriften** den einzelnen **Zusammenfassungen** (vgl. S. 42–46) zu und notiere sie jeweils auf der Linie am Anfang jeder Zusammenfassung.

   b) Schreibe die Überschriften auch an den Anfang der entsprechenden Kapitel in dein Buch.

   c) Unterstreiche in der Kapitelzusammenfassung die handelnden Figuren des jeweiligen Kapitels.

Wie Walki Nazikragler mit einem 5000-Meter-Lauf besiegt	Auszug des Vaters, Postkarte von Steffi, Schuldgefühle und Wohnungsbesichtigung	Bogis Heimkehr, Eröffnung des „Rockworld"-Plattenladens	
Brieftransfer mit Hindernissen	Mottes Enttäuschung im Kino	Open House bei Meinhardt Vogt	Kiffen und Kaffee
Der Anruf von Bogis Vater verändert alles	Jacqueline und das Schornsteinfegermädchen Steffi	Das langersehnte Treffen mit Jacqueline	
Bogis Urnenbestattung	Motte will Bogis Tod entkommen	Ein Liebesbrief an Jacqueline	Bogis langsames Sterben
Im Freibad auf dem Sprungbrett	Mottes erster Besuch bei Bogi im Krankenhaus	Motte verliebt sich in Jacqueline Schmiedebach	

2. Überprüfe, wie gut du dich im Roman „Blackbird“ auskennst. In jeder Zeile ist nur **eine** der Aussagen zum Buchinhalt richtig. Notiere jeweils den Buchstaben der korrekten Antwort in der rechten Spalte. Streiche falsche Inhalte in den beiden anderen Versionen durch.

	A	B	C	richtige Aussage
1	Als Herr Schnellstieg bei Familie Schumacher anruft, um von Bogis Krankheit zu berichten, sitzt Motte in seinem Zimmer auf einem Sitzsack und schießt Styroporkügelchen an die Zimmerdecke.	Als Herr Schumacher bei Familie Schnellstieg anruft, um von Bogis Krankheit zu berichten, sitzt Motte in seinem Zimmer auf einem Sitzsack und schießt Styroporkügelchen an die Zimmerdecke.	Als Herr Schnellstieg bei Familie Schumacher anruft, sitzen Motte und Bogi im Zimmer auf einem Sitzsack und schießen Styroporkügelchen an die Zimmerdecke.	
2	Beim letzten Gespräch von Motte mit Bogi vor seinem Besuch bei ihm im Krankenhaus hatten die beiden Jungs über den Satz des Pythagoras gesprochen, weil Bogi naturwissenschaftlich sehr interessiert ist.	Beim letzten Gespräch von Motte mit Bogi vor seinem Besuch bei ihm im Krankenhaus hatten die beiden Jungs über das Anzünden von Fürzen gesprochen, weil Bogi sich damit ziemlich gut auskennt.	Beim letzten Gespräch von Motte mit Bogi vor seinem Besuch bei ihm im Krankenhaus hatten die beiden Jungs darüber gesprochen, dass Bogi so oft furzen muss und welche Gründe das haben könnte.	
3	Motte versucht Jacqueline Schmiedebach scheinbar zufällig zu begegnen. Dazu meldete er sich ebenfalls zum Tennisspielen beim THC an.	Motte versucht Jacqueline Schmiedebach scheinbar zufällig zu begegnen. Dazu bietet er ihr am Fähranleger an, ihr kostenlos Mathenachhilfe zu geben.	Motte versucht Jacqueline Schmiedebach scheinbar zufällig zu begegnen. Dazu lungert er stundenlang am Anlegeplatz der Fähre herum.	
4	Mottes Vater ist frankophil, weil er gerne Pastis trinkt. Er und Motte sind sich in den letzten Wochen aus dem Weg gegangen, weil der Vater gerade dabei ist, die Familie zu verlassen und zu seiner neuen Lebensgefährtin Christina zu ziehen.	Mottes Vater hat vor einiger Zeit seine Arbeitsstelle verloren. Er und Motte sind sich in den letzten Wochen aus dem Weg gegangen, weil der Vater ihm andauernd erklären will, warum er mit seiner neuen Lebensgefährtin zusammenziehen möchte.	Mottes Vater hat eine speckig aussehende Glatze. Er und Motte sind sich in den letzten Wochen aus dem Weg gegangen, weil der Vater gerade dabei ist, die Familie zu verlassen und zu seiner neuen Lebensgefährtin Claudia zu ziehen.	

	A	B	C	richtige Aussage
5	In seinem fein säuberlich abgetippten Brief an Jacqueline Schmiedebach, den er an der Schreibmaschine seiner Mutter verfasst, stellt sich Motte erst einmal vor und schreibt, dass er nach dem nächsten Tennistraining auf sie warten wird.	In seinem handschriftlichen Brief an Jacqueline Schmiedebach stellt sich Motte erst einmal vor und schreibt, dass er nach dem nächsten Tennistraining auf sie warten wird.	In seinem handschriftlichen Brief an Jacqueline Schmiedebach stellt Motte klar, dass er nicht der Perverse vom Fähranleger ist, und schreibt, dass er nach dem nächsten Tennistraining auf sie warten wird.	
6	Weil er den Brief an Jacqueline nicht mit der Post schicken will, plant Motte, ihn Walki zu geben. Dieser soll ihn an seine Schwester Manuela, die wie Jacqueline auf das Einstein-Gymnasium geht, weiterreichen. In der Pause soll Manuela ihn dann Jacqueline überbringen.	Weil er den Brief an Jacqueline schließlich doch mit der Post schicken will, verwirft Motte den Plan, den Brief Walki zu geben, damit dieser ihn an seine Schwester Manuela, die wie Jacqueline auf das Einstein-Gymnasium geht, weiterreicht.	Motte hat für die Übergabe des Briefs an Jacqueline den Plan, den Brief heimlich Walkis Schwester Manuela, die wie Jacqueline aufs Einstein geht, zu geben. In der Pause soll Manuela ihn dann Jacqueline überbringen.	
7	Schlussendlich behauptet Motte auf dem Sportplatz, dass Walkis Schwester den Hausschlüssel vergessen hat und er ihn ihr geben muss. Sportlehrer Kragler erlaubt ihm das und so überbringt Manuela Mottes Brief an Jacqueline.	Schlussendlich behauptet Walki auf dem Sportplatz, dass seine Schwester den Hausschlüssel vergessen hat und er ihn ihr geben muss. Sportlehrer Kragler erlaubt ihm das und so überbringt Manuela Mottes Brief an Jacqueline.	Schlussendlich gestattet Kragler auf dem Sportplatz, dass Walkis Schwester ihren angeblich vergessenen Hausschlüssel bei ihrem Bruder abholt. So überbringt Manuela Mottes Brief an Jacqueline.	
8	Motte beschreibt die berufliche Situation seines Vaters und dessen private Situation zu Hause, indem er sagt: „Meine Firma, Familie Schumacher, löste sich jedenfalls gerade in ihre Bestandteile auf, so viel stand fest.“	Motte beschreibt die Kündigung, die sein Vater bekommen hat, und die Tatsache, dass dieser dennoch zur Arbeit fährt, indem er sagt: „Meine Firma, Familie Schumacher, löste sich jedenfalls gerade in ihre Bestandteile auf, so viel stand fest.“	Motte beschreibt seine Situation zu Hause, die Trennung der Eltern und die beiden Umzüge, indem er sagt: „Meine Firma, Familie Schumacher, löste sich jedenfalls gerade in ihre Bestandteile auf, so viel stand fest.“	

	A	B	C	richtige Aussage
9	Jacqueline taucht mit einem etwa gleichaltrigen Jungen vor dem Kino auf. Er trägt einen riesigen Parka, der am Ärmel einen Aufnäher mit der britischen Fahne hat. Er ist ein englischer Austauschschüler namens Tony Marshall und küsst Jacqueline später im Kino.	Jacqueline taucht mit einem etwa gleichaltrigen Jungen vor dem Kino auf. Er trägt einen riesigen Parka, der am Ärmel einen Aufnäher mit der britischen Fahne hat. Er ist ein englischer Austauschschüler namens Callum und küsst Jacqueline später im Kino.	Jacqueline taucht mit einem deutlich älteren Jungen vor dem Kino auf. Er trägt einen riesigen Parka, der am Ärmel einen Aufnäher mit der britischen Fahne hat. Er ist ein irischer Austauschschüler namens Callum und küsst Jacqueline später im Kino.	
10	Beim Auszug seines Vaters fällt Motte auf, dass dieser die Golfausrüstung einpackt, obwohl er gar nicht Golf spielen kann. Dass sein Vater auch den Nymphensittich mitnimmt, macht Motte und seine Mutter traurig.	Beim Auszug seines Vaters fällt Motte auf, dass seine Mutter zwar tapfer lächelt, ihre Augen jedoch traurig sind. Dass sein Vater sich im Auto eine Träne wegwischt, lässt Motte ebenfalls in Tränen ausbrechen.	Beim Auszug seines Vaters fällt Motte auf, dass seine Eltern nicht auf eine wirklich nette Art nett zueinander sind, sondern auf eine höfliche. Dass sein Vater sich im Auto eine Träne wegwischt, ist Motte peinlich.	
11	Als Motte sein leer geräumtes Zimmer sieht, freut er sich auf sein neues, sauberes Zimmer ohne Flecken.	Als Motte sein leer geräumtes Zimmer sieht, das sich schon fremd anfühlt, ist ihm zum Heulen zumute.	Als Motte sein leer geräumtes Zimmer sieht, bemerkt er, dass sogar die Kommode weggebracht wurde.	
12	Bei einem früheren Besuch im Musikhaus Rockworld hatte sich Bogi die Schallplatte (Single) „Kung Fu Fighting“ von Carl Douglas angehört und sie dann gekauft. Motte bezeichnet das Lied als Stuss.	Bei einem früheren Besuch im Musikhaus Bornstedt hatte sich Motte die Schallplatte (Single) „Kung Fu Fighting“ von Carl Douglas angehört und sie dann gekauft. Bogi bezeichnet das Lied als Stuss.	Bei einem früheren Besuch im Musikhaus Bornstedt hatte sich Bogi die Schallplatte (Single) „Kung Fu Fighting“ von Carl Douglas angehört und sie dann gekauft. Motte bezeichnet das Lied als Stuss.	
13	Bei einem der letzten Besuche von Motte bei Bogi im Krankenhaus wünscht sich Bogi Fast Food von McDonald’s.	Bei einem der letzten Besuche von Motte bei Bogi im Krankenhaus bringt ihm Motte als Gastgeschenk Fast Food von McDonald’s mit.	Auf dem Weg zu einem der letzten Besuche bei Bogi im Krankenhaus isst Motte aus lauter Nervosität Fast Food von McDonald’s.	

	A	B	C	richtige Aussage
14	Kurz vor seinem Tod erinnert Bogi Motte daran, dass die zwei Flaschen Amselfelder noch im Versteck liegen. Nach Bogis Tod holt Motte sie unter dem halbaufgeblasenen Schlauchboot, das im Schuppen in Familie Schnellstiegs Garten liegt, hervor.	Kurz vor seinem Tod erinnert Bogi Motte daran, dass die zwei Flaschen Amselfelder noch im Versteck liegen. Nach Bogis Tod holt Motte sie hinter dem Schuppen, der in Familie Schnellstiegs Garten steht, hervor.	Kurz vor seinem Tod erinnert Bogi Motte daran, dass die zwei Flaschen Amselfelder noch im Versteck liegen. Nach Bogis Tod holt Motte sie hinter den Paddeln des Schlauchboots, das im Schuppen in Familie Schnellstiegs Garten liegt, hervor.	
15	Der Sozialkundelehrer, der bei seinem Vornamen Meinhardt genannt werden will, zeigt Motte den Film, den er auf der Klassenfahrt der 9b an die Schlei gedreht hat. Erst als der Film startet, wird Motte klar, dass in ihm auch Bogi vorkommen wird.	Meinhardt Vogt, Mottes Sozialkundelehrer, zeigt ihm auf dessen dringenden Wunsch hin den Film, den er auf der Klassenfahrt der 10b an die Schlei gedreht hat. Erst als der Film startet, wird Motte klar, dass in ihm auch Bogi vorkommen wird.	Meinhardt Vogt, Mottes Sozialkundelehrer, zeigt Motte den Film, den er auf der Klassenfahrt der 9b an die Schlei gedreht hat. Erst als der Film startet, wird Motte klar, dass in ihm auch Claudia Herbst, mit der der Lehrer ein Verhältnis hatte, vorkommen wird.	
16	Als Motte im Freibad auf dem Fünfer ist, kann er weder weinen noch sprechen.	Als Motte im Freibad auf dem Zehner ist, kann er nicht weinen, muss sich aber nach einer Weile übergeben.	Als Motte im Freibad auf dem Siebener ist, kann er nicht weinen, muss aber nach einer Weile pinkeln.	
17	Nach Bogis Tod und dem Vorfall im Schwimmbad wurde Motte im Sozialpädiatrischen Zentrum, das er „Klapsmühle" nennt, behandelt, weil er einen Zusammenbruch erlitten hat und nicht mehr spricht.	Nach Bogis Tod und dem Vorfall im Schwimmbad wurde Motte im Sozialpädiatrischen Zentrum, das er „Klapsmühle" nennt, behandelt, weil er einen Zusammenbruch erlitten hat und nichts mehr isst.	Nach Bogis Tod und dem Vorfall in der Schule wurde Motte im Sozialpädiatrischen Zentrum, das er „Klapsmüller" nennt, behandelt, weil er einen Zusammenbruch erlitten hat und nicht mehr spricht.	

Figuren und Figurenkonstellation

1. Die Abbildung zeigt dir noch einmal auf einen Blick, welche Figuren im Roman „Blackbird“ eine Rolle spielen und in welcher Beziehung sie zueinander stehen.

   Sieh dir aufmerksam an, welche Informationen vorgegeben sind, und trage dann die Namen der Figuren in die passenden Kästchen ein.

Übung 16

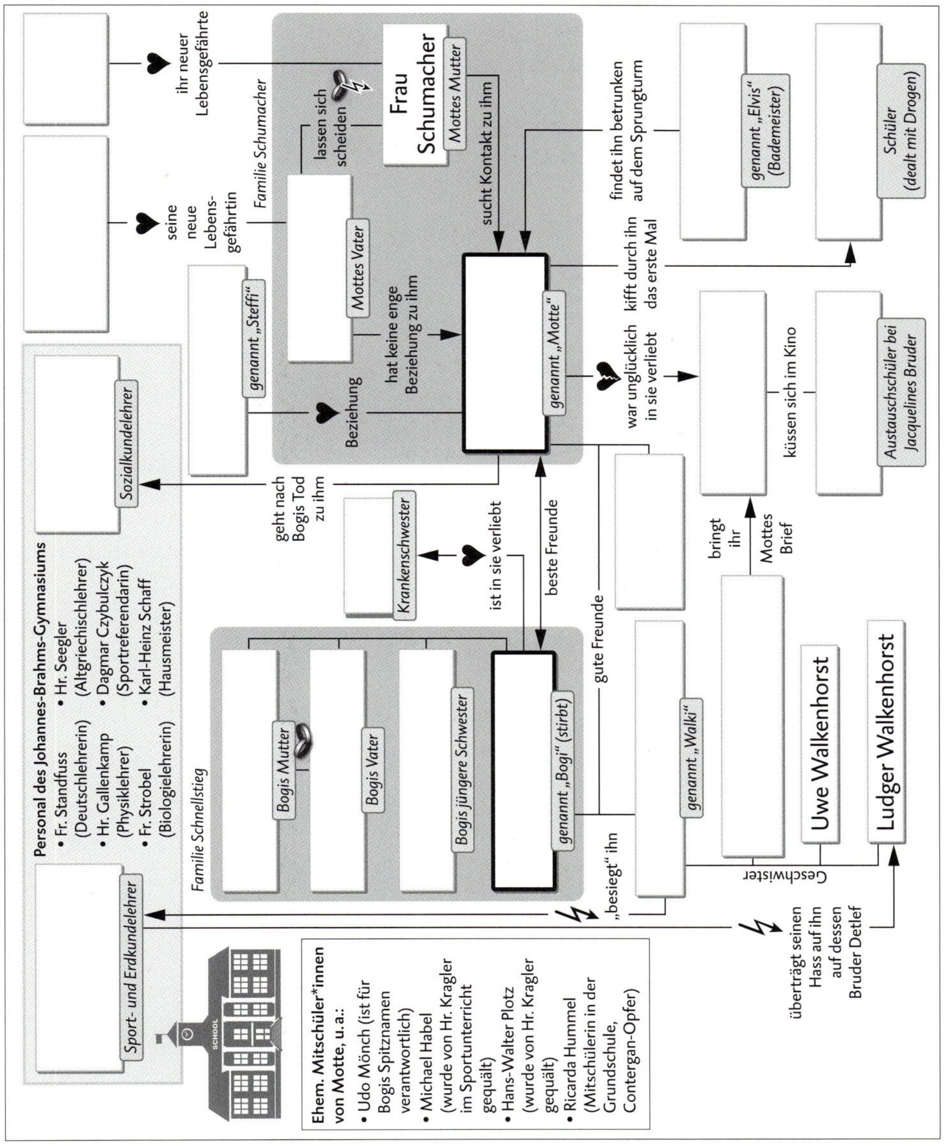

2. Prüfe deine Textkenntnis zu den Figuren im Roman.
   a) Gehe im Kopf nacheinander alle Figuren durch, die im Roman vorkommen und eine wichtige oder auch eher unwichtige Rolle spielen.
   b) Weißt du noch genau, wer der aufgeführten Figuren wer ist? Welche Informationen fallen dir auf Anhieb zu ihnen ein?

   Lege eine Tabelle nach folgendem Beispiel an (siehe unten) und notiere die Informationen zu den Figuren jeweils in der rechten Spalte. Ergänze gegebenenfalls noch weitere Figuren, die dir einfallen. (→ Heft)

Petra Schnellstieg	Jacqueline Schmiedebach	Herr Leuwagen	Frau Strobel
Frau Schumacher	Neandertal-Klaus	Dieter Schnellstieg	Pfarrer Martiny
Callum	Horst Kragler	Jan Borowka	Dietmar Rosin
Dagmar Czybulczyk	Stefanie Fuchs (Steffi)	Uwe und Ludger Walkenhorst	Herr Gallenkamp
Ricarda Hummel	Herr Seegler	Manuela Walkenhorst	Herr Huhloh
Udo Mönch	Dieter	Karl-Heinz Schaff	Claudia Herbst
Manfred Gunnar Schnellstieg (Bogi)	Gerhard Schumacher	Anette Schnellstieg	Claudia Hunger-Löper
Frau Standfuss	Gitti Vogt	Schwester Merle	Meinhardt Vogt
Günter Reuser	Detlef Walkenhorst (Walki)	Thomas John	Morten Schumacher (Motte)
Hans-Walter Plotz	Herr Jablonski	Michael Habel	Almut Gerhardts

Hinweis: Da sehr viele Figuren im Roman vorkommen, ist es sinnvoll, sie Oberbegriffen zuzuordnen, z. B. den folgenden: „Personal des Johannes-Brahms-Gymnasiums“, „Jugendliche“, „Familie(n)“, „Sonstige“.

So könnte die Tabelle aussehen:

Personal des Johannes-Brahms-Gymnasiums	
Horst Kragler	Er ist Oberstudienrat, unterrichtet Sport und Erdkunde und wird von den Schülerinnen und Schülern als Nazi bezeichnet. Er hasst Walki und dessen Brüder, will aber trotzdem mit Walkis sportlicher Leistung angeben. …
…	…

3. Trage in die Tabelle ein, wessen Aussagen in der rechten Spalte jeweils abgedruckt sind.

vollständiger Name der Figur	Aussage(n) der Figur
	• „So, Freunde, Körperschule!“ (S. 18) • „Solange ich hier Lehrer bin, machst du kein Abitur, mein Freund“ (S. 133) • „Fünf Minuten vor der Zeit ist des Soldaten Pünktlichkeit, Brüder.“ (S. 138)
	• „Du bist die mit der Heugabel, oder?“ (S. 65) • „Kannst. Du. Deiner Schwester. Was. Für jemanden. Vom. Einstein. Mitgeben?“ (S. 78) • „Walki, ich muss mir das alles noch mal überlegen. Ich glaube, der ist eigentlich nicht so gut, der Brief. Da steht überhaupt nicht das drin, was ich meine. Nie im Leben trifft die sich mit mir, wenn die den Scheiß liest“ (S. 87) • „Sag mal, wie nennt man eigentlich die Haarfarbe, die du hast?“ (S. 162)
	• „Motte, das ist Callum. Der ist gerade auf Austausch hier. Geht in die Klasse von meinem Bruder. Wohnt bei uns. Der Callum wollte gerne ins Kino mitkommen. Ist okay für dich, oder? Callum kommt aus London.“ (S. 115)
	• „Schornsteinfegerlehre, genau“ (S. 65) • „Wäre ich ein Pferd, würde man sagen falb.“ (S. 163)
	• „Nein. Pass mal auf. Der Manfred, der, äh, Bogi musste leider ins Krankenhaus. Der kann nicht mit.“ (S. 9)
	• „Na, den Film! […] Wie hieß der noch? Kassaplancka! Mit dem Manfred Bogart!“ (S. 7)
	• „Na, mein Freund […] Freier Nachmittag? Was gibts denn hier für Attraktionen? Mit den jungen Damen poussieren? Petra, Babsi, Susi? […] Willst du dir 50 Mark verdienen?“ (S. 43/44)
	• „Wenn ihr lacht, höre ich sofort auf […] Also wenn der Penis … […] Ich hab euch gewarnt. Schluss damit, weg!“ (S. 77)
	• „Der haut total rein, der Blackbirdfielder.“ (S. 8) • „Ihr könnt doch vielleicht draußen was spielen, und ich guck euch von hier oben aus zu. Das ist ja dann fast wie selber kicken.“ (S. 37) • „Motte, du Schuft! Mir aus den Augen!“ (S. 84) • „Die Amselfelderflaschen liegen noch hinter den Paddeln vom Schlauchboot. Am Schuppen.“ (S. 192)
	• „Ja, pass auf, Motte, du musst wirklich nicht weinen. Der Manfred war doch gestern Nachmittag beim Arzt, wegen der Impfung. Und da hat man was gefunden, wo sie jetzt im Krankenhaus mal nachgucken wollen. Aber wahrscheinlich ist es gar nichts.“ (S. 10)

vollständiger Name der Figur	Aussage(n) der Figur
	• „Sollen wir alle zusammen draußen 'n bisschen kicken gehen?“ (S. 36) • „Bongschuur, Mott […] Wäär istö Jacqueline Chmiiddöbaack? […] Aaah! Mirr att erssält lö pöti Yann! Mott is bissschöön verlippt in die Jacqueline.“ (S. 78–80) • „Steck' dir deinen Rekord in den Arsch, Kragler. […] So wie den Michi Habel? Oder den Hans-Walter? Komm doch her, kannst mir ja auch in die Fresse hauen wie dem. Und dann zeig ich dich an, du Kackhaufen. Der Borowka und der Schumacher sind Zeugen.“ (S. 143)
	• „Der Bogi? Ist in der Giraffe.“ (S. 23)
	• „Lieber Udo, wenn ich daran denke, dass ich Sie in Deutsch benoten soll, würde ich eigentlich lieber das Gift trinken und tot umfallen.“ (S. 82)
	• „Na, du Behindi! Hehehe, ein Vollhorst ist das, der Bogi! Hängt der hier im Krankenhaus rum!“ (S. 32) • „Boginski, mein Freund“ (S. 32) • „Ey, ihr Pacholken! Ich glaubs ja nicht! Der Bogator rennt hier einfach in der Stadt rum, der Schlunz!“ (S. 185)
	• „Deine Mutter hat dir das ja alles erklärt –“ (S. 50)
	• „Ik froie mik, dik ssu … […] …dik ssu … kännon lörnän, Motta.“ (S. 116)
	• „… ich komme auf Sie zu, Frau Schumacher“ (S. 107) • „Tschüss, mein Freund“ (S. 107) • „Sitzen Sie, Frau Schumacher?“ (S. 128)
	• „Schlaf, Kindchen schlaf, der Kragler ist ein Schaf, der Kragler ist ein blödes Schwein, das weiß sogar das Hansilein, schlaf, Kindchen, schlaf.“ (S. 133)
	• „Das Schöne ist ja, dass das alles irgendwie Verbündete sind, der Baum und der Matsch und der Regen und die Insekten […] Der Baum is' so schön“ (S. 150/151) • „Haan liegt in der Nähe von Düsseldorf – und vom, äh, Neandertal.“ (S. 151) • „Finde ich gut, dass du da positiv rangehst“ (S. 156)
	• „Motte, wir können uns morgen eine Wohnung in der Neuen Stadt angucken.“ (S. 61) • „Motte, willst du den Herrn Schornsteinfeger nicht mal anfassen? Das bringt Glück“ (S. 63)

Textwissen überprüfen

Mithilfe dieser **Checkliste zum Buch** kannst du dir noch einmal einen Überblick über die wichtigsten Themen aus der Ganzschrift verschaffen.
Du solltest nach dem Lesen und Bearbeiten des Romans in der Lage sein, diese Fragen zum Inhalt der Lektüre zu beantworten.

- ▶ Notiere dir zu jedem Punkt, in welchem Kapitel bzw. welchen Kapiteln du Informationen dazu findest.
- ▶ Hake danach die Themen ab, zu denen du genügend Textstellen gefunden und im Buch markiert hast.

Themen	**Kapitel**	☑
Buchtitel „Blackbird“		
Was heißt „Blackbird“ auf Deutsch?		☐
Wo bzw. an welchen Textstellen wird der Begriff auf Deutsch oder Englisch verwendet?		☐
Welche Symbole bzw. Themen werden mit dem Begriff „Blackbird“ verbunden?		☐
Welche Rolle spielen die zwei Flaschen Amselfelder Wein? Wo werden sie thematisiert?		☐
Welche Rolle spielt der gleichnamige Song von den Beatles?		☐
Die Freundschaft zwischen Motte und Bogi		
Wie und wo haben sich Motte und Bogi kennengelernt? Seit wann kennen sie sich?		☐
Was erfährt man über den Ich-Erzähler, also die Hauptfigur?		☐
Wie heißen die beiden Jungen mit Vor-, Nach- und Spitznamen?		☐
Wie kam Bogi zu seinem Spitznamen?		☐
Von welchen gemeinsamen Erlebnissen erfährt man?		☐
Welche Zukunftspläne haben die beiden?		☐
Welche gemeinsamen Geheimnisse haben die beiden?		☐
Welche Streitthemen gibt es zwischen den beiden, d. h., wo sind sie unterschiedlicher Meinung?		☐
Welche besonderen Momente verbinden die beiden?		☐
Über welche Themen sprechen die beiden nicht miteinander? Wo herrscht sozusagen „Sprachlosigkeit“ zwischen ihnen?		☐

Themen	Kapitel	✓
Mottes Familiensituation und sein Umgang damit		
In welcher familiären Situation lebt Motte? Wie verändert sie sich gerade?		☐
Wie geht Motte mit der aktuellen Familiensituation um?		☐
Wie ist das Verhältnis zwischen Motte und seinem Vater?		☐
Was erfährt man über das Verhältnis zwischen Motte und seiner Mutter?		☐
Wie denkt Motte über die Ehe seiner Eltern?		☐
Wie ergeht es Motte in der Schule?		☐
Welche Rolle spielt die Wohnsituation bzw. die Veränderung der Wohnsituation für Motte?		☐
Wie gehen Mottes Mutter bzw. sein Vater mit Bogis Krankheit um?		☐
Bei welchen Themen herrscht innerhalb der Familie „Sprachlosigkeit“?		☐
Die Bedeutung von Freundschaft		
Welche gemeinsamen anderen Freunde haben Motte und Bogi?		☐
Was erfährt man über Jan Borowka? Wie geht er mit Bogi bzw. mit dessen Krankheit um?		☐
Was erfährt man über Detlef Walkenhorst? Wie geht er mit Bogi bzw. mit dessen Krankheit um?		☐
Was unterscheidet Mottes und Bogis Freundschaft von der Freundschaft zu Jan und Walki?		☐
Warum ist es Bogis Mutter so wichtig, dass Bogi den Kontakt zu seinen Freunden nicht verliert?		☐
Mit wem kann Motte seine Gefühle teilen bzw. besprechen und mit wem nicht?		☐
Welche Rolle spielt die Beziehung zu Steffi für Motte?		☐
Wie unterscheidet sich die Freundschaft zu Steffi von der Freundschaft zu den Jungs?		☐
Warum erzählt Motte Bogi zunächst nichts von Steffi?		☐
Welche Rolle spielen die Freunde auf Bogis Beerdigung?		☐
Bei welchen Themen herrscht zwischen den Freunden „Sprachlosigkeit“?		☐

Themen	Kapitel	☑
Bogis Krankheit bzw. der Krankheitsverlauf		
Wie heißt die Krankheit, die Bogi hat?		☐
Wie macht sich diese Krankheit bemerkbar? Wie ist (normalerweise) der Krankheitsverlauf?		☐
Wie verändert sich Bogi durch die Krankheit (Aussehen, Verhalten usw.)?		☐
Welche Phasen der Krankheit werden beschrieben?		☐
Was erfährt man über die Behandlung, die Bogi im Krankenhaus bekommt?		☐
Worüber spricht niemand bzw. was spricht keiner aus?		☐
Mottes Umgang mit Bogis Krankheit		
Wie reagiert Motte auf die Nachricht von Bogis Krankheit?		☐
Ab wann ist ihm bewusst, dass Bogi an der Krankheit sterben kann?		☐
Wie verändert sich Mottes Verhalten Bogi gegenüber? Was erzählt er ihm, was nicht?		☐
Wie verhält sich Motte bei den Krankenhausbesuchen?		☐
Wie geht Motte mit seiner Trauer und Wut um?		☐
Welche Versäumnisse wirft Motte sich vor? Warum denkt er, dass er kein guter Freund ist?		☐
Was verändert sich an der Freundschaft zwischen Motte und Bogi? Was unterscheidet Mottes Leben vor Bogis Krankheit vom Leben mit der Krankheit?		☐
Wie geht Motte mit der Hoffnung auf Besserung bzw. Heilung um, die durch Bogis zeitweise Entlassung aus dem Krankenhaus geweckt wird?		☐
Ab wann ist ihm klar, dass Bogi bald sterben wird?		☐
Worüber sprechen auch Motte und Bogi nicht?		☐

Themen	Kapitel	☑
Der Umgang mit dem Thema Sterben bzw. dem Tod		
Ab wann ist allen klar, dass Bogis Tod nur noch eine Frage der Zeit ist?		☐
Wer ist bei Bogis Tod im Krankenhaus anwesend?		☐
Wie reagieren Bogis Eltern auf dessen Tod?		☐
Wie reagiert Motte auf die Todesnachricht? Was macht er und was nicht? Wohin geht er und wohin nicht?		☐
Wie beschreibt Motte seine Gefühle, seine Trauer?		☐
Welche Menschen begegnen ihm, als er versucht, der Realität und Bogis Tod zu entfliehen?		☐
Wie verhält sich Motte auf der Beerdigung?		☐
Wie verhalten sich die anderen Anwesenden?		☐
Welchen Beitrag auf der Trauerfeier hatten sich Bogis Eltern eigentlich von Motte gewünscht?		☐
Welchen Beitrag der Freunde gibt es stattdessen?		☐
Woran erkennt man Mottes Trauer? Wie äußert er sich über den Verlust?		☐
Was „tröstet" Motte?		☐
Über welche Themen kann Motte nicht reden, bei welchen Themen herrscht bei ihm sozusagen „Sprachlosigkeit"?		☐
Hinweise auf die Siebzigerjahre		
Was erfährt man über die Zeit, in der die Handlung spielt?		☐
Welche Besonderheiten dieser Zeit werden zum Ausdruck gebracht?		☐
Welche Unterschiede zu heute fallen dir auf?		☐
Wie unterscheidet sich deiner Meinung nach die Jugend von damals von der Jugend von heute?		☐
Welche Themen oder Situationen kommen dir bekannt vor, weil sie damals und heute gleichermaßen vorkommen?		☐

Aufgaben zum Textverständnis

Bearbeite folgende **Aufgaben zum Textverständnis**, wie sie dir in ähnlicher Weise auch in der Prüfung begegnen könnten. Im Folgenden erhältst du allerdings noch Tipps und Hilfestellungen zur Umsetzung. Achte insbesondere auf die in der Aufgabenstellung vorkommenden **Operatoren**.

Tipp

Was sind Operatoren?

Operatoren sind „handlungsleitende Verben" und sollen deutlich machen, welche konkrete Handlung bei einer Aufgabenstellung von dir verlangt wird. Dadurch wird dir z. B. klar, ob eine stichwortartige Darstellung, eine ausführliche Textvariante oder ein schlichter Antwortsatz erwartet wird. Folgende Operatoren solltest du z. B. kennen:

- **nennen:** Du sollst z. B. Begriffe, Gegenstände oder Sachverhalte aufzählen oder zuordnen.
- **zeigen/aufzeigen:** Von dir wird erwartet, dass du z. B. Zusammenhänge, Entwicklungen oder Probleme unter einer bestimmten Fragestellung wiedergibst.
- **erklären:** Hier musst du Sachverhalte in einen Zusammenhang stellen und begründen oder zu Schlussfolgerungen kommen.
- **begründen:** Es geht darum, z. B. eine Position oder Vermutung zu bestimmen und durch Argumente (mit Belegen und Beispielen) zu stützen.
- **Stellung nehmen:** Hier geht es darum, die Einschätzung einer Problemstellung, eines Sachverhaltes oder einer Wertung nach kritischer Prüfung und Abwägung zu formulieren.

Übung 17

1. „Es war, als ob Bogis Leben durch die verschissene Scheißkrankheit stehen geblieben war, während es für mich weiterraste. Und wenn das noch länger so blieb, würde er mich nie wieder einholen. Dann wäre er nicht nur krank, sondern wir uns auch endgültig fremd geworden und könnten nichts dagegen tun." (S. 102)

   Nenne zwei Situationen, in denen Motte bemerkt, dass sein Leben weitergeht bzw. dass er Bogi in manchen Situationen nicht vermisst.

   a) Überfliege die Inhalte der Kapitel und halte nach Textstellen Ausschau, in denen Motte klar zum Ausdruck bringt, dass ihm Bogi nicht fehlt bzw. dass er auch ohne ihn zurechtkommt.

   b) Ergänze die Liste der Situationen, die gemeint sein könnten.

   - „Ich dachte dann lieber wieder an Jacqueline. *Dabei* fehlte mir Bogi nicht. Du lieber Himmel, sein Gequatsche hätte eher alles kaputtgemacht." (S. 56)
   - ______________________________________

▶ ______________________________

____

____

____

____

____

____

c) Formuliere nun einen vollständigen Antworttext für Aufgabe 1. (→ Heft)

2. **Zeige** anhand von zwei Beispielen, welches Verhältnis Motte und sein Vater zueinander haben.

   a) Überlege dir zuerst, in welchem Zusammenhang der Vater erwähnt wird (oder vielleicht auch nicht). Denke auch an Situationen, in denen Motte sich über seinen Vater äußert, und lies diese Textstellen noch einmal.

   b) Finde die Seitenangaben zu den hier vorgeschlagenen Textstellen. Ergänze die Angaben in Klammern hinter dem jeweiligen Zitat, sofern dies möglich ist.

   ▶ „Ich weiß gar nicht, ob wir uns überhaupt schon mal anders über den Weg gelaufen waren als zufällig.
   An der Stelle, wo wir uns getroffen hatten, waren wir erstarrt, als ob wir in diesem Moment am Boden festgetackert worden wären.“ ______________

   ▶ „Ich fands dann aber doch komisch, ihm nicht wenigstens Hallo zu sagen. Es schien, als ob er sich darüber erschreckte, dass ich hinter ihm stand. Wahnsinn. Immerhin wohnte ich ja hier.“ ______________

   ▶ „Schließlich hatte er das Schweigen gebrochen: ‚Deine Mutter hat dir das ja alles erklärt –‘
   Erklärt? Was jetzt genau? Hörte ich da einen Punkt oder ein Fragezeichen?“ ______________

   ▶ „Na gut, dann standen wir eben weiter wortlos hier herum.“ ______________

   ▶ „Dann war Stille. Wahrscheinlich hatte sich mein Vater auf den Schreck, dass er seinem Sohn im Wohnzimmer begegnet war, erst mal eine angesteckt. Alles klar. Das war die Aussprache zu der bevorstehenden Lebensveränderung gewesen.“ ______________

   ▶ An keiner Stelle im Buch wird erwähnt, dass Motte von seinem Vater auf Bogis Krankheit oder dessen Tod angesprochen wird. Herr Schumacher war offenbar nicht einmal bei Bogis Beerdigung. ______________

c) Formuliere nun einen Antworttext zu Aufgabe 2, der sich auf mindestens zwei der Textstellen bezieht oder diese sogar zitiert.

____

____

____

____

____

____

____

____

____

3. „Meine Firma, Familie Schumacher, löste sich jedenfalls gerade in ihre Bestandteile auf, so viel stand fest." (S. 100)

Erkläre, was Motte meint, als er dies sagt.

a) Lies die Textstelle(n), auf die sich die Aufgabe bezieht, nochmals durch. Achte beim Lesen auf folgende Fragestellungen:
- Wo erfährt man etwas über die Situation in Mottes Elternhaus (Umzug, Trennung, Wohnungssuche)?
- Wo werden anstehende Veränderungen in Mottes Familie benannt?
- Wo in Kapitel 4 nennt Mottes Vater seinen Arbeitsplatz „seine Firma"?

b) Vervollständige die Sätze der nachfolgenden Erklärung.

Motte verwendet die Bezeichnung „____________" für seine ____________, weil sein Vater das Unternehmen, in dem er bisher gearbeitet hat, immer als „____________" (S. 50) bezeichnet hat. Allerdings wurde Mottes Vater ____________, wodurch feststeht, dass er wohl nicht der Chef gewesen sein kann. Warum Herr Schumacher jeden Morgen angeblich trotzdem immer noch zur Arbeit fährt, weiß ____________ nicht. Das, was für seinen Vater diese Firma war, ist für Motte seine ____________. Diese ist im Begriff, sich aufzulösen, weil sein Vater eine neue ____________ ____________ hat und gerade dabei ist, aus dem Haus der Familie ____________. Auch Motte und seine Mutter müssen deshalb ____________. Für Motte ändert sich also alles, „seine Firma" fällt somit auseinander.

4. **Begründe**, weshalb Motte, Walki, Jan und auch Bogi Herrn Kragler für einen Nazi halten. Belege deine Aussagen mithilfe von zwei Zitaten.

   a) Zitiere Textstellen, …

   - in denen Herr Kragler Formulierungen verwendet, die mit dem Krieg und dem Militär in Zusammenhang stehen, und
   - die einen Hinweis darauf geben, dass Herr Kragler der nationalsozialistischen Vergangenheit nachtrauert.

   Trage sie in die Sprechblasen ein.

   b) Formuliere nun mithilfe der gesammelten Zitate einen Antworttext zu Aufgabe 4, der mindestens zwei Zitate enthält. (→ Heft)

5. Im Roman spielt das Thema „Freundschaft“ eine große Rolle. **Nimm Stellung** dazu, ob sich Motte deiner Meinung nach Bogi gegenüber wie ein guter „bester Freund“ verhalten hat.

Hinweis: Hier kommst du mit Textkenntnis allein nicht weiter. Es ist deine Meinung gefragt.

a) Mache dir beispielsweise zu folgenden Fragestellungen Gedanken:

Gibt es Hinweise darauf, welches Verhalten sich Bogi von Motte gewünscht hätte? Wenn ja, welches Verhalten wäre das gewesen?

Gibt es eine Art „Verhaltenskodex“ für beste Freunde? Wenn ja, wie lautet er?

Gibt es konkrete Situationen, in denen sich Motte anders hätte verhalten müssen oder können? Wenn ja, wie hätte er sich verhalten sollen?

Welches Verhalten hättest du an Bogis Stelle von deinem besten Freund oder deiner besten Freundin erwartet oder dir erhofft?

Welche Vorwürfe macht sich Motte selbst?

b) Formuliere nun deine Meinung zum Thema und begründe sie.

Produktive Schreibaufgabe

Übung 18

1. Untersuche die folgenden vier Texte bzw. Textauszüge, die als Lösung zu produktiven Schreibaufgaben entstanden sind. Beantworte zu jedem Textauszug die folgenden Fragen. (→ Heft)
   a) Welche Textsorte wurde hier umgesetzt? Woran kannst du das erkennen?
   b) Aus Sicht welcher Figur wurde der Text verfasst bzw. wer äußert sich hier?
   c) An welcher Stelle der Handlung setzt die Schreibaufgabe vermutlich ein? Nenne die entsprechende Situation und gib, wenn möglich, auch die Seitenzahl an.

Text 1

Ich werde mich zum Vollhorst machen, vor der ganzen Schule, vor der ganzen Welt! Was in drei Teufels Namen hat mich nur auf diese beschissene Idee gebracht? Warum sollte sie sich denn ausgerechnet mit mir treffen? Sie wird drei Freundinnen mitbringen und die werden sich ausschütten vor Lachen. So würden wir es wahrscheinlich auch machen, wenn einer von uns so einen Liebesbrief mit Ortsangabe für ein Treffen bekommen hätte … Vielleicht hat sie den Brief auch schon überall rumgezeigt? Kann ich mich überhaupt noch irgendwo blicken lassen? Vielleicht war der Brief voller Fehler? Vielleicht fühlt sie sich jetzt von mir verfolgt? Oder hat sie sich gefreut? Könnte ja schließlich auch sein … Ich hätte mich auf jeden Fall über so einen Brief gefreut! … Einen solchen Brief von ihr natürlich, nicht von irgendwem sonst. Ich muss jetzt echt schlafen, sonst sehe ich morgen fürchterlich gerädert aus …

Text 2

Sehr geehrte Frau Schnellstieg,
mein Name ist Stefanie Fuchs und ich bin die Freundin von Motte. Ich habe erfahren, dass Sie sich wünschen, dass jemand von Bogis Freunden etwas auf der Trauerfeier sagt. Natürlich sollte Motte das machen, weil er Bogis allerbester Freund war, aber er kann leider nicht. Seit Bogi tot ist, spricht er nicht mehr, kein einziges Wort. Er kann und will es nicht. Er redet auch nicht mit mir, mit niemandem. Daran hat nicht einmal die Therapie etwas ändern können. Das ist seine Art zu trauern. Er ist so unfassbar traurig, dass es ihm die Sprache verschlagen hat. Bogi fehlt ihm so sehr! Bitte seien Sie nicht böse auf Motte. Das wollte ich Ihnen nur sagen.
Mein herzliches Beileid. (Das klingt so abgedroschen, aber ich weiß nicht, was man da sonst schreiben könnte.)
Steffi

Text 3

PETRA SCHNELLSTIEG: Ach Mensch, Motte, warte doch mal. Wie gut, dass du hier bist. Wie schön, dass du den Bogi besucht hast. Das ist so wichtig für ihn, dass du kommst. Du bist so wichtig für den Bogi. Das weißt du doch, oder?
MOTTE: Äh, ja, na klar. Der Bogi …
PETRA SCHNELLSTIEG: Einen Freund zu haben ist doch jetzt so wichtig, Motte. Nicht nur für den Bogi, sondern auch für uns, für die ganze Familie. Du bist doch Bogis bester Freund und deshalb eigentlich fast so was wie ein Mitglied der Familie, schon die ganze Zeit über gewesen. Ach, Mensch Motte … Wir müssen doch jetzt zusammenhalten. Hilfst du uns, Motte? Lass uns das gemeinsam für den Manfred tun, für den Bogi.
MOTTE: Ich … Na klar, ich will ja auch alles für Bogi tun. Aber ich weiß ja auch nicht …
PETRA SCHNELLSTIEG: Wir müssen jetzt aber alle noch fester zusammenhalten, weil Bogi die Krankheit nur besiegen kann, wenn wir ihm alle gemeinsam ganz viel Kraft schicken und Hoffnung geben. …
MOTTE: Natürlich, aber wie? Wie genau … also, ich weiß halt auch nicht so ganz genau … Aber klar, auf mich können Sie bauen.

Text 4

Vielleicht war heute so was wie mein Glückstag. Schließlich kann sich eine Schornsteinfegerin doch auch mal selbst Glück bringen. Ich habe heute bei der Arbeit den Morten Schumacher wiedergetroffen, den Motte. Wir haben bei denen im Haus gearbeitet. Süß sah er aus, echt süß. Ich hab ihn gleich erkannt, er mich aber nicht. Aber an die Geschichte mit der Heugabel hat er sich wohl noch erinnert. Er konnte sich gar nicht vorstellen, dass ich schon arbeite, wo er doch noch zur Schule geht. Tja, die Gymnasiasten eben, die haben keine Ahnung von der Arbeitswelt. Aber gefallen hat er mir schon. So richtig viel geredet hat er zwar nicht, aber bei denen zu Hause sah es auch so aus, als ob da gerade jemand auszieht. Alles wirkte irgendwie trostlos. Ich würde ihn schon gerne mal treffen und mit ihm reden oder so. Das hat sich da in dem Moment leider nicht ergeben. Ob ich ihm einfach mal eine Postkarte schicken soll? …

2. Gestalte den Textinhalt aus **Text 4** so um, dass daraus ein Brief entsteht, den Steffi noch am selben Abend an eine gute Freundin schreibt. Schreibe mindestens 200 Wörter. (→ Heft)

   Hinweis: Oftmals unterscheiden sich die Textsorten nur durch Kleinigkeiten voneinander, z. B. ändern sich Einstieg oder Schluss. Inhaltlich können sich die Texte aber durchaus ähneln.

   Die entsprechende Aufgabenstellung lautet wie folgt:

Aufgabenstellung

„Kennst du mich nicht? Ich bin die Steffi. […]
Wir waren in einer Klasse in der Grundschule. Steffi Fuchs […].“ (S. 64)

Nachdem Steffi Motte zufällig bei ihrer Arbeit als Schornsteinfegerin getroffen hat, hat sie am Abend das Bedürfnis, ihrer Brieffreundin Sandra von dem Vorfall zu erzählen. Sandra ist auch mit Steffi und Motte in der Grundschule gewesen, wohnt mittlerweile aber in einer anderen Stadt.

Schreibe diesen Brief (mindestens 200 Wörter).

3.2 Mirjam Pressler: Nathan und seine Kinder

Eine der beiden vorgegebenen Ganzschriften heißt „Nathan und seine Kinder“ und stammt von der Autorin Mirjam Pressler.

Buchbesprechung

Mirjam Pressler: Nathan und seine Kinder
*Kinder- und Jugendbuchpreis Luchs 264**

Zum Inhalt: Jerusalem um 1192: Die Christen haben die Heilige Stadt an den mächtigen Sultan Saladin verloren. Von den gefangenen Kreuzrittern begnadigt der Herrscher nur einen einzigen, den jungen Tempelritter Curd von Stauffen.
Diese gute Tat zieht eine weitere nach sich – der junge Mann rettet das Mädchen Recha aus den Flammen ihres Hauses. Sie ist die schöne Adoptivtochter des reichen jüdischen Kaufmanns Nathan, den man den Weisen nennt.
Doch über Nathans Kopf braut sich Unheil zusammen. Sultan Saladin, der in Geldnot ist, stellt ihm die schwierigste aller Fragen: Welche Religion ist die einzig wahre? Nathan antwortet mit dem berühmten Gleichnis von den drei Ringen und gewinnt den mächtigen Sultan zum Freund. Nathan ahnt aber nicht, dass ihm inzwischen der christliche Patriarch von Jerusalem und der muslimische Hauptmann Abu Hassan nach dem Leben trachten.
Mirjam Pressler erzählt die dramatischen Ereignisse um Nathan den Weisen nach, vieles variiert sie. In den Mittelpunkt stellt sie Nathans Liebe zum Leben, seine Besonnenheit und seinen Traum vom Sieg der Vernunft über den religiösen Fanatismus. Auch Recha, einer emanzipierten jungen Frau, wird in dieser Darstellung mehr Platz eingeräumt.
Mirjam Pressler: „Die Koexistenz der Religionen, die bis heute nicht gelingt, ist kein häufiges Thema in der Literatur, und wenn man sich damit beschäftigt, stößt man selbstverständlich auf Gotthold Ephraim Lessings *Nathan der Weise*. Nach Goethes *Faust* gehört *Nathan der Weise* zu den meistgespielten Stücken auf deutschen Bühnen und sein Einfluss auf die Aufklärung ist wohl nicht zu überschätzen …
Ich habe mich so weit wie möglich an Lessings Vorgabe gehalten, schon um ihm meine Reverenz zu erweisen. Nur wo mir die Handlung zu fantastisch und nicht mehr logisch erschien, habe ich mir erlaubt, sie zu verändern und so weiterzutreiben, wie sie meines Erachtens eher hätte ablaufen können. Dennoch soll mein Buch keineswegs ein Gegentext zu Lessing sein. Nur eine Variation.“

Quelle: Radio Bremen, http://www.radiobremen.de/funkhauseuropa/serien/luchs/pressler100.html (erschienen: 12. 2. 2009)

*Radio Bremen und DIE ZEIT prämieren seit 1986 jeden Monat ein besonders gelungenes Kinder- oder Jugendbuch.

Übung 19

Lies die Buchbesprechung gründlich und beantworte nachfolgende Fragen, indem du jeweils **alle** zutreffenden Antworten ankreuzt.

a) An welchem Ort spielt die Handlung?

Die Handlung spielt in …

☐ Judäa.
☐ Stauffen.
☐ einer Ritterburg.
☐ Jerusalem.

b) In welcher Zeit spielt die Handlung?

Die Handlung spielt …

☐ 264 vor Christus.
☐ um das Jahr 1192.
☐ um das Jahr 1911.
☐ in der Antike.

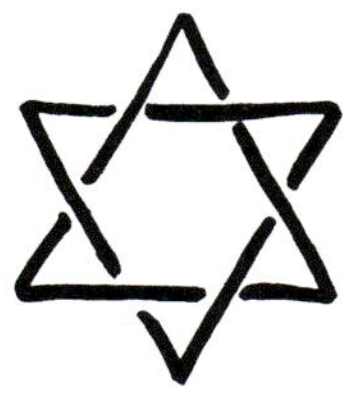

c) Welches geschichtliche Ereignis ist Ausgangssituation für den Roman?

☐ Sultan Saladin nimmt im Kampf gegen die Kreuzritter Juden gefangen.
☐ Christen kämpfen mit Sultan Saladin um die Heilige Stadt Jerusalem und verlieren diesen Kampf.
☐ Die christlichen Kreuzritter erobern die muslimische Stadt Jerusalem.
☐ Ein Tempelritter legt sich mit dem mächtigen Sultan Saladin an und tötet diesen.

d) Welche gute Tat bringt den jüdischen Kaufmann Nathan und den Tempelritter zusammen?

☐ Nathan begnadigt den Tempelritter.
☐ Der Tempelritter rettet Nathans Adoptivtochter aus den Flammen.
☐ Nathan leiht dem Tempelritter Geld.
☐ Der Tempelritter leiht Sultan Saladin Geld.

e) Welches berühmte Theaterstück (= Drama) diente Mirjam Pressler als Vorlage für ihr Jugendbuch?

☐ „Nathan und seine Kinder“ von Gotthold Ephraim Lessing
☐ „Gotthold Ephraim Lessing“ von Goethe
☐ „Nathan der Weise“ von Gotthold Ephraim Lessing
☐ „Faust“ von Goethe

f) Das Thema des Theaterstücks und des Romans ist „die Koexistenz der Religionen“. Was ist damit gemeint?

- ☐ Es geht darum, dass es verschiedene Religionen gibt und jede behauptet, die einzig richtige zu sein.
- ☐ Der Begriff „Koexistenz“ kann zerlegt werden in „Ko“ (= neben, nebeneinander) und „Existenz“ (= das Bestehen), gemeint ist also das Nebeneinanderbestehen der Religionen.
- ☐ Es geht um den Krieg zwischen den drei großen Weltreligionen Christentum, Judentum und Islam.
- ☐ Es geht darum, wie und ob die großen Weltreligionen nebeneinander bestehen können.

g) Welche Ideale oder Vorstellungen hat die Hauptfigur Nathan in Mirjam Presslers Roman?

- ☐ Er ist vernünftig und umsichtig. Er träumt davon, dass der religiöse Fanatismus überwunden werden kann.
- ☐ Nathan ist so religiös, dass man fast von religiösem Fanatismus sprechen könnte.
- ☐ Ihn macht unter anderem seine Hoffnung auf die friedliche Koexistenz der Religionen aus.
- ☐ Nathan ist verständnisvoll und tolerant. Er hat nichts gegen religiösen Fanatismus.

Zusammenfassung der Handlung

In der folgenden Tabelle findest du Zusammenfassungen der einzelnen Kapitel des Romans. Lies die Zusammenfassungen und bearbeite danach die Aufgaben.

Die Seitenzahlen beziehen sich auf folgende Textausgabe:
Mirjam Pressler: Nathan und seine Kinder. Verlagsgruppe Beltz. Gulliver 2011, Weinheim Basel.

Kap. 1: S.	**Perspektive:**
Geschem wird Zeuge, wie Nathans Haus brennt, kann aber wegen seiner Behinderung Nathans Tochter Recha nicht helfen. Ein Tempelritter rettet sie. Nathan befragt Geschem zu seiner Vergangenheit und gibt dem bisher Namenlosen den von ihm ausgewählten Namen Geschem.	
Kap. 2: S.	**Perspektive:**
Daja berichtet von ihrer strengen Großmutter, den Kreuzfahrerinnen und Kreuzfahrern, die durch ihren Wohnort gekommen waren und denen sie sich aus Abenteuerlust angeschlossen hatte. Sie heiratete den Kreuzfahrer Gisbert und erlebte auf der Reise viele Grausamkeiten. Bei der Ankunft in Jerusalem wurde Gisbert getötet. Sie war dadurch allein und suchte Schutz im Eingang einer Kirche. Dort fand Nathan sie und fragte, ob sie die Erzieherin seiner Tochter werden wolle. So kam sie in Nathans Haus.	

Kap. 3: S. **Perspektive:**

Elijahu berichtet von der Handelsreise und davon, wie er und Nathan die Rückkehr und die Angst um Recha erlebt haben. Er erinnert sich an Nathans Vergangenheit: Seine Frau und seine sieben Söhne kamen vor fast 18 Jahren bei einem Hausbrand, den Kreuzfahrer gelegt hatten, ums Leben. Wenige Tage darauf brachte ein Mönch Recha als Säugling zu Nathan, der dadurch wieder Lebensmut fand. Kurz darauf zog Nathan nach Jerusalem.
Nathan bedankt sich bei Elijahu für seine gute Tat an Geschem und schlägt vor, Geschem besser ausbilden zu lassen. Elijahu soll sich anstelle eines Vaters um ihn kümmern.

Kap. 4: S. **Perspektive:**

Recha glaubt, dass ein Engel sie gerettet hat, lässt sich aber überzeugen, dass ihr Retter doch ein Mensch und kein Engel ist. Bei einem Spaziergang sieht sie den Tempelritter. Sie ist von ihm hingerissen.

Kap. 5: S. **Perspektive:**

Der Tempelritter, Curd von Stauffen aus Schwaben, erinnert sich bei einem Spaziergang daran, wie er mit seinen Gefährten nach einem Angriff auf Saladins Armee gefangen genommen wurde. Alle Tempelritter außer ihm wurden hingerichtet, auch sein väterlicher Freund Helmfried. Er selbst wurde aber unter den persönlichen Schutz des Sultans gestellt. Den Grund für diese Begnadigung kennt er nicht. Am nächsten Morgen spricht er mit dem Patriarchen, dem Bischof von Jerusalem. Dieser fordert ihn dazu auf, Sultan Saladin auszuspionieren oder sogar zu töten.

Kap. 6: S. **Perspektive:**

Al-Hafi beschreibt, wie Nathan reagiert hat, als er ihm erzählte, dass Saladin ihn, einen einfachen Mann, zu seinem Schatzmeister ernannt hat. Nathan wusste bisher nicht, dass al-Hafi der Vetter von Saladin ist. Al-Hafi erinnert sich an seine Kindheit und daran, wie er in den Dienst Saladins kam. Durch ihn erfährt man auch, dass die Begnadigung des Tempelritters darin begründet ist, dass dieser Saladins geliebtem, verschollenen Bruder Assad so ähnlich sieht. Al-Hafi beobachtet im Palastgarten ein verdächtiges Treffen zwischen Saladins Bruder Melek und dem nach Ruhm strebenden Hauptmann Abu Hassan. Er beschließt aber, dem Sultan nichts davon zu erzählen.
Da der Sultan Freunden gegenüber zu großzügig ist, sind die Staatskassen leer. Als al-Hafi dies Sittah, Saladins jüngerer Schwester, erzählt, fordert diese, dass Nathan dem Sultan Geld leihen soll.

Kap. 7: S. **Perspektive:**

Nathan, Daja und andere Angehörige des Haushalts begegnen zufällig dem Tempelritter. Als sich Nathan überschwänglich bei ihm bedankt, weist der Tempelritter ihn und seinen Dank zurück, weil er nichts von einem Juden annehmen will. Daja ist über die Selbstgerechtigkeit und den Hochmut des Tempelritters erzürnt und erinnert ihn an die christliche Nächstenliebe. Nathan greift beschwichtigend ein und verweist darauf, dass alle Menschen Gottes Geschöpfe sind. Beschämt nimmt der Tempelritter Nathans Einladung in sein Haus an. Am Abend schließen die beiden unerwartet Freundschaft.

Kap. 8: S.	**Perspektive:**

Recha ist aufgrund ihrer Gefühle für den Tempelritter verwirrt. Sie betrachtet sich im Spiegel mit neuen Augen und putzt sich für den Fall, ihn zu treffen, heraus. Sie besucht ihre Freundin Lea und möchte sich ihr gerne anvertrauen. Recha erkennt aber, dass Lea mit ihren eigenen Sorgen beschäftigt ist, weshalb sie das Thema doch nicht anspricht.

Kap. 9: S.	**Perspektive:**

Sittah, die Schwester des Sultans, denkt an den Friedensvorschlag des englischen Königs: Ihr Bruder Melek solle die Schwester des Königs und sie selbst einen seiner Vetter heiraten und damit dem Krieg ein Ende setzen. Der König nimmt das Angebot jedoch zurück, weil seine Verwandten keine Muslime heiraten wollen, weswegen sich Saladin und al-Hafi darin bestätigt fühlen, dass das Angebot eine List war.
Dem Sultan fehlen die finanziellen Mittel, um seine Feinde anzugreifen. Sittah plant, Nathan an den Hof zu bestellen und einzufordern, dass er Saladin Geld leiht. Sie ist erleichtert, keinen Engländer heiraten zu müssen, nicht nur wegen ihres heimlichen Geliebten Machmud.

Kap. 10: S.	**Perspektive:**

Abu Hassan, ein Hauptmann Saladins, plant mit Verbündeten den Sturz des Sultans und hofft, dessen Bruder Melek an die Macht bringen zu können. Er ist unzufrieden mit Saladins zu freundschaftlichem Umgang mit Juden und Christen. Er verurteilt Saladins Bestreben nach einem friedlichen Nebeneinander der Religionen in Jerusalem. Abu Hassan erinnert sich daran, wie die Muslime im Jahr 1187 die Stadt Jerusalem zurückerobert haben.

Kap. 11: S.	**Perspektive:**

Der Tempelritter erkennt, dass er in Recha verliebt ist, sie aber wegen ihrer scheinbar unterschiedlichen Religionszugehörigkeit und seines Keuschheitsgelübdes nicht heiraten kann. Er erinnert sich an seine schwere Kindheit als ausgegrenztes Familienmitglied auf Burg Stauffen und an seine umfassende Ausbildung zum Ritter auf Burg Tannenberg. Erst nach seiner Ausbildung hat er erfahren, dass Konrad von Stauffen nicht sein Vater, sondern sein Onkel ist, und dass seine Mutter ihn bei diesem zurückließ, um seinem Vater ins Heilige Land zu folgen. Sein eigentlicher Name lautet „Leu von Filnek“. Der Tempelritter schloss sich den Kreuzzügen an, um Burg Stauffen verlassen zu können. Am Ende des Kapitels bittet ihn Daja um ein Treffen.

Kap. 12: S.	**Perspektive:**

Sittah hat al-Hafi befohlen, Nathan in den Palast zu bringen. Er warnt Nathan vor, dass es um Geld geht. Beim Gespräch geht der Sultan jedoch zunächst nicht darauf ein. Stattdessen fragt Saladin Nathan, welche der drei Religionen die wahre sei. Nathan antwortet mit dem Gleichnis der drei Ringe und erklärt die drei Religionen für gleichberechtigt. Er macht deutlich, dass alle drei ihr wichtigstes Element gemeinsam haben: den Glauben an Gott und sein Gebot, die Menschen zu lieben und Gutes zu tun. Saladin ist von Nathans Weisheit beeindruckt und bietet ihm die Freundschaft an. Nathan bittet von sich aus noch darum, dem Sultan Geld leihen zu dürfen, teilt aber nicht al-Hafis Freude über den guten Ausgang des Gesprächs. Er hält seinen Wunsch nach Frieden unter den Angehörigen aller Religionen für unwirklich.

Kap. 13: S. Perspektive:

Daja denkt über ihr Leben nach, das jetzt in Jerusalem so viel besser ist als während ihrer Kindheit in Deutschland. Dennoch bemerkt sie, dass sie starkes Heimweh hat. Sie möchte zurück nach Deutschland, jedoch nicht als arme Frau. Deshalb verrät sie dem Tempelritter, dass Recha nicht Nathans Tochter und eigentlich Christin ist, sodass einer Heirat der beiden aus ihrer Sicht nichts im Weg stünde. Dann könnte sie mit dem jungen Paar zurückkehren. Zu spät bereut sie ihre Tat, sie hat Nathan bereits verraten.

Kap. 14: S. Perspektive:

Der Tempelritter sucht den Patriarchen auf, damit dieser ihn von seinem Keuschheitsgelübde befreit. Er fragt ihn, ob eine Christin, die im jüdischen Glauben erzogen wurde, dennoch eine Christin sei. Der Patriarch, der schon erzürnt ist, weil der Tempelritter nicht für ihn spioniert hat, glaubt nicht, dass diese Frage nur hypothetisch gemeint ist, und fordert den Namen des Juden, der die Christin aufgezogen habe. Dieser müsse, so der Patriarch, für das Verbrechen mit dem Tod bestraft werden. Der Tempelritter nennt den Namen nicht, erkennt aber, dass er Nathan in Gefahr gebracht hat, und beschließt, den Sultan um Hilfe für Nathan zu bitten.

Kap. 15: S. Perspektive:

Nathan, Elijahu und Jakob reisen nach Jericho und nehmen Recha und Geschem mit. Dieser denkt zu Beginn der Reise darüber nach, dass er immer noch nicht weiß, wer er ist, und dass zwei Namen zu haben nicht viel besser sei, als keinen zu haben. Der Muslim Mussa zeigt ihm seine Stadt und Geschem zweifelt wieder an seiner Identität. Doch wegen seiner großen Zuneigung und Dankbarkeit gegenüber Elijahu entscheidet er sich schließlich für das Judentum und für den hebräischen Namen „Geschem Ben Abraham“.

Kap. 16: S. Perspektive:

Recha erfährt von Daja, dass Nathan nicht ihr Vater ist, sondern dass ihre Mutter, die im Sterben lag, einem Mönch sagte, er solle sie zu Nathan bringen. Verwirrt und unglücklich läuft sie ziellos durch die Straßen der Stadt. Bei einem Gespräch mit Geschem wird ihr klar, dass sie Glück hatte, bei Nathan als seine Tochter aufwachsen zu dürfen, und sie beschließt, mit ihm über ihre Herkunft zu sprechen.

Kap. 17: S. Perspektive:

Der Sultan hat seine Steuereinnahmen bekommen und Nathan und Elijahu sind im Palast, um Sittah Stoffe zu zeigen. Elijahu bemerkt, dass Abu Hassan, der Juden hasst, Nathan missgünstig beobachtet und sich flüsternd mit einem Krieger über Nathan unterhält, der daraufhin nickt und den Palast verlässt. Nathan, der in gelöster Stimmung ist, und Elijahu, der schon dunkle Vorahnungen hat, verlassen in der Nacht den Palast. Auf dem Heimweg werden sie von maskierten Männern überfallen, die Elijahu schwer verletzen und Nathan töten. Bevor Elijahu bewusstlos zusammenbricht, gelingt es ihm noch, Nathan nach Hause zu tragen.

Kap. 18: S.	**Perspektive:**

Recha trauert um Nathan und erinnert sich an das Gespräch über ihre Herkunft, das sie mit ihm noch geführt hat, und daran, dass er dadurch wieder „zu ihrem Vater wurde". Viele Menschen zeigen Anteilnahme und helfen Recha. Der Tempelritter gesteht ihr seine Schuldgefühle und dass er denkt, der Patriarch sei für den Mord an Nathan verantwortlich. Elijahu, der erst nach einigen Tagen wieder ansprechbar ist, beschuldigt stattdessen Abu Hassan. Recha sinnt jedoch nicht auf Rache, sondern geht Nathans Weg der Liebe und Toleranz.

Übung 20

1. a) Ordne nachfolgende Vorschläge für **Kapitelüberschriften** den einzelnen **Zusammenfassungen** (vgl. S. 68–72) zu und notiere sie jeweils auf der Linie am Anfang jeder Zusammenfassung. Vergleiche deine Zuordnung anschließend mit den Lösungen.

   b) Schreibe die Überschriften auch an den Anfang der entsprechenden Kapitel in dein Buch.

   c) Notiere in der Zusammenfassung zudem die Seiten, auf denen das jeweilige Kapitel im Roman zu finden ist, und aus welcher Perspektive die Handlung des jeweiligen Kapitels erzählt wird.

   d) Unterstreiche in der Kapitelzusammenfassung die handelnden Figuren des jeweiligen Kapitels.

Nathans und Dajas Zusammentreffen mit dem Tempelritter	Die freudlose Kindheit des Tempelritters	Nathan wird von Unbekannten ermordet	Nathans Vergangenheit und sein Verlust durch das Feuer
Reise nach Jericho und Geschems Identitätsfrage	Rechas Besuch bei ihrer Freundin Lea	Al-Hafis neues Amt und die Geldsorgen des Sultans	
Daja verrät dem Tempelritter Nathans Geheimnis über Rechas Herkunft	Dajas Leben vor sowie während des Kreuzzugs und ihre Verbindung zu Nathan		
Abu Hassans und Meleks Verschwörung gegen Saladin	Recha erfährt die Wahrheit über ihre Herkunft	Das Feuer, die Rettung durch den Tempelritter und ein Name für Geschem	
Die Begnadigung des Tempelritters durch Sultan Saladin	Rechas Wiedersehen mit ihrem Retter, dem Tempelritter	Das gescheiterte Friedensabkommen mit dem englischen König	
Gespräch des Tempelritters mit dem Patriarchen (Andeutung von Nathans Geheimnis)	Nathan erzählt Saladin das Gleichnis der drei Ringe	Recha tritt Nathans Erbe an und entscheidet sich für den Weg der Liebe und Toleranz	

2. Überprüfe, wie gut du dich im Roman „Nathan und seine Kinder“ auskennst. In jeder Zeile ist nur eine der Aussagen zum Buchinhalt richtig. Notiere jeweils den Buchstaben der korrekten Antwort in der rechten Spalte.

	A	B	C	richtige Aussage
1	*Nathan und seine Kinder* spielt in Jerusalem kurz vor Beginn der Kreuzzüge um 1192.	*Nathan und seine Kinder* spielt in Jerusalem zur Zeit der Kreuzzüge um 1192.	*Nathan und seine Kinder* spielt in Jerusalem nach den Kreuzzügen um 1192.	
2	Daja ist Rechas Patentante und Erzieherin.	Daja ist Rechas beste Freundin und Cousine.	Daja ist Rechas Gesellschafterin und Erzieherin.	
3	Nathan hat Geschem gerettet und in sein Haus aufgenommen.	Daja hat Geschem gerettet und in Nathans Haus aufgenommen.	Elijahu hat Geschem gerettet und in Nathans Haus aufgenommen.	
4	Daja, die eigentlich aus Deutschland stammt, denkt mit Stolz an den Kreuzzug zurück.	Daja, die eigentlich aus Deutschland stammt, denkt mit Trauer an den Kreuzzug zurück.	Daja, die eigentlich aus Bulgarien stammt, denkt mit Entsetzen an den Kreuzzug zurück.	
5	Elijahu ist seit 18 Jahren Nathans Freund und Verwalter.	Elijahu ist seit 8 Jahren Nathans Freund und Verwalter.	Elijahu ist seit 28 Jahren Nathans Freund und Verwalter.	
6	Nathan war verheiratet, doch seine Frau und seine Töchter starben auf dem Kreuzzug.	Nathan war verheiratet, doch seine Frau und seine Söhne wurden von Kreuzfahrern ermordet.	Nathan war verheiratet, doch seine Frau und seine sieben Söhne starben bei einem Unfall.	
7	Für Nathan ist es die Nächstenliebe, die Gott den Menschen nahebringt.	Für Nathan ist es die strikte Einhaltung von Geboten, die den Menschen Gott nahebringt.	Für Nathan ist es die jüdische Religion, die Gott den Menschen nahebringt.	
8	Nathan wird von vielen Menschen um Rat gefragt, es sind nur Juden, die ihn aufsuchen.	Nathan wird von vielen Menschen um Rat gefragt und es sind nicht nur Juden, die ihn aufsuchen.	Nathan wird von vielen Menschen um Rat gefragt, es sind allerdings nie Juden, die ihn aufsuchen.	
9	Recha hält ihren Retter zunächst für einen Engel.	Recha hält ihren Retter zunächst für einen Tempelritter.	Recha hält ihren Retter zunächst für einen Sultan.	
10	Der Tempelritter wurde vom Sultan verschont, weil er ihm verblüffend ähnlich sieht und sein Sohn sein könnte.	Der Tempelritter wurde vom Sultan verschont, weil er dessen Schwester so ähnlich sieht.	Der Tempelritter wurde vom Sultan verschont, weil er dessen verschollenem Bruder ähnlich sieht.	

	A	B	C	richtige Aussage
11	Der Tempelritter ist unter dem Namen Konrad von Stauffen bei seinem Onkel in Schwaben aufgewachsen.	Der Tempelritter, ein Deutscher, ist unter dem Namen Leu von Filnek bei seinem Onkel aufgewachsen.	Der Tempelritter ist unter dem Namen Curd von Stauffen bei seinem Onkel in Deutschland aufgewachsen.	
12	Al-Hafi, Nathans Freund, ist ein Derwisch, der gar nicht Schatzmeister werden wollte.	Al-Hafi, Nathans Freund, war eigentlich ein Derwisch, wollte aber Schatzmeister werden.	Abu Hassan, Nathans Freund, ist ein Derwisch, inzwischen aber Schatzmeister des Sultans.	
13	Der Tempelritter ist Nathan gegenüber zunächst abweisend, weil dieser Jude ist und er Juden verachtet.	Der Tempelritter ist Nathan gegenüber zunächst abweisend, weil Nathan ihm einmal gegen hohe Zinsen Geld geliehen hat.	Der Tempelritter ist Nathan gegenüber zunächst abweisend, weil er sich bei Rechas Rettung den Mantel ruiniert hat.	
14	Der Sultan, Saladin, wünscht sich Frieden und toleriert die Juden in Jerusalem.	Der Sultan, Saladin, wünscht sich, dass Jerusalem endlich frei von Juden ist.	Der Sultan, Saladin, möchte, dass die Juden in Jerusalem zum Islam konvertieren.	
15	In dem Gleichnis von den drei Ringen geht es darum, dass eine der drei Religionen die wahre ist, jedoch nicht klar ist, welche.	In dem Gleichnis von den drei Ringen geht es darum, dass die drei Religionen gleichberechtigt und miteinander verbunden sind.	In dem Gleichnis von den drei Ringen geht es darum, dass es schon immer einen Streit darum gab, welche der drei Religionen die wahre ist.	
16	Nathan träumt davon, dass die drei Religionen eines Tages in Frieden miteinander leben, er glaubt aber nicht an die Erfüllung dieses Traums.	Nathan glaubt fest daran, dass die drei Religionen eines Tages in Frieden miteinander und nicht im gegenseitigen Hass leben.	Nathan träumt davon, dass eines Tages alle Menschen das jüdische Glaubensbekenntnis ablegen.	
17	Auf dem Nachhauseweg von Saladin wird Nathan von Männern des Patriarchen ermordet.	Auf dem Nachhauseweg von Saladin wird Nathan von Männern Abu Hassans ermordet.	Auf dem Nachhauseweg von Saladin wird Nathan ermordet. Es ist unklar, wer dahintersteckt.	
18	Recha ist nicht Nathans leibliche Tochter, doch das spielt für sie am Ende keine Rolle mehr.	Recha ist nicht Nathans leibliche Tochter, deshalb verlässt sie am Ende des Romans Nathans Haus.	Recha ist doch Nathans leibliche Tochter, deshalb tritt sie am Ende des Romans Nathans Erbe an.	

Figuren und Figurenkonstellation

Übung 21

1. Die Abbildung zeigt dir noch einmal auf einen Blick, welche Figuren im Roman „Nathan und seine Kinder“ eine Rolle spielen und in welcher Beziehung sie zueinander stehen.
   a) Sieh dir aufmerksam an, welche Informationen vorgegeben sind, und trage dann die Namen der Figuren in die passenden Kästchen ein.
   b) Notiere bei denjenigen Figuren, deren Religionszugehörigkeit bekannt ist, ein entsprechendes Symbol.

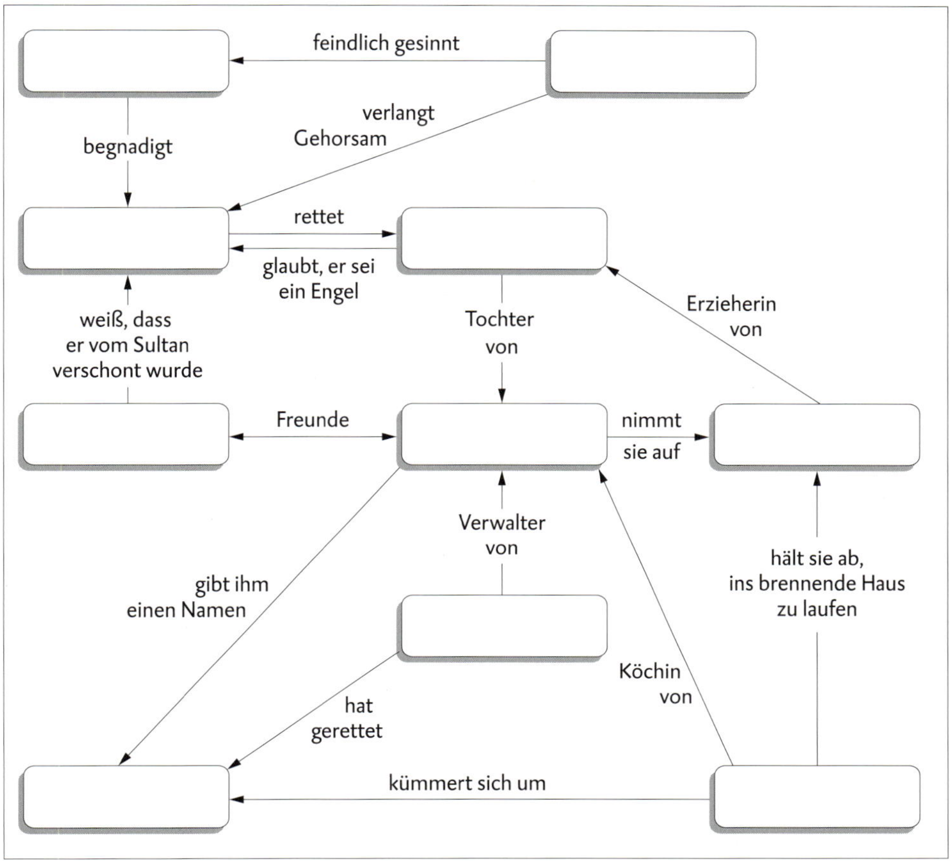

2. Trage ein, auf welche **männliche** Figur des Romans die jeweilige Aussage zutrifft.

Figur	Aussage
	Er sieht Saladins geliebtem, verschollenen Bruder Assad sehr ähnlich.
	Im betrunkenen Zustand verrät er Daja, dass Recha nicht Nathans leibliche Tochter und eine Christin ist.
	Er wird von maskierten Männern überfallen und getötet.
	Er wird von Sittah und Saladin dazu missbraucht, einen potenziellen Geldgeber in den Palast zu bringen.
	Er plant mit Verbündeten den Sturz des Sultans und hofft, dessen Bruder Melek an die Macht bringen zu können.
	Er könnte aufgrund seiner Ähnlichkeit zu ihm der leibliche Vater des Tempelritters sein.
	Statt Nathan direkt nach Geld zu fragen, stellt er ihm die Frage nach der wahren Religion.
	Er kümmert sich als Tempelritter um christliche Pilger.
	Er will, dass der Tempelritter den Sultan ausspioniert und sogar tötet.
	Er ist Jude und ein Gehilfe Nathans.
	Sein eigentlicher Name lautet „Leu von Filnek“.
	Ein Mönch brachte Recha als Säugling zu ihm. Dadurch fand er wieder Lebensmut und zog nach Jerusalem.
	Er ist ein zunächst namenloser, behinderter Waisenjunge, den Elijahu gerettet und Nathan in seinen Haushalt aufgenommen hat.
	Er ist Saladins Vetter und Schatzmeister.
	Bevor er Nathan kennenlernt, möchte er mit Juden nichts zu tun haben.
	Seine Frau und seine sieben Söhne starben vor fast 18 Jahren bei einem Hausbrand, den Kreuzfahrer gelegt hatten.
	Er stammt aus Schwaben und kam nach Jerusalem, um gegen Sultan Saladin zu kämpfen. Er schloss sich den Kreuzzügen an, um von Burg Stauffen wegzukommen.
	Er ist nach der Erzählung des Gleichnisses von den drei Ringen von Nathans Weisheit beeindruckt und bietet ihm seine Freundschaft an.
	Er strebt nach Ruhm und trifft sich heimlich mit Saladins Bruder Melek.
	Er wird vom Patriarchen dazu aufgefordert, Saladin auszuspionieren oder sogar zu töten.

Figur	Aussage
	Er ist der verschollene Bruder des Sultans.
	Er hat von seinen Mitmenschen den Beinamen „der Weise" bekommen.
	Er hatte eine schwere Kindheit und Jugend, wurde von der Familie ausgegrenzt, erhielt aber eine Ausbildung zum Ritter.
	Er weiß nichts über seine Herkunft, also auch nicht, ob er Muslim oder Jude ist.
	Nach einem Angriff auf Saladin wurde er gefangen genommen. Alle Tempelritter außer ihm wurden hingerichtet, er selbst wurde aber unter den persönlichen Schutz des Sultans gestellt.
	Er ist Hauptmann des Sultans Saladin und ein Muslim.
	Er ist der Retter von Geschem.
	Er ist Nathans Freund und Schachpartner.
	Erst nach seiner Ausbildung erfuhr er, dass Konrad von Stauffen nicht sein Vater, sondern sein Onkel ist, und dass seine Mutter ihn bei diesem zurückließ, um seinem Vater ins Heilige Land zu folgen.
	Er antwortet auf die Frage nach der wahren Religion mit dem Gleichnis von den drei Ringen.
	Ihm fehlen die finanziellen Mittel, um seine Feinde anzugreifen.
	Er ist Muslim und zeigt Geschem Jericho.
	Er ist Muslim und könnte für den Mord an Nathan verantwortlich sein, weil er Juden hasst.
	Er ist das christliche Oberhaupt der katholischen Kirche in Jerusalem.
	Er sieht wegen der unterschiedlichen Religionen und seines Keuschheitsgelübdes keine Chance für seine Liebe zu Recha.
	Nathan lässt ihn für sich einen Namen aussuchen und nennt ihm zwei Varianten dieses Namens, wovon er am Ende die jüdische Version auswählt.
	Er ist Nathans Freund und Vertrauter und kennt all seine Geheimnisse.
	Er ist unzufrieden mit dem seiner Meinung nach zu freundschaftlichen Umgang Saladins mit Juden und Christen und verurteilt dessen Bestreben nach einer friedlichen Koexistenz der Religionen in Jerusalem.
	Er bittet von sich aus darum, dem Sultan Geld leihen zu dürfen.
	Er gibt zu viel Geld (für sich und Freunde) aus, weshalb die Staatskasse leer ist.

3. Prüfe nun dein Wissen zu den **weiblichen** Figuren des Romans.
   a) Decke dazu in der Tabelle zunächst die linke oder rechte Spalte ab. Weißt du genau, wer wer ist? Welche Informationen fallen dir auf Anhieb zu den Figuren ein?
   b) Finde anschließend zu jeder der aufgeführten Figuren die jeweils passenden Aussagen und verbinde sie mit dem entsprechenden Namen.

Figuren	Aussagen
	Nathan hat sie eingestellt, weil sie eine deutsche Christin ist.
Recha	Sie bezeichnet sich auch als Gefährtin, also Partnerin Nathans.
	Sie wird von einem Tempelritter aus dem brennenden Haus gerettet und verliebt sich in diesen.
	Sie ist die Köchin in Nathans Haushalt.
	Weil sie Heimweh nach Deutschland hat, aber nicht als arme Frau dorthin zurückkehren will, verrät sie dem Tempelritter, dass Recha weder Nathans Tochter noch eine Jüdin ist.
Daja	Sie erfährt erst als junge Erwachsene, dass Nathan nicht ihr leiblicher Vater ist.
	Sie ist in Elijahu verliebt und kümmert sich wie eine Mutter um Geschem.
	Sie befiehlt al-Hafi, seinen reichen jüdischen Freund Nathan in den Palast zu bringen, damit man ihn nach Geld fragen kann.
Zipora	Ihre Mutter, die im Sterben lag, bat einen Mönch, sie zu Nathan zu bringen.
	Auf dem Weg von Deutschland nach Jerusalem heiratet sie den Kreuzritter Gisbert, der kurz vor Jerusalem umgebracht wird.
Sittah	Sie ist Erzieherin und Gesellschafterin von Nathans Tochter Recha.
	Sie kam mit einer Gruppe von Kreuzzüglern nach Jerusalem, um ihrer unglücklichen Kindheit in Deutschland zu entfliehen.
	Sie ist die kluge und schöne Schwester des Sultans.

Textwissen überprüfen

Mithilfe dieser **Checkliste zum Buch** kannst du dir noch einmal einen Überblick über die wichtigsten Themen aus der Ganzschrift verschaffen.
Du solltest nach dem Lesen und Bearbeiten des Romans in der Lage sein, diese Fragen zum Inhalt der Lektüre zu beantworten.

- Notiere dir zu jedem Punkt, in welchem Kapitel bzw. welchen Kapiteln du Informationen dazu findest.
- Hake danach die Themen ab, zu denen du genügend Textstellen gefunden und im Buch markiert hast.

Themen	Kapitel	☑
Historischer Hintergrund		
Welche Bedeutung hatte und hat die Stadt Jerusalem für die drei Weltreligionen?		☐
Was sind Kreuzritter oder Kreuzzügler und welche Aufgabe haben sie sich gestellt?		☐
Welche Beweggründe hatten die Menschen, sich den Kreuzzügen anzuschließen?		☐
Welche politischen Verhältnisse herrschten zur Zeit der Handlung in Jerusalem, Deutschland und England?		☐
Daja und ihr Verhalten		
Welche Gründe hatte Daja, Deutschland zu verlassen und sich den Kreuzzüglern anzuschließen?		☐
In welcher Notsituation befindet sie sich, als sie auf Nathan trifft?		☐
Welche Aufgabe(n)/Rolle(n) übernimmt sie in Nathans Haushalt?		☐
Wie kommt es dazu, dass sie Nathan bzw. sein Geheimnis verrät?		☐
Recha und ihre Herkunft		
Was weiß man über Rechas wahre Herkunft, Familie und Religion?		☐
Mit welchem Wissen darüber wächst Recha auf?		☐
Wie ist Rechas Beziehung zu Nathan und zu Daja?		☐
Was verändert sich in Rechas Leben, als sie den Tempelritter trifft?		☐
Wie geht Recha mit dem Wissen um, dass Nathan nicht ihr leiblicher Vater ist?		☐
Wie geht Recha mit Nathans Tod bzw. seinem Andenken und Erbe um?		☐

Themen	Kapitel	✓
Nathan, seine Weltsicht und Weisheit		
Was weiß man über Nathans Vergangenheit (Familie usw.)?		☐
Warum wird er „Nathan der Weise" genannt?		☐
Wodurch gelangt(e) er zu seinem Reichtum?		☐
Welche Einstellung hat er den Menschen und den Religionen gegenüber?		☐
Warum erzählt er dem Sultan das Gleichnis von den drei Ringen?		☐
Wem hat Nathan Gutes getan?		☐
Der Tempelritter und die Beweggründe für sein Handeln		
Was weiß man über die Herkunft und Kindheit des Tempelritters?		☐
Welche Gründe hatte er, sich den Kreuzzügen anzuschließen?		☐
Was weiß man über seine Haltung gegenüber Juden?		☐
Warum wird er vom Sultan begnadigt und am Leben gelassen?		☐
Weshalb wendet er sich an den Patriarchen? Was verlangt der Patriarch von ihm?		☐
Was ändert sich in seinem Leben, als er seine Liebe zu Recha bemerkt?		☐
Warum wendet er sich mit „Nathans Geheimnis", das er von Daja kennt, an den Patriarchen?		☐
Warum bringt er Nathan damit in Lebensgefahr?		☐
Sultan Saladin und seine Macht		
Welche Rolle spielt Sultan Saladin in Jerusalem?		☐
Wer sind seine politischen Feinde, also gegen wen musste und muss er sich kämpferisch zur Wehr setzen?		☐
Wer sind seine Feinde aus den eigenen Reihen bzw. der Familie?		☐
Warum ist er in Geldnot? Wozu braucht er viel Geld?		☐
Warum bittet er Nathan nicht direkt um Geld?		☐
Was führt dazu, dass er Nathan schließlich die Freundschaft anbietet?		☐
Wie kommt es, dass der Tempelritter begnadigt wird und später sogar bei Saladin im Palast wohnt?		☐

Themen	Kapitel	☑
Die Bedeutung von Namen und Herkunft		
Welche Figuren kennen ihre wahre Herkunft und/oder ihren echten Namen nicht bzw. zunächst nicht?		☐
Welche Figuren kennen ihre Religionszugehörigkeit nicht oder zunächst nicht?		☐
Wessen wahre Herkunft bleibt auch am Ende der Handlung noch ungeklärt?		☐
Welche Rolle spielt die Religionszugehörigkeit für die handelnden Figuren?		☐
Geheimnisse		
Wer kennt Nathans Geheimnisse in Bezug auf seine eigene und Rechas Vergangenheit?		☐
Wer verrät Nathans Geheimnis einer anderen Person und wem?		☐
Welche Folgen hat der Geheimnisverrat jeweils für den Verräter/die Verräterin und für Nathan?		☐

Aufgaben zum Textverständnis

Bearbeite folgende **Aufgaben zum Textverständnis**, wie sie dir in ähnlicher Weise auch in der Prüfung begegnen könnten. Im Folgenden erhältst du allerdings noch Tipps und Hilfestellungen zur Umsetzung. Achte insbesondere auf die in der Aufgabenstellung vorkommenden **Operatoren**.

Tipp

Was sind Operatoren?

Operatoren sind „handlungsleitende Verben" und sollen deutlich machen, welche konkrete Handlung bei einer Aufgabenstellung von dir verlangt wird. Dadurch wird dir z. B. klar, ob eine stichwortartige Darstellung, eine ausführliche Textvariante oder ein schlichter Antwortsatz erwartet wird. Folgende Operatoren solltest du z. B. kennen:

- **nennen:** Du sollst z. B. Begriffe, Gegenstände oder Sachverhalte aufzählen oder zuordnen.
- **erklären:** Hier musst du Sachverhalte in einen Zusammenhang stellen und begründen oder zu Schlussfolgerungen kommen.
- **begründen:** Es geht darum, z. B. eine Position oder Vermutung zu bestimmen und durch Argumente (mit Belegen und Beispielen) zu stützen.
- **vergleichen:** Du sollst Texte, Figuren, Sachverhalte oder Problemstellungen unter vorgegebenen oder selbst gewählten Aspekten einander gegenüberstellen und Gemeinsamkeiten sowie Unterschiede feststellen.
- **skizzieren:** Du sollst z. B. eine Person, eine Handlung, einen Entwicklungsprozess oder einen Sachverhalt in groben Zügen darstellen.
- **Stellung nehmen:** Hier geht es darum, nach kritischer Prüfung und Abwägung eine Einschätzung zu einer Problemstellung, einem Sachverhalt oder eine Wertung zu formulieren.

Übung 22

1. **Nenne** drei Situationen, in denen sich Nathan „weise" verhalten hat.
   a) Überfliege die Zusammenfassung des Inhalts (S. 68–72) und suche nach Situationen, in denen sich Nathan (taktisch) klug verhalten hat.
   b) Ergänze die Liste der Situationen, die gemeint sein könnten.
      - Nathan gibt Geschem gleich zwei Namen, eine muslimische und eine jüdische Variante.
      - Nathan sucht für seine (eigentlich deutsche und christliche) Adoptivtochter eine deutsche Christin als Erzieherin aus.
      - Nathan reagiert auf die Zurückweisung des Tempelritters und Dajas heftige Reaktion ______________________________
        ____
        ____
      - ______________________________
        ____
        ____
      - ______________________________
        ____
        ____
   c) Formuliere auf Grundlage der Liste aus Teilaufgabe b drei vollständige Antwortsätze. (→ Heft)

2. *„‚Du? Im Dienste des Sultans, der für seine Grausamkeit berüchtigt ist?' Und mit einer Stimme, die auf einmal sehr fremd und abweisend klang, fragte er: ‚Ausgerechnet du? Wie konnte das geschehen?'"* (S. 87)

   Erkläre, warum Nathan von al-Hafis neuer Aufgabe gar nicht begeistert ist und warum er annimmt, al-Hafi könnte auch ihn damit in Gefahr bringen.

   Setze die folgenden Teilsätze so zusammen, dass daraus ein passender Lösungstext zur Aufgabe entsteht. Achte auf die Beibehaltung der Satzzeichen.

Allerdings hat er im Palast des Sultans möglicherweise	kam man im Palast wohl auf die Idee,	Aufgrund der aktuellen Geldsorgen des Sultans,
dass man al-Hafi zum Schatzmeister gemacht hat,	und dieser ihm den Freundschaftsdienst nicht abschlagen kann.	
hatte mit den Finanzen des grausamen Sultans bisher nichts zu tun.	von Nathans Wohlstand und seiner Großzügigkeit erzählt.	Al-Hafi, der als Derwisch eigentlich freiwillig in Armut lebt,
Der Verdacht liegt nahe,	sich beim reichen Kaufmann Nathan Geld zu leihen.	damit dieser seinen großzügigen Freund Nathan um Geld bittet

3. **Begründe** mithilfe eines Zitats, weshalb Nathan eine Hochzeit Elijahus mit Zipora befürwortet.

   Suche in Kapitel 17 das Zitat, mit dem Nathan Elijahu zur Heirat rät, heraus und trage es in die Sprechblase ein.

   Nathan rät Elijahu zu heiraten. Dies kommt in folgendem Zitat zum Ausdruck:

4. **Vergleiche** anhand von drei Gemeinsamkeiten die Kindheit des Tempelritters mit der von Daja.

   a) Verbinde jeweils die Informationen über Daja und den Tempelritter, die thematisch miteinander vergleichbar sind, mit einer Linie.

Daja	Tempelritter
Sie wächst ohne Eltern bei ihrer Großmutter auf.	Er wird von der Familie ausgegrenzt und wie ein lästiger Hund behandelt.
Ihre Großmutter ist ihr gegenüber hart und herzlos.	Er schließt sich den Kreuzzügen an, um von Burg Stauffen wegzukommen.
Sie schließt sich den Kreuzüglern aus Abenteuerlust an und, um ihrer strengen Großmutter zu entkommen.	Er wächst im Glauben auf, dass sein Onkel sein Vater ist. Er kennt aber weder Vater noch Mutter.

   b) Formuliere nun aus den Gemeinsamkeiten vollständige Antwortsätze.

   Sowohl Daja als auch der Tempelritter haben sich den Kreuzzüglern angeschlossen, um ihrem lieblosen Zuhause zu entfliehen.

5. Durch al-Hafis Aussage *„Nathan nickte nur schweigend, und ich schwieg auch, bedrückt, weil ich es war, der ihn in eine solche Situation gebracht hatte."* (S. 155) zeichnet sich für die Leser*innen langsam ein Bild davon ab, was der Sultan von Nathan will und warum sich al-Hafi dafür die Schuld gibt. **Skizziere** die Lage, in die al-Hafi sich und Nathan gebracht hat.

   a) Erstelle zuerst eine Liste der Dinge, die man als Leser*in über die Geldnot des Sultans und seine Pläne bezüglich al-Hafi und Nathan weiß.

   - Der Sultan gibt zu viel Geld (für sich und seine Freunde) aus, weshalb die Staatskasse leer ist.
   - Dem Sultan fehlen die finanziellen Mittel, um seine Feinde (englischer König und seine Verbündete) anzugreifen.
   - ____________________
   - ____________________
   - ____________________
   - ____________________
   - ____________________

   b) Verfasse nun einen Antworttext, in dem du den Eindruck, den man durch diese Kenntnisse von Nathans Lage bekommt, beschreibst.

   Sowohl Nathan als auch al-Hafi sind in einer schwierigen, wenn nicht sogar ausweglosen Lage. Der Sultan gibt zu viel Geld (für sich und seine Freunde) aus, weshalb die Staatskasse leer ist und dem Sultan die finanziellen Mittel fehlen, um seine Feinde (englischer König und seine Verbündete) anzugreifen.

6. Im Roman spielt es für die handelnden Figuren eine große Rolle, zu welcher Religion sie selbst gehören und ob ihr gewünschter Partner bzw. die Partnerin ebenfalls dieser Religion angehört.

   Nimm Stellung dazu, ob die Religionszugehörigkeit auch in der heutigen Zeit noch eine Rolle spielt und ob Menschen unterschiedlicher Religionszugehörigkeiten heute problemlos heiraten können.

   a) Mache dir beispielsweise zu folgenden Fragestellungen Gedanken:

   Bist du selbst religiös? Gehören deine Eltern einer Religionsgemeinschaft an?

   Kennst du Paare, in denen die Partner unterschiedlichen Religionsgemeinschaften angehören?

   Kannst du dir vorstellen, mit einem sehr gläubigen Menschen einer anderen Religionsgemeinschaft eine Beziehung zu führen?

   Wie würden deine Eltern eine solche Verbindung bewerten?

   Welche Probleme könnten auftreten, wenn zwei Glaubensrichtungen aufeinandertreffen?

   b) Formuliere nun deine Meinung zum Thema und begründe sie. (→ Heft)

Produktive Schreibaufgabe

Übung 23

1. Untersuche die folgenden vier Texte bzw. Textauszüge, die als Lösung zu produktiven Schreibaufgaben entstanden sind. Beantworte zu jedem Textauszug die folgenden Fragen. (→ Heft)
   a) Welche Textsorte wurde hier umgesetzt? Woran kannst du das erkennen?
   b) Aus Sicht welcher Figur wurde der Text verfasst bzw. wer äußert sich hier?
   c) An welcher Stelle der Handlung setzt die Schreibaufgabe vermutlich ein? Nenne die entsprechende Situation und gib, wenn möglich, auch die Seitenzahl an.

Text 1

Liebe Daja,
es ist schon spät und ich möchte dich nicht mehr wecken. Aber ich bin so aufgewühlt und muss meine Gedanken ganz frisch und sofort festhalten, obwohl ich so voller Trauer bin. Wundere dich also nicht, dass ich dir diesen Brief vor die Tür lege. Gerade erst habe ich mich von al-Hafi verabschiedet. Er lässt dich grüßen. Vater und er waren viel mehr als nur Schachpartner und es tut mir gut, dass er da ist, dass ich mit ihm sprechen kann. Er ist nun auch mir ein treuer Freund. Stell dir vor, er kam heute mit Geschenken des Sultans, mit Salben, Ölen und mit einer Perlenschnur. Er sagte, der Sultan habe Vater sehr geschätzt und sogar geweint, als er von seinem Tod erfahren hat. Er sagte, ich könne mich an ihn wenden, und an seine Schwester, wenn ich Hilfe brauche oder Schutz. Hält man das für möglich, ein ansonsten so mächtiger und grausamer Mann erkennt die Größe Nathans? Auch ihm hat er geholfen wie so vielen anderen auch. Es war ihm egal, ob sie jüdisch, christlich oder muslimisch sind, wenn Menschen Hilfe brauchten, dann war Vater für sie da. Er hatte so ein großes Herz … Al-Hafi hat es auf den Punkt gebracht, indem er sagte: „Das ist wahrlich ein großer Mensch, der Verzweiflung und Rachsucht überwindet und sie in Liebe zu den Menschen verwandelt." Wir wollen sein Erbe fortführen. Liebe Daja, lass uns immer daran denken.
In Liebe
deine Recha

Text 2

Heute wurde ich mit den Waffen der Weisheit geschlagen. Mein eigentlicher Plan ging nicht auf und dennoch habe ich gewonnen, viel mehr gewonnen, als es zunächst zu gewinnen gab. Allah hat mir die Augen geöffnet und mir einen Freund geschenkt.
Noch immer spüre ich in mir das Gefühl, das der Jude Nathan, den sie zu Recht „den Weisen" nennen, mit seinen Worten ausgelöst hat. Fast erscheint es mir unwirklich und doch hat sich heute mein Blick auf die Welt verändert. Al-Hafi brachte mir den Juden Nathan, der uns mit seinem Reichtum zu den finanziellen Mitteln für den Angriff verhelfen sollte. Ihn jedoch direkt um das Geld zu bitten, lag mir fern. Er war mir als Weiser angekündigt worden, so wollte ich ihn mit einer Frage in die Enge treiben, um zu sehen, wie es tatsächlich um seine Weisheit bestellt ist. Schließlich bin ich Saladin, der Sultan, und gewöhnlich ist es meine Weisheit, nach der sich die anderen richten müssen. Ich fragte ihn also nach der seiner Meinung nach „wahren Religion". Eine hinterlistige Frage fürwahr! Was sollte ein Jude einem mächtigen Muslim darauf schon antworten? Seine eigene Religion verleugnen, mir die meine absprechen? Aus dieser Falle kommt er nicht heraus, davon war ich felsenfest überzeugt. …

Text 3

Ach, könnte dein Großvater dich nur sehen! Auch seine Freude wäre übergroß. Als mir gesagt wurde, dass ich einen Jungen geboren habe, kam mir das Versprechen, das ich nach dem Tod deines Großvaters gegeben habe, wieder in den Sinn und so nannte ich dich Nathan. Das war auch schon der Name deines Großvaters, den sie „Nathan den Weisen" nannten. Ihn hat der Herr reichlich mit Gaben beschenkt: Er war klug, tolerant, barmherzig, weise und er liebte die Menschen, ganz gleich ob Juden, Christen oder Muslime, so wie es dem Gott aller Menschen gefällt. Obwohl du jetzt noch so klein bist, werde ich dir von deinem Großvater berichten. Er hatte einen großen Traum, den er im Kleinen bereits lebte. Er wünschte sich, dass eines Tages die Söhne von Juden, Muslimen und Christen miteinander am Tisch der Brüderlichkeit sitzen können, dass sich selbst unsere Stadt Jerusalem eines Tages in eine Oase der Freiheit verwandeln wird …

Text 4

DAJA *(streicht Recha über das Haar)*: Wie geht es dir, Recha?
RECHA: Es wird gehen. Ich bin stark, Daja. Ich bin kein Kind mehr.
DAJA: Das weiß ich, Recha. Das weiß ich schon lange. Du hast mit Elijahu gesprochen?
RECHA: Ja. Wir haben über Vater gesprochen. Er fühlt sich schuldig, weil er ihm nicht geholfen hat. Aber was hätte er tun sollen, gegen vier oder fünf Männer? Sie hätten ihn nur auch noch umgebracht. So bleibt wenigstens er mir …
DAJA: Elijahu und Nathan waren enge Freunde. Seit 18 Jahren. Es wird schwer für ihn werden, so wie für uns alle. Elijahu hat ihn am längsten gekannt.
RECHA: Ja, und er hat ihm schon einmal das Leben gerettet. Vater hat es mir erzählt. Er hat gesagt, dass Elijahu ihm immer ein treuer Freund gewesen ist, ein Bruder sogar, und dass er den Verlust seiner Frau und seiner Söhne ohne Elijahus Hilfe nicht überstanden hätte. Das habe ich ihm gesagt.
DAJA *(lächelt Recha an)*: Du bist wirklich die Tochter deines Vaters, Recha, auch wenn euch nicht das Blut verbunden hat. Dein eigener Kummer hindert dich nicht daran, für andere zu sorgen und ihnen Gutes zu tun. „Nathan den Weisen" hat man deinen Vater genannt. Vielleicht wird man dir diesen Beinamen auch einmal geben. …

2. Gestalte den Textinhalt aus **Text 1** so um, dass daraus ein Gespräch zwischen Recha und Daja entsteht. Schreibe mindestens 250 Wörter. (→ Heft)

   Die entsprechende Aufgabenstellung lautet wie folgt:

Aufgabenstellung

„Erst als die Mondsichel über dem Feigenbaum stand, verabschiedete er sich" (S. 243)

Nach dem Besuch von al-Hafi geht Recha zu Daja. Sie erzählt ihr von al-Hafis Besuch und die beiden sprechen über seine Beziehung zu Nathan und Saladins Reaktion auf Nathans Tod.

Schreibe dieses Gespräch (mindestens 250 Wörter).

Beginne den Dialog wie folgt:

Recha geht zu Dajas Zimmer und klopft leise an die Tür, tritt aber gleich darauf in das Zimmer ein.
RECHA: Daja? Bist du noch wach?
DAJA *(setzt sich auf)*: Ja, Recha, ich bin wach. Kannst du nicht schlafen?

Hinweis: Verlangt wird ein **Gespräch** zwischen Recha und Daja. Die typischen Merkmale eines Dialogs (siehe S. 39) müssen daher beachtet werden. Das Gespräch findet im letzten Kapitel statt. Nathan ist bereits verstorben und Recha hat seinen Platz im Haus eingenommen. Al-Hafi, Nathans Freund, hatte Recha gerade besucht. Er hat ihr Geschenke des Sultans überbracht und die beiden haben über Nathan gesprochen.

Wahlteil B

Im **Wahlteil B** darfst du dich für **eine der drei** vorgegebenen Aufgaben entscheiden. Folgende Aufsatzarten stehen zur Wahl:

- Textgebunde dialektische Erörterung (Kap. 4)
- Textbeschreibung Lyrik (Kap. 5)
- Textbeschreibung Prosa (Kap. 6)

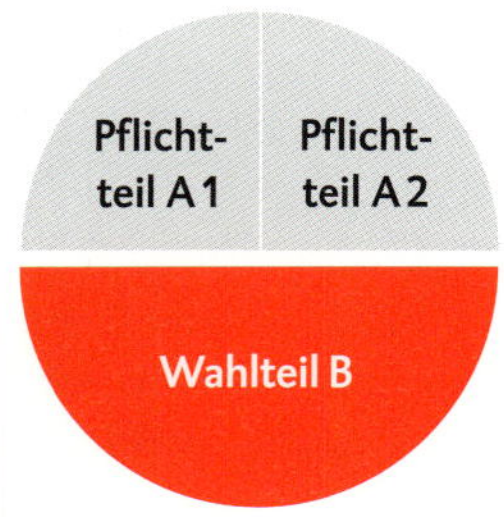

Für den Wahlteil kannst du insgesamt **50 Punkte**, also die Hälfte aller Punkte bekommen. Plane deshalb auch ungefähr die **Hälfte der Bearbeitungszeit** dafür ein (**120 Minuten** von 240 Minuten).

4 Textgebundene dialektische Erörterung

Interaktive Aufgaben: Textgebundene dialektische Erörterung

Die **textgebundene dialektische Erörterung** ist eine Aufsatzform, bei der du ein Thema kontrovers, also von zwei unterschiedlichen Seiten, erörterst und dabei Sachtexte, Grafiken usw. einbeziehen sollst. Du musst daher zuerst **Textarbeit** betreiben, um dich in das Thema einzuarbeiten und Informationen zu gewinnen. Anschließend sollst du einen klar strukturierten Aufsatz formulieren, in dem du die Leser*innen von deiner eigenen Meinung überzeugst.
Neben einem sinnvoll gegliederten Aufbau und stichhaltigen Argumenten ist hierbei auch eine sachliche, gehobene Sprache von besonderer Bedeutung.

In den folgenden Kapiteln kannst du dir alle Teile der Erörterung Schritt für Schritt erarbeiten.
Hier siehst du zunächst den Aufbau des Aufsatzes auf einen Blick:

Auf einen Blick

Aufbau einer textgebundenen dialektischen Erörterung	
Einleitung	• Hinführung zum Thema • Basisinformation zum Ausgangsmaterial • Überleitung zum Hauptteil mit der Themenfrage
Hauptteil	• Antithese (Meinung, die du nicht vertrittst) • Wendepunkt • These (Meinung, die du vertrittst)
Schluss	• Zusammenfassung/Fazit • Klare Positionierung • Evtl. Ausblick oder Appell

4.1 Lesen und Verstehen der Ausgangstexte

Für das Schreiben der textgebundenen Erörterung ist zuerst Vorarbeit nötig, da dir ein **Sachtext** und evtl. auch **weitere Materialien** wie Diagramme oder Schaubilder vorgegeben werden, die du für deine Erörterung heranziehen sollst. Du musst diese also zunächst **lesen und verstehen**. Wende dazu die üblichen Texterschließungsstrategien an (vgl. S. 2).

Auswerten von Sachtexten

Lies den folgenden Text zunächst gründlich durch und wende dabei die Texterschließungsstrategien an, z. B.

- den Text in Sinnabschnitte gliedern,
- Zwischenüberschriften finden,
- Schlüsselbegriffe markieren.

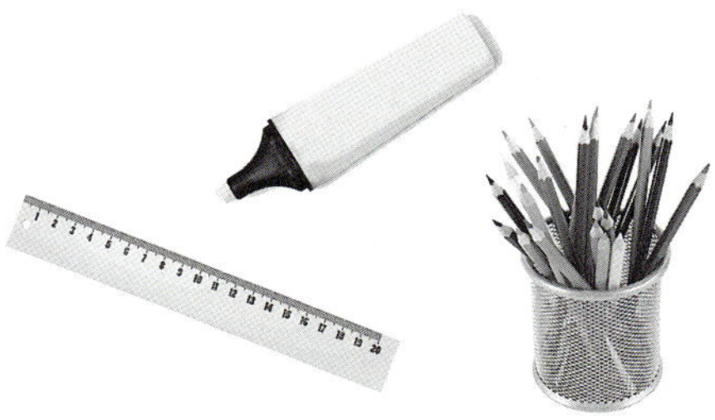

Sachtext

Material 1

DENKEN & DISKUTIEREN

Viel zu verplant

Zwischen Musikschule, Sportverein und Schachclub geraten viele Schüler heute in Freizeitstress. Langeweile? Ein Fremdwort. Doch Kinder brauchen Freiraum, um neue Kräfte zu tanken. Ein Plädoyer für mehr Müßiggang.

Eine Sportart und ein Instrument! Über die Freizeitgestaltung unserer Kinder waren mein Mann und ich uns schon einig, da war ich noch nicht mal schwanger. Wie sich die Zeiten ändern: Vor ein paar Wochen habe ich bei der Musikschule die Kündigung eingereicht. Die Gitarre hat Feierabend. Es geht einfach nicht mehr – zu viel Freizeitstress. Irgendwo zwischen Fußballtraining, Musik- und Konfirmandenunterricht hat mein Sohn, 13, seine Freiheit verloren.

Nicht nur sein Leben, auch meines ist in Stress ausgeartet. Den Familienkalender fest im Blick, koordiniere ich die Termine meiner Kinder, drei an der Zahl, bin Sekretärin und Chauffeurin, Finanzier und Notfallapotheke, wenn nach einem langen Tag wieder mal der Kopf brummt. An manchen Sonntagen habe ich depressive Verstimmungen, wenn ich an die kommende Woche denke. Kann ich eigentlich mal aus dem Fenster schauen und meine Kinder einfach im Garten spielen sehen? Oder heißt es weiter: zack, zack, zack – auf zum nächsten Termin?

Außerschulische Förderung heißt das gefährliche Zauberwort.
Gut gemeintes Zusatzprogramm raubt vielen Kindern schon im Grundschulalter die Freiheit und presst ihren Alltag in Zeitpläne, wie sie sonst eher Manager kennen. Mit dem Wunsch, dem eigenen Kind die bestmögliche Ausbildung zukommen zu lassen, werden Mitgliedschaften in Sportvereinen abgeschlossen, Musikschulkurse gebucht oder andere Bildungseinrichtungen besucht.

Fördert musikalische Erziehung nicht die Intelligenz von Kindern?

Für jede einzelne Maßnahme lassen sich viele gute Argumente finden, und der Gedanke, Kindern vielfältige Möglichkeiten zur Entwicklung anzubieten, ist natürlich vollkommen richtig: In der Handballmannschaft lernen Kinder Fairness und Teamgeist, ausgiebige Bewegung fördert ihre Motorik und Gesundheit. Eine musische Ausbildung am Klavier, an der Gitarre oder im Chor fördert die Intelligenz. Selbstverteidigung? Ist doch auch wichtig! Ein Workshop im Kulturzentrum? Ist sinnvoll! Krötenretten beim Naturschutzbund? Unbedingt! Und Aquarellzeichnen in der Volkshochschule? Wenn das Kind doch so schön malt …

Die Terminfalle öffnet sich schleichend

„Schüler sind schon montags erschöpft – vom Wochenendstress"

[…] Die Dosis echter Freizeit verkümmert bei diesem Rund-um-die-Uhr-Programm zu einer homöopathischen Gabe. „Es gibt Kinder, die damit auch gut klarkommen", sagt Simone Fleischmann, Präsidentin des Bayerischen Lehrer- und Lehrerinnenverbandes (BLLV). „Doch das ist nicht die Regel." Immer häufiger höre sie von Kollegen, dass viele Kinder schon am Montagmorgen erschöpft vom Freizeitstress am Wochenende in die Schule kämen. Auch unter der Woche sei der Kopf oft bereits voll, bevor der Unterricht überhaupt begonnen habe.

Denn Freizeitstress ist letztlich auch nur: Stress.

„Wenn Kinder ständig Leistung erbringen müssen, sind sie nicht nur körperlich, sondern auch geistig richtig kaputt", beklagt die Expertin. Schüler, die abends noch Leistungssport machen, könnten sich morgens kaum auf lateinische Grammatik konzentrieren. Auch die Lautstärke in der Klasse sei dann häufig zu viel für die beanspruchten Nerven. „Überforderte Schüler sind unaufmerksam, unruhig, gereizt oder auch sehr sensibel", nennt Fleischmann Auswirkungen, die sich auch am Notenbild zeigen. Manche Lehrer, die den Schülern schon an der Nasenspitze ansehen, dass es gestern wohl mal wieder zu viel war, versuchen zwar, mit Ruhe-Ritualen und Entspannungsübungen die gestressten Kinder runterzufahren. Doch der Erfolg sei begrenzt.

„Das selige Ich-selbst-sein-Können meines Sohnes, es ist verloren gegangen"

Zum beruhigenden Yogakurs habe ich meinen Sohn noch nicht schleppen müssen. Doch Veränderungen in seinem Verhalten habe auch ich mit Sorge festgestellt. Aus einem Kind, das früher stundenlang selbstvergessen dem Sandkisten-Flow erliegen konnte, ist ein unruhiger Geist geworden. „Was machen wir heute?", diese Frage hören mein Mann und ich am Wochenende oft schon nach dem ersten Augenaufschlag. Sein seliges „Ich-selbst-sein-Können", um das ich meinen Sohn immer beneidet habe, ist verloren gegangen.

Wie schade! Denn viele Untersuchungen zeigen: Langeweile, der Zustand, der erst so bitter schmeckt, entfaltet für die Entwicklung eine große Süße, wenn man ihn nur wirken lässt. Abhängen und Nichtstun ist im richtigen Maß für Kinder mindestens ebenso wertvoll wie Musikunterricht oder Sport. In der Beschäftigung mit sich selbst und der Welt entwickeln sich Kreativität, Selbstbewusstsein und innere Stabilität. Ich bin, weil ich bin. Einfach so. [...].

Quelle: Bettina Levecke: Viel zu verplant. Im Internet unter: www.magazin-schule.de/magazin/freizeitstress-viel-zu-verplant/ (erschienen am 12. 9. 2017), gekürzt

Übung 24

1. Lies den Text ggf. erneut und kreuze jeweils die korrekte Antwort an.
   a) Weshalb hat die Autorin den Gitarrenunterricht ihres Sohnes gekündigt?
      - ☐ Er hatte vor lauter Terminen keine echte Freizeit mehr, deshalb haben die Eltern entschieden, diese Aktivität wegzulassen.
      - ☐ Der Gitarrenunterricht hätte gleichzeitig mit dem Fußballtraining stattgefunden. Daher musste eines von beidem gekündigt werden.

   b) Welcher Grund wird genannt, warum Eltern für ihre Kinder viele unterschiedliche Freizeitaktivitäten planen?
      - ☐ Sie wollen ihre Kinder schon früh an den Umgang mit Terminen – wie ein Manager – gewöhnen, damit sie es später leichter haben.
      - ☐ Sie haben selbst wenig Zeit und müssen auch dafür sorgen, dass ihre Kinder tagsüber beschäftigt sind.
      - ☐ Sie wollen ihre Kinder möglichst gut und in vielen Bereichen fördern.

2. Erkläre, aus welchem Grund viele Schüler*innen schon montags in der Schule erschöpft zu sein scheinen.

3. Wird Langeweile im Text positiv oder negativ dargestellt?
   Erkläre auch, weshalb.

Auswerten von Diagrammen und Schaubildern

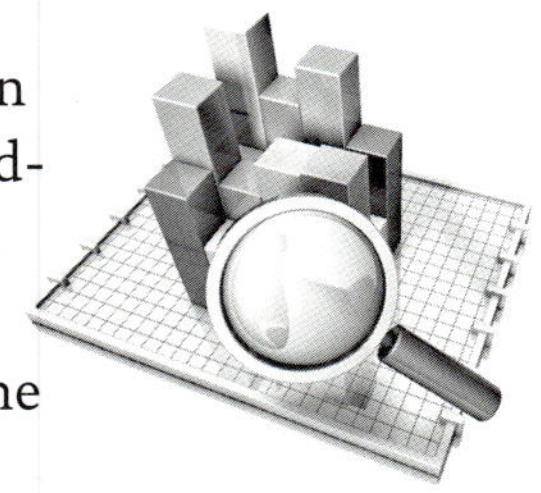

Neben einem Sachtext können dir auch andere Materialien wie beispielsweise Diagramme oder Schaubilder als Grundlage für deine Erörterung dienen. Daher musst du wissen, wie du diese auswertest und für deinen Aufsatz nutzbar machst. Zahlen und Fakten sind z. B. gute Belege, um deine Argumentation überzeugend zu untermauern.

Tipp

Wie gehst du beim Auswerten von Diagrammen und Schaubildern vor?
Die folgenden neun Fragen kannst du bei der Auswertung jedes Diagramms (z. B. Balkendiagramm, Kreisdiagramm, Säulendiagramm) anwenden. Sie werden dir helfen, die wichtigsten Informationen herauszufinden und das Diagramm richtig zu interpretieren.

1 Was wird in dem Diagramm dargestellt (Titel)?
2 Aus welchem Jahr stammt das Diagramm? Ist es aktuell?
3 Wer hat das Diagramm/die Daten veröffentlicht?
4 Wo wurde das Diagramm veröffentlicht?
5 Wer wurde hier befragt?
6 Was bedeuten die Farben der Balken, Säulen oder Kreissegmente (Legende)?
7 Was ist bei einem Balken- oder Säulendiagramm auf der x-Achse dargestellt?
8 Was ist bei einem Balken- oder Säulendiagramm auf der y-Achse dargestellt?
9 In welcher Einheit/Größe sind die Angaben gemacht?

Sieh dir das folgende Balkendiagramm (Material 2) genau an und bearbeite anschließend die Aufgaben dazu.

Material 2

Diagramm

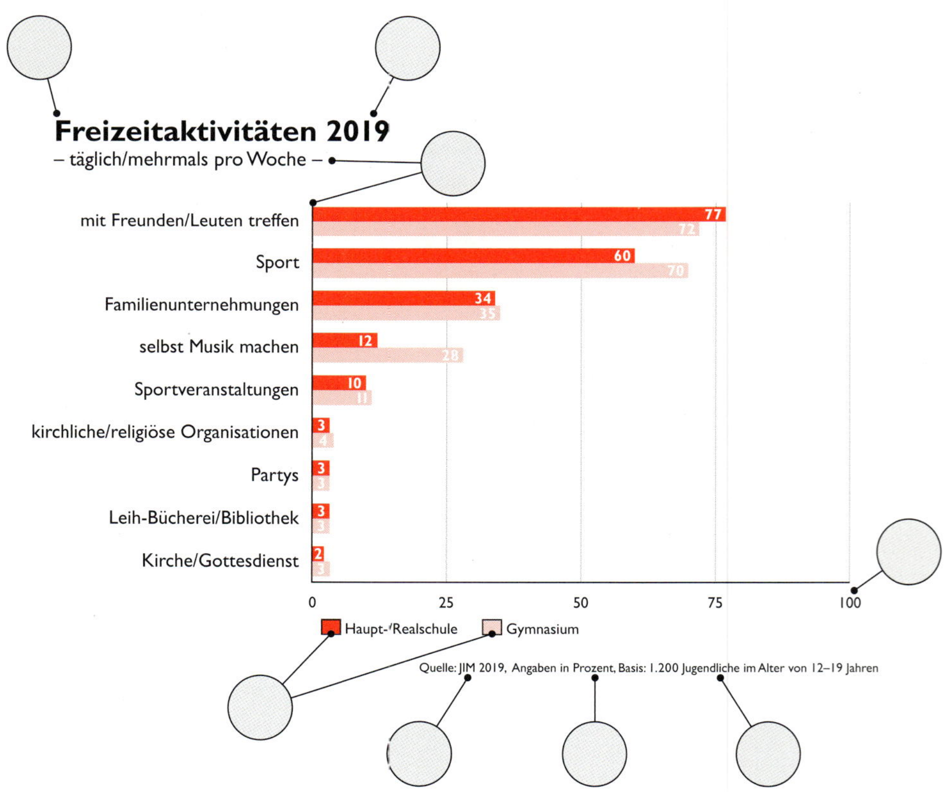

Übung 25

1. Orientiere dich in dem Diagramm und ordne die Fragestellungen aus dem Tipp-Kasten, wo möglich, den jeweiligen Angaben in der Grafik zu. Trage in die Kreise die entsprechenden Nummern ein.

2. Erkläre nun, was im Balkendiagramm dargestellt wird.

3. Entscheide, ob nachfolgende Informationen richtig, falsch oder nicht im Diagramm enthalten sind. Kreuze entsprechend an.

	richtig	falsch	nicht enthalten
Über die Hälfte der befragten Jugendlichen treibt täglich oder mehrmals pro Woche in ihrer Freizeit Sport.	☐	☐	☐
Familienunternehmungen stehen als Freizeitbeschäftigung an oberster Stelle.	☐	☐	☐
Gymnasiastinnen und Gymnasiasten musizieren in ihrer Freizeit häufiger als Haupt- und Realschüler*innen.	☐	☐	☐
Viele Schüler*innen haben in ihrer Freizeit Nachhilfe in mindestens einem Fach.	☐	☐	☐
Sich mit Freundinnen und Freunden zu treffen, ist für Jugendliche die wichtigste Freizeitaktivität.	☐	☐	☐
Das Diagramm ist der JIM-Studie 2018 entnommen.	☐	☐	☐
Die Befragten sind zwischen 12 und 19 Jahren alt.	☐	☐	☐

4.2 Analyse der Aufgabenstellung

Um die Erörterung schreiben zu können, musst du zunächst die Aufgabenstellung analysieren. Frage dich dazu:

- Zu welchem **Thema** soll ich den Aufsatz schreiben?
- Wird das Thema durch weitere Angaben **eingeschränkt**, z. B. auf eine bestimmte Personengruppe?
- Zu welchen beiden **Positionen oder Aspekten** soll ich in der Erörterung Argumente vorbringen?
- Welche **weiteren Hinweise** kann ich der Aufgabenstellung entnehmen, z. B.:
  - Welche Texte soll ich dafür bearbeiten?
  - Werden Hinweise zum Schluss gegeben?
  - Wird noch etwas anderes ausdrücklich erwähnt/verlangt?

Wenn du die Aufgabenstellung vollständig analysiert hast, solltest du überprüfen, ob du dir unter dem Thema etwas vorstellen kannst bzw. es verstehst. Das kann in einem kurzen **Brainstorming** geschehen, bei dem du alles notierst, was dir spontan dazu einfällt. Ist das Thema fachlich anspruchsvoller, ist eine kurze **Definition** sinnvoll. Dabei kann dir auch das Wörterbuch helfen.

Übung 26

1. Lies nachfolgende Aufgabenstellung und bearbeite dann die Aufgaben dazu.

Aufgabenstellung
Erörtere den Nutzen und die Nachteile der Ausübung zahlreicher unterschiedlicher Freizeitaktivitäten von Kindern und Jugendlichen. Verwende dafür den vorliegenden Text „Viel zu verplant" und das Diagramm „Freizeitaktivitäten 2019". Begründe deine eigene Meinung.

a) Nenne das grundlegende Thema und die dazugehörigen Einschränkungen.

Thema: ______________________________

Einschränkung(en): ______________________________

____

b) Nenne die beiden Aspekte, die einander gegenübergestellt werden sollen.

Aspekte der Erörterung: ______________________________

c) Nenne alle weiteren Hinweise, die in der Aufgabenstellung gegeben werden.

Weitere Hinweise: ______________________________

____

____

2. Mache ein kurzes Brainstorming zum Thema „Freizeitaktivitäten" mithilfe eines Clusters (→ Heft). Gehe dabei wie folgt vor:
   - Schreibe zuerst das Thema in einen Kasten in die Mitte eines Blattes.
   - Notiere dann um das Thema herum weitere Begriffe, die dir zum Thema einfallen, und verbinde sie durch Striche mit dem Ausgangskasten.

4.3 Die Einleitung

Die **Einleitung** soll die Leser*innen zum Thema der Erörterung hinführen. Daher besteht eine gelungene Einleitung möglichst aus drei Teilen:

- Die **Hinführung** stimmt die Leser*innen auf das Thema ein.
- Mit den **Basisinformationen zum Ausgangsmaterial** informierst du die Leser*innen darüber, welche Texte und ggf. anderen Materialien Grundlage für deine Erörterung sind.
- Die **Themenfrage** nennt konkret, worum es in deiner Erörterung geht, und leitet zum Hauptteil über.

Beispiel

*Gestern habe ich in den Nachrichten gehört, dass einige Politiker*innen fordern, Smartphones für Schüler*innen unter 16 Jahren auf dem Schulgelände zu verbieten, weil immer wieder gewaltverherrlichendes Videomaterial ausgetauscht wird. (Hinführung: aktueller Anlass) Auch der Internetartikel „Eltern wollen Handyverbot in der Schule“, der am 23.09.2019 auf der Internetseite www.deutsches-schulportal.de erschienen ist, beschäftigt sich mit dem Thema Handyverbot an Schulen und stellt die Ergebnisse einer Elternbefragung zu diesem Thema vor. (Basisinformationen zum Ausgangstext) Daher stellt sich nun die Frage: Ist es sinnvoll, Handys generell in der Schule zu verbieten? (Themenfrage)*

Hinführung zum Thema

Deine Einleitung wird aufgewertet, wenn du darin nicht nur das Thema der Erörterung nennst, sondern möglichst auch eine **Hinführung** verfasst. Diese ist zwar nicht zwingend erforderlich, soll die Leser*innen aber neugierig machen und zeigen, warum das Thema für sie interessant sein könnte. Dazu benutzt du einen sogenannten **Aufhänger**, z. B.

- ein **persönliches Erlebnis**, das du sachlich und wertfrei beschreibst,
- einen **aktuellen Anlass**/eine aktuelle **Entwicklung** (z. B. aus den Medien),
- die **Definition des Themas** (z. B. „Freizeit“),
- eine **Statistik**/das Ergebnis einer **Studie** oder
- ein **Zitat**.

Übung 27

1. Notiere, um welche Art Aufhänger es sich jeweils handelt.
   a) Vorgestern hat ein Lehrer mein Handy beschlagnahmt, weil ich damit auf dem Pausenhof telefoniert habe. Diese sind an unserer Schule verboten.

   ____

   b) Jugendliche können sich nicht mehr konzentrieren und werden in der Schule immer schlechter. Viele Menschen glauben, das liege an dem stetig steigenden Medienkonsum, zu dem in zunehmendem Maße die Benutzung von Smartphones zählt.

   ____

2. Verfasse nun **zwei unterschiedliche** Aufhänger zum Thema „Freizeitaktivitäten von Kindern und Jugendlichen“. (→ Heft)

Basisinformationen zum Ausgangsmaterial

In deiner Einleitung nennst du auch die **Basisinformationen zum Ausgangsmaterial**, also Titel, Verfasser*in, Textsorte, Quellenangabe und Thema der Ausgangstexte bzw. -materialien. Du kannst hier auch kurz schildern, welche Problematik in den Texten genannt wird und welche Schlussfolgerungen die Verfasser*innen offenbar ziehen oder was durch die Texte erreicht werden soll.

Übung 28

1. Trage die geforderten Informationen zum Text „Viel zu verplant“ (Material 1) stichpunktartig in nachfolgende Tabelle ein.

Titel	
Verfasserin	
Textsorte	
Quelle	
Erscheinungsdatum	
Thema	
Welche Problematik wird im Text genannt?	
Welche Schlussfolgerungen zieht die Verfasserin offenbar zum Thema?	
Was soll durch den Text erreicht werden?	

2. Trage nun die geforderten Informationen zur Grafik „Freizeitaktivitäten 2019“ (Material 2) in nachfolgende Tabelle ein.

Titel	
Textart	
Quelle	
Erscheinungsjahr	
Thema	
Was wird in dem Diagramm dargestellt?	
Wie viele Jugendliche wurden befragt und in welchem Alter sind sie?	
In welcher Form werden die Angaben gemacht?	

Überleitung zum Hauptteil: Die Themenfrage

Mit der **Themenfrage** leitest du zum Hauptteil über. Da du eine dialektische Erörterung schreiben sollst, in der also Argumente für und gegen etwas vorgebracht werden sollen, muss die Themenfrage die Möglichkeit bieten, in beide Richtungen zu argumentieren. Sie stellt außerdem den sprachlichen Übergang von der Einleitung zum Hauptteil dar. Die Themenfrage kann als echte Frage oder als Aussage formuliert werden.

Beispiel

- *Frage: Ist es sinnvoll, Handys generell in der Schule zu verbieten?*
- *Aussage: Es stellt sich nun die Frage, ob es sinnvoll ist, Handys generell in der Schule zu verbieten.*

Übung 29

1. Formuliere die Themenfrage zu nachfolgender Aufgabenstellung als Frage und als Aussage.

   Erörtere den Nutzen und die Nachteile der Ausübung zahlreicher unterschiedlicher Freizeitaktivitäten von Kindern und Jugendlichen. Verwende dafür den vorliegenden Text „Viel zu verplant" und das Diagramm „Freizeitaktivitäten 2019". Begründe deine eigene Meinung.

   Frage: ______________________________

   ____

   ____

   Aussage: ______________________________

   ____

   ____

2. Schreibe nun mithilfe deiner Ergebnisse aus den Übungen 27–29 eine vollständige (und interessante) Einleitung zum Thema „Freizeitaktivitäten von Kindern und Jugendlichen". (→ Heft)

Hinweis: Deine Erörterung wird überzeugender, wenn sie sprachlich gut gestaltet ist. Am Ende der einzelnen Kapitel findest du daher einige **Formulierungshilfen**.

Tipp

Wie formulierst du die Einleitung?

Folgende Formulierungen kannst du z. B. in der Einleitung verwenden:

- *Der vorliegende Bericht von … mit dem Titel …, der auf/in … erschienen ist, befasst sich mit …*
- *Im Text … von …, der aus … stammt, geht es um die Frage, ob …*
- *Der Text … von …, der auf/in … veröffentlicht wurde, behandelt das Thema …*
- *Dabei werden zwei Seiten näher betrachtet: …*
- *Einerseits wird aufgezeigt, dass …, andererseits aber auch …*

4.4 Der Hauptteil

Im Hauptteil führst du deine **Argumente** an, die du teilweise dem vorgegebenen Text entnimmst und dir zum Teil selbst ausdenkst. Da du in zwei Richtungen argumentieren sollst, formulierst du eine sogenannte **These** (= Meinung, die du vertrittst) und eine **Antithese** (= Meinung, die du nicht vertrittst). Beide Seiten musst du durch mehrere Argumente stützen. Wichtig ist, dass dein Hauptteil klar strukturiert ist und du nicht zu wenige Argumente aufführst.

Der Hauptteil lässt sich also in **zwei große Teile** gliedern:

- die **These** und die dazugehörigen Argumente und
- die **Antithese** mit den dazugehörigen Argumenten.

Im Aufsatz ordnest du deine Argumente nach dem sogenannten **Sanduhrprinzip** an:

Auf einen Blick

Aufbau der dialektischen Erörterung nach dem Sanduhrprinzip

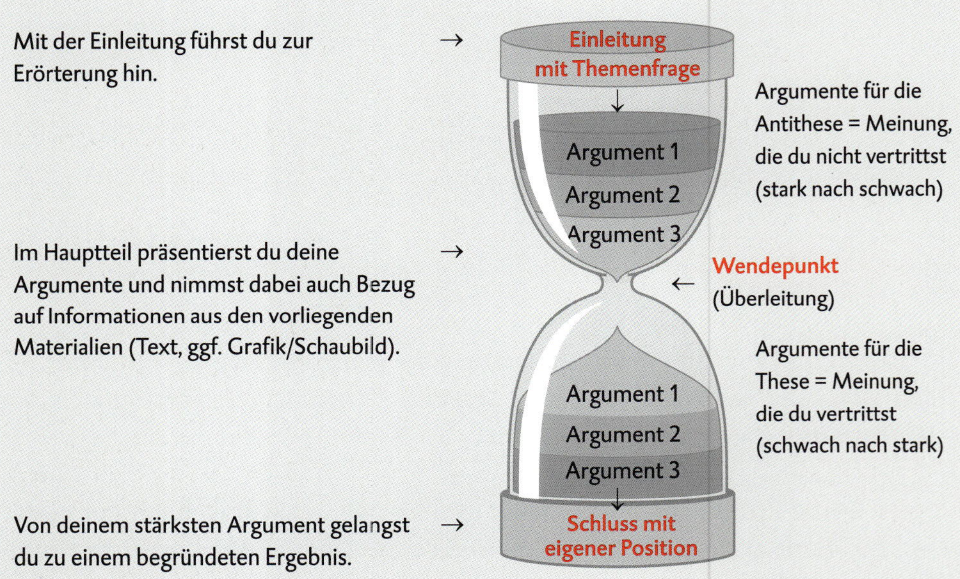

Du beginnst den Hauptteil also mit der **Antithese**. Die dazugehörigen Argumente solltest du so anordnen, dass du mit dem stärksten beginnst und mit dem schwächsten endest – hier möchtest du die Leser*innen deines Aufsatzes nicht zu sehr überzeugen. Nach einer **Überleitung (Wendepunkt)** folgt die **These** mit den dazugehörigen Argumenten. Hier beginnst du mit dem schwächsten Argument. Die Argumente werden dann immer stärker und überzeugender, sodass die Leser*innen deines Aufsatzes am Ende dein bestes Argument im Kopf behalten.

Neben der Anordnung der Argumente ist auch wichtig, dass deine **Argumente vollständig** sind, dass sie also aus Behauptung, Begründung und Beispiel/Beleg bestehen.

Auf einen Blick

Aufbau eines Arguments

Damit ein Argument stichhaltig ist und andere überzeugt, ist es für gewöhnlich dreiteilig aufgebaut und besteht aus **den „3 B"**:

Behauptung = eine Aussage, die die These/Antithese unterstützt

Begründung = eine gute und überzeugende Begründung dafür, warum die Behauptung zutrifft

Beispiel/Beleg = ein konkretes Beispiel, das die Behauptung und Begründung veranschaulicht

Am besten erarbeitest du dir den Hauptteil in **fünf Schritten:**

Schritt für Schritt

Den Hauptteil erarbeiten

Arbeitsschritt 1	Formuliere zunächst die **These** und die **Antithese**.
Arbeitsschritt 2	Lege eine **Stichwortsammlung** an. Berücksichtige dabei sowohl die Informationen und Argumente aus den Ausgangsmaterialien als auch deine eigenen Ideen.
Arbeitsschritt 3	Sortiere nun die Argumente nach ihrer **Stärke**, damit du sie in deinem Aufsatz nach dem Sanduhrprinzip anordnen kannst.
Arbeitsschritt 4	Lege fest, welche **Meinung** du vertreten möchtest. Dies ist für den Aufbau deiner Erörterung wichtig, da du mit der Antithese und den dazugehörigen Argumenten beginnen und mit der These enden musst.
Arbeitsschritt 5	Zuletzt baust du die gesammelten Inhalte zu **vollständigen Argumenten** (Behauptung, Begründung, Beispiel/Beleg) aus.

Schritt 1: These und Antithese formulieren

Formuliere zunächst die **These** und die **Antithese**, damit du später nicht am Thema vorbei argumentierst. Sieh dir dazu noch einmal die Aufgabenstellung und die Themenfrage genau an (siehe Übung 26 oder 29). Noch musst du dich nicht entscheiden, welche Meinung du vertreten willst.

Beispiel

Beispiel für These/Antithese zum Thema „Handyverbot an Schulen":

Es ist nicht sinnvoll, Handys an Schulen generell zu verbieten.	↔	*Es ist sinnvoll, Handys an Schulen generell zu verbieten.*

Übung 30

Formuliere nun eine eigene These und Antithese zum Thema „Freizeitaktivitäten von Kindern und Jugendlichen".

Schritt 2: Stichwortsammlung anlegen

Da du **Informationen aus dem vorliegenden Text** und ggf. dem anderen Material in deine Erörterung einbauen musst, solltest du zunächst nach Inhalten suchen, die für die These oder Antithese sprechen. Diese hältst du in einer **Stichwortsammlung** fest. Du kannst die Informationen in allen Teilen deiner Erörterung einsetzen, z. B. als Ideenquelle für Argumente, die Einleitung und den Schluss oder um deine Argumentation durch Fakten zu ergänzen.
Nachdem du den Text ausgewertet hast, ergänzt du deine Stichwortsammlung in einem weiteren Schritt durch **eigene Ideen für Argumente**. Besonders übersichtlich ist die Darstellung der Stichwortsammlung in einer Tabelle.

Übung 31

1. Suche zum Thema „Freizeitaktivitäten von Kindern und Jugendlichen" zunächst nach Inhalten aus dem Text „Viel zu verplant" (Material 1) und ergänze danach eigene Ideen für Argumente.

	Zahlreiche Freizeitaktivitäten stellen einen Gewinn für Kinder und Jugendliche dar.	**Zu viele Freizeitaktivitäten wirken sich insgesamt negativ auf Kinder und Jugendliche aus.**
passende Inhalte aus dem Text	• *Die Kinder sollen „vielfältige Möglichkeiten zur Entwicklung" (M 1, Z. 25) erhalten.* •	• *Aufgrund der fehlenden Freizeit sind Kinder schon montagmorgens in der Schule erschöpft vom Wochenende.* •

eigene Ideen für Argumente	•	•

2. Fasse die wichtigsten Erkenntnisse aus der Grafik „Freizeitaktivitäten 2019" (Material 2) jeweils in einem Satz zusammen. So kannst du sie später an geeigneter Stelle in deine Erörterung einbauen.

   Hinweis: Das Diagramm „Freizeitaktivitäten 2019" (Material 2) liefert keine Argumente für oder gegen Freizeitaktivitäten, aber Erkenntnisse, die man an anderer Stelle in den Aufsatz einfließen lassen könnte.

   ▶ *Über 30 Prozent der Jugendlichen unternehmen mehrmals pro Woche etwas mit der Familie.* Beispiel

   ▶ ______________________________

   ▶ ______________________________

   ▶ ______________________________

Schritt 3: Stärke der Argumente festlegen

Liste im nächsten Schritt für beide Seiten die Argumente auf, die du in deinen Aufsatz aufnehmen möchtest. Du kannst dafür auch Stichworte verwenden. Überlege jeweils, wie stark du die Argumente einschätzt und sortiere sie von stark (besonders überzeugend) nach schwächer (etwas weniger überzeugend).

Übung 32

Sieh dir die folgenden Stichpunkte an und lege die Stärke fest, indem du sie entsprechend nummerierst (1 = am stärksten, 2 = mittel, 3 = am schwächsten).

	Zahlreiche Freizeitaktivitäten stellen einen Gewinn für Kinder und Jugendliche dar.		*Zu viele Freizeitaktivitäten wirken sich insgesamt negativ auf Kinder und Jugendliche aus.*
☐	Förderung in unterschiedlichen Bereichen durch verschiedene Freizeitaktivitäten	☐	Zu große Anstrengung durch zu viele Aktivitäten
☐	Weniger Langeweile aufgrund zahlreicher Freizeitbeschäftigungen	☐	Positive Auswirkungen auf die Entwicklung durch Langeweile
☐	Kennenlernen von mehr Freunden durch unterschiedliche Aktivitäten	☐	Schlechtere schulische Leistungen durch Freizeitstress

Schritt 4: Selbst Position beziehen

Lege als Nächstes fest, welche **Meinung** du vertreten möchtest. Dies ist für den Aufbau deiner Erörterung wichtig, da du mit der Antithese und den dazugehörigen Argumenten beginnen und mit der These enden musst.

Übung 33

1. Entscheide nun, welche Seite zum Thema „Freizeitaktivitäten von Kindern und Jugendlichen" eher deiner persönlichen Meinung entspricht und kreise die jeweilige Aussage ein. Dies ist deine These.

   Zahlreiche Freizeitaktivitäten stellen einen Gewinn für Kinder und Jugendliche dar.

   Zu viele Freizeitaktivitäten wirken sich insgesamt negativ auf Kinder und Jugendliche aus.

2. Du hast dich nun für eine Seite entschieden. Da du am Ende deines Aufsatzes (im Schluss) auch begründen musst, weshalb du diese Seite vertrittst, solltest du dir die Gründe für deine Entscheidung stichpunktartig notieren.

____

____

____

____

____

____

Schritt 5: Vollständige Argumente formulieren

Im letzten Schritt baust du die gesammelten Inhalte und Ideen zu **vollständigen Argumenten** aus. Diese bestehen aus Behauptung, Begründung und Beispiel/Beleg. Dabei musst du Informationen aus dem vorliegenden Text und ggf. dem anderen Material in deine Argumente einbauen. Wichtig ist auch, dass du die **Quelle** angibst, aus der du die Informationen entnommen hast.
Die einzelnen Argumente dürfen aber nicht isoliert stehen, sondern müssen in einen Fließtext eingebettet werden. Denke also daran, passende **Überleitungen** zwischen den Textteilen und Argumenten zu verwenden.

Beispiel

Durch ein Handyverbot an Schulen sinkt nicht nur die Gefahr von Cybermobbing (Überleitung vom vorherigen Argument), sondern den Schülerinnen und Schülern wird auch „eine störungsfreie Lernzeit" ermöglicht, wie eine Abgeordnete im Europäischen Parlament erklärt (M 1, Z. 84). (Behauptung) Denn so werden die Konzentration und der Unterricht nicht gestört, weil die Kinder und Jugendlichen nicht in Versuchung geraten können, einen Blick auf das Handy zu werfen (Begründung), z. B. weil sie Nachrichten gleich lesen wollen oder überprüfen möchten, ob Freunde etwas Interessantes im Internet gepostet haben. (Beispiele)

Hinweis: Wie du **richtig zitierst**, kannst du auf Seite 29 im Detail nachlesen.

Tipp

Wie gibst du die Quelle in einer textgebundenen Erörterung richtig an?
Je nachdem wie viele Materialien deiner Erörterung zugrunde liegen und um welche Art es sich dabei handelt, unterscheidet sich auch die Quellenangabe. Bei einem ...
- Text: Zeilenangabe in Klammern, z. B. *(Z. xx)*
- Diagramm o. Ä.: Materialnummer (ggf. als Abkürzung), z. B. *(Material 2) oder (M 2)*

Wenn dir in der Prüfung **mehr als ein Text** vorliegt, musst du auch angeben, aus welchen Materialien die Informationen jeweils stammen.
Hierbei stehen dir zwei verschiedene Möglichkeiten zur Auswahl:
- Materialnummer (ggf. als Abkürzung) + Zeilenangabe bei Texten, z. B. *(Material 1, Z. xx)*, *(M1, Z. xx)* oder
- Name der Verfasserin/des Verfassers + Zeilenangabe bei Texten, z. B. *(Levecke, Z. xx)*

Kläre am besten vor der Prüfung mit deiner Lehrerin oder deinem Lehrer, welche Art der Quellenangabe du verwenden sollst.

Übung 34

1. Untersuche den Aufbau der nachfolgenden Argumente. Markiere jeweils Behauptung, Begründung und Beispiel/Beleg in unterschiedlichen Farben. Überlege anschließend, ob das jeweilige Argument deiner Meinung nach formal und inhaltlich gelungen ist.
   a) Argument 1:
   Wenn Kinder und Jugendliche vielfältigere Freizeitbeschäftigungen haben, wird ihnen nicht so schnell langweilig, denn ihre Tage sind besser gefüllt. Wer mehrmals in der Woche einem Hobby nachgeht, der ist beschäftigt und muss nicht erst lange überlegen, was er tun soll.

b) Argument 2:
*Zu viele Aktivitäten sind für zahlreiche Kinder einfach zu anstrengend. Auch Simone Fleischmann, die Präsidentin des Bayerischen Lehrer- und Lehrerinnenverbandes erklärt: „Wenn Kinder ständig Leistung erbringen müssen, sind sie nicht nur körperlich, sondern auch geistig richtig kaputt" (M 1, Z. 44/45). Denn sie haben dadurch zu wenig Erholung. Das merken viele Lehrer*innen zum Beispiel daran, dass Schüler*innen montags ganz erschöpft in die Schule kommen, weil sie am Wochenende zu viel Programm hatten (vgl. M 1, Z. 39–41).*

2. a) Lies dir die folgenden drei Argumente genau durch und kreuze an, welche der drei „B" jeweils vorhanden sind.

		Behauptung	Begründung	Beispiel/ Beleg
1	Freizeitaktivitäten im sportlichen Bereich haben mehrere positive Auswirkungen auf Kinder und Jugendliche, da sie neben der Gesundheit auch andere Bereiche fördern.	☐	☐	☐
2	Musische Aktivitäten sind mehr als nur ein Hobby. So werden beim Musizieren in der Freizeit auch günstige Voraussetzungen für das Lernen und den schulischen Erfolg geschaffen.	☐	☐	☐
3	Denn in „der Beschäftigung mit sich selbst und der Welt entwickeln sich Kreativität, Selbstbewusstsein und innere Stabilität" (M 1, Z. 67/68). So findet ein Kind, das nicht ständig mit Freizeitangeboten beschäftigt ist, eigene Wege, sich die Zeit zu vertreiben, indem es beispielsweise etwas baut, zeichnet oder sich ein eigenes Spiel ausdenkt.	☐	☐	☐

b) Ergänze nun die fehlenden Bausteine in den Argumenten mit Inhalten aus dem Text „Viel zu verplant" (Material 1) und markiere mit einem Sternchen (*), an welcher Stelle du sie jeweils einfügen würdest. Gib auch die Quelle an, der du Informationen entnommen hast.

Ergänzungen:

1 ______________________________

____

____

____

2 ______________________________

____

____

____

3 ______

______

______

______

c) Das Balkendiagramm „Freizeitaktivitäten 2019“ (Material 2) kann vor allem dazu dienen, Aussagen mit Zahlen zu belegen, damit diese noch überzeugender werden.
Welchem Argument aus Aufgabe a könnte man die nachfolgende Ergänzung aus dem Diagramm noch hinzufügen? Kreuze entsprechend an.

Ergänzung aus dem Balkendiagramm:
*Da verwundert es nicht, dass gerade Schüler*innen, die ein Gymnasium besuchen und bei denen der schulische Erfolg vielleicht eine höhere Priorität hat, sogar 28 Prozent musikalisch aktiv sind (vgl. M 2).*

☐ Argument 1 ☐ Argument 2 ☐ Argument 3

3. Suche aus dem Balkendiagramm (Material 2) eine Information heraus, die das nachfolgende Argument noch ergänzen kann. Formuliere anschließend das ganze Argument mitsamt der Ergänzung aus dem Diagramm. (→ Heft)

Argument:
Freizeitaktivitäten im sportlichen Bereich haben mehrere positive Auswirkungen auf Kinder und Jugendliche, da sie neben der Gesundheit auch andere Bereiche fördern.

4. Diese Aufgabe gibt dir Ideen für Argumente zum Thema „Freizeitaktivitäten von Kindern und Jugendlichen“ vor. Formuliere die Stichpunkte jeweils zu vollständigen Argumenten aus. Beziehe dich dabei, wenn möglich, auf die beiden Materialien. (→ Heft)

a) Schlechtere schulische Leistungen durch Freizeitstress

b) Kennenlernen von mehr Freunden durch unterschiedliche Aktivitäten

Tipp

Wie kannst du die Teile der Erörterung und die Argumente miteinander verknüpfen?

- *Auf der einen Seite ist also …, andererseits …*
- *Zu bedenken ist aber auch, dass …*
- *Dem steht allerdings entgegen …*
- *Trotz all dieser Argumente muss man bedenken, dass …*
- *Zunächst …* • *Außerdem …* • *Darüber hinaus …* • *Überdies …*
- *Ein wichtiger Grund ist …* • *Noch wichtiger ist …* • *Besonders wichtig scheint mir …*
- *Nicht zu vergessen …* • *Somit …* • *Folglich …* • *Letztlich …* • *Abschließend …*
- *Ich denke, dass …* • *Meiner Meinung nach …*

4.5 Der Schluss

Dein **Schluss** soll noch einmal die wichtigsten Aspekte zusammenfassen und deutlich zeigen, welche **Position** du vertrittst. In der Regel entspricht deine Meinung der These, sie kann aber auch eine Art Kompromiss zwischen beiden Seiten darstellen (Synthese). Du kannst auch erneut Informationen aus dem Ausgangsmaterial aufgreifen oder mit einem **Appell** an die Leser*innen oder einem **Ausblick** in die Zukunft enden.

Hinweis: Hier solltest du auf keinen Fall neue Argumente vorbringen oder überraschenderweise doch der Antithese zustimmen.

Übung 35

1. Lies den hier formulierten Schluss und markiere in unterschiedlichen Farben, wo sich folgende Elemente finden lassen:
   Zusammenfassung/Fazit – eigene Position – Appell – Ausblick

   *Zusammenfassend lässt sich also feststellen, dass es zwar nachvollziehbare Argumente für ein Handyverbot an Schulen gibt, z. B. die sinkende Gefahr von Cybermobbing, aber die Gegenargumente doch deutlich überzeugender sind. Vor allem der Punkt, dass es sinnvoller ist, Kindern und Jugendlichen einen verantwortungsvollen Umgang mit dem Handy und dem Internet beizubringen, statt diesen pauschal zu verbieten, wiegt schwer. Meiner Meinung nach gehört das Smartphone heute zum Leben einfach dazu und darf daher auch nicht in der Schule verboten werden. Es macht das Leben schließlich in so vielen Bereichen einfacher. Politiker*innen und Lehrer*innen sollten lieber mit den Schülerinnen und Schülern darüber sprechen, wie Smartphones auch den Unterricht vereinfachen und bereichern können, anstatt untereinander über ein Verbot zu diskutieren. Wenn man die Schüler*innen in die Diskussion miteinbezieht, dann lernen nicht nur die Kinder und Jugendlichen etwas dabei, sondern sicher auch die Erwachsenen.*

2. Verfasse nun einen eigenen Schluss zum Thema „Freizeitaktivitäten von Kindern und Jugendlichen". (→ Heft)

Tipp

Wie kann man zum Schlussteil überleiten?

Dafür kannst du z. B. folgende Formulierungen benutzen:

- *Folglich …*
- *Somit lässt sich zusammenfassen, dass …*
- *Abschließend muss man sagen, dass …*
- *Meiner Meinung nach …*
- *Ich denke, …*

4.6 Überprüfen des Geschriebenen

In der Prüfung musst du nach der Fertigstellung des Aufsatzes deinen eigenen Text unbedingt nochmals **kritisch lesen**, mögliche Leichtsinns- und Rechtschreibfehler, fehlende Kommas oder unvollständige Sätze finden und gegebenenfalls unglücklich oder unlogisch formulierte Textstellen **überarbeiten**.

Oft fällt das besonders schwer, zumal du nach Beendigung des Textes einfach froh sein wirst, dass du fertig geworden bist und deine inhaltlichen Punkte abgearbeitet hast. Die Endkorrektur ist aber dennoch sehr wichtig, weil sie hilft, grobe Fehler zu vermeiden. Gönne dir zwischen der Fertigstellung des Textes und dem Korrekturlesen eine kleine Verschnaufpause (wenn es die Zeit zulässt); sonst fallen dir aufgrund des sogenannten Tunnelblicks die meisten Fehler vielleicht gar nicht auf.

Musst du Textstellen abändern und kannst dies aufgrund von Platzproblemen an der entsprechenden Stelle auf deinem Blatt nicht machen, dann streiche Falsches durch, versieh die Stelle mit einem Ergänzungssternchen oder einer Nummer und füge die verbesserte Variante des Satzes oder der Textstelle auf einem gesonderten Blatt hinzu. Auf diese Weise können auch andere versehentlich vergessene Punkte sinnvoll und nachvollziehbar ergänzt werden.

Schritt für Schritt

Gehe beim Korrekturlesen / Überarbeiten deines Textes folgendermaßen vor:

Arbeitsschritt 1 Nimm dir genügend Zeit, deinen Text langsam und gründlich durchzulesen. Plane diese Zeit schon im Vorfeld ein!

Arbeitsschritt 2 Lies den Text nicht nur durch, sondern lies ihn dir sozusagen lautlos vor. Auf diese Weise fallen dir Satzbau- oder Formulierungsfehler am ehesten auf. Auch fehlende Kommas bemerkst du als „Vorleser" schneller.

Arbeitsschritt 3 Achte beim Lesen auf jedes einzelne Wort, aber auch auf deinen Satzbau! Markiere dabei z. B. Textstellen, die sich holprig anhören und später nochmals verändert werden müssen. Kleinigkeiten, z. B. fehlende Wörter oder falsche Endungen, solltest du sofort abändern.

Arbeitsschritt 4 Wenn du dir unsicher bist, ob du bestimmte Begriffe korrekt geschrieben hast, solltest du unbedingt das Wörterbuch nutzen. Auch bei Formulierungsschwierigkeiten kann dir das Wörterbuch helfen.

Arbeitsschritt 5 Achte darauf, dass der Text insgesamt schlüssig klingt. Fallen dir inhaltliche Ungereimtheiten oder Fehler in der Logik auf, dann markiere sie z. B. mit Bleistift am Rand und überarbeite die Textstellen anschließend.

Übung 36

Nimm dir nun eine der **Übungsaufgaben zur Erörterung** vor (Kapitel „Übungsaufgaben im Stil der Abschlussprüfung“) und schreibe einen vollständigen Aufsatz. Gehe vor wie auf den vorhergehenden Seiten beschrieben.
Wenn der erste Entwurf deines Aufsatzes fertig ist, kannst du ihn anhand der nachfolgenden **Checkliste** bewerten. Lies zunächst die Checkliste und anschließend deinen Aufsatz noch einmal. Hake ab, wenn du mit den einzelnen Elementen zufrieden bist, notiere ein X, wenn es noch etwas zu überarbeiten gibt.

Auf einen Blick

Checkliste für eine gelungene Erörterung		✓	X
Einleitung mit Themenfrage	Habe ich möglichst auch eine **Hinführung zum Thema** formuliert, die das Interesse der Leser*innen weckt?		
	Habe ich die geforderten **Basisinformationen** zum vorliegenden Text und ggf. zu den anderen Materialien in die Einleitung eingearbeitet?		
	Habe ich die **Themenfrage** als Überleitung formuliert?		
Hauptteil	Sind **These und Antithese** klar formuliert?		
	Sind **ausreichend viele Argumente** für die These und Antithese aufgeführt?		
	Habe ich meine Erörterung nach dem **Sanduhrprinzip** aufgebaut?		
	Sind die **Argumente vollständig** und bestehen aus Behauptung, Begründung und Beispiel/Beleg?		
Schluss	Habe ich die wichtigsten Argumente noch einmal **zusammengefasst**, ohne zu ausführlich zu werden?		
	Habe ich meine **eigene Position** deutlich genannt und nachvollziehbar begründet?		
	Habe ich als **Abrundung** noch einen Appell, einen Ausblick in die Zukunft oder ein persönliches Fazit verfasst?		
Allgemeines	Habe ich **Informationen aus den Materialien** erkennbar in den Aufsatz eingebaut?		
	Habe ich die Informationen **korrekt zitiert**?		
	Ist der Aufsatz **sprachlich ansprechend**, z. B. im Hinblick auf die Formulierung der Sätze und die Verknüpfung der Argumente und Aufsatzteile?		
	Ist der Aufsatz sauber und **übersichtlich dargestellt**, z. B. mit Absätzen zwischen den einzelnen Abschnitten?		
	Ist der Aufsatz **sprachlich richtig**? Habe ich ihn also noch einmal im Hinblick auf Rechtschreibung, Grammatik und Zeichensetzung überprüft?		

5 Textbeschreibung Lyrik

Im Wahlteil der Prüfung steht dir als **eine der drei** möglichen Aufgaben die **Textbeschreibung Lyrik** zur Auswahl. Die **Lyrik** stellt eine der drei großen literarischen Gattungen dar. Hier geht es um Texte, die in **Versform** gehalten sind und häufig auch **Reime** aufweisen. In der Regel werden sie durch **rhetorische Mittel** sprachlich verschlüsselt und weisen eine sehr **bildhafte Sprache** auf. Es gibt auch Gedichte, z. B. die Ballade, in denen eine Art Geschichte erzählt wird, oftmals handelt es sich bei lyrischen Texten aber eher um eine Verdeutlichung von **Gefühlen, Beziehungen, Naturbeschreibungen** oder anderen Phänomenen und nicht um die Wiedergabe von Handlungsabfolgen.

Interaktive Aufgaben: Textbeschreibung Lyrik

In der Prüfung wird von dir erwartet, dass du in einem Aufsatz einen lyrischen Text beschreibst und analysierst. Die Textbeschreibung ist üblicherweise folgendermaßen aufgebaut:

Auf einen Blick

Aufbau der Textbeschreibung Lyrik	
Einleitung	• Basissatz • geraffte Inhaltszusammenfassung
Hauptteil	Untersuchung verschiedener Aspekte oder Elemente je nach Aufgabenstellung, z. B.: • Aufbau und Form • Sprache und Stil • Figuren
Schluss	• persönliche Stellungnahme zum Text • Transfer • mögliche Absicht der Autorin/des Autors

In diesem Kapitel kannst du dich mit den folgenden Aspekten beschäftigen:
- Erster Umgang mit einem lyrischen Text
- Analyse der Aufgabenstellung
- Schreiben einer Inhaltsangabe (Einleitung)
- Analyse verschiedener Elemente der Textbeschreibung (Hauptteil)
- Formulieren der persönlichen Stellungnahme, des Transfers und der möglichen Absicht der Autorin/des Autors (Schluss)
- Überprüfen des Aufsatzes

5.1 Lesen und Verstehen von Gedichten

Bei der Textbeschreibung Lyrik musst du dich zunächst eingehend mit dem vorliegenden Gedicht beschäftigen und seinen Inhalt erfassen.
Gehe dabei so vor:

Vor dem Lesen

- **Mache dir deine Leseabsicht bewusst:** Du willst Inhalt und Thema des Gedichts erfassen und sprachliche und sonstige Besonderheiten aufspüren.
- **Lies die Überschrift und die Quellenangabe:** Wovon könnte das Gedicht handeln? Welche Informationen kannst du bereits entnehmen? Lasse Assoziationen (spontane Gedanken/Gedankenverknüpfungen) zu und notiere sie.

Während des Lesens

- **Konzentriere dich auf das Lesen:** Bemühe dich, gründlich zu lesen und nicht gedanklich abzuschweifen, stelle dir den Inhalt des Gedichts bildlich vor.
- **Arbeite bereits beim ersten Lesen mit einem Stift:** Mache Randnotizen (z. B. eigene Kommentare oder Fragestellungen), markiere unklare Wörter oder Formulierungen, unterstreiche Wichtiges, hebe Auffälligkeiten hervor.
- **Kläre Unklarheiten,** die dich am Textverständnis hindern: Schlage im Wörterbuch nach oder lies einzelne Verse/das ganze Gedicht nochmals.
- **Fasse zusammen:** Notiere dir für jede Strophe eine knappe Zusammenfassung des Inhalts. Markiere evtl. auch einzelne Handlungsschritte/Sinnabschnitte.

Nach dem ersten Lesen

- **Kläre dein bisheriges Textverständnis:** Welches Thema/welche Themen wird/werden im Gedicht behandelt? Was passiert wem, wann, wo? Erkennst du eine Gesamtaussage?
- **Lies die konkreten Vorgaben der Aufgabenstellung:** Welche Aspekte des Gedichts sollst du genauer unter die Lupe nehmen, deuten und beschreiben? Notiere dir, welche Teilbereiche jeweils untersucht werden müssen.

Nachdem du den Inhalt des Gedichts erfasst hast, geht es darum, im Text Auffälligkeiten bzw. **Besonderheiten von Inhalt und Form** zu **erkennen** und zu **benennen**.
Zusätzlich muss aber auch die **Wirkung**, die das Geschriebene auf die Leser*innen hat (bzw. haben soll), untersucht werden. Dabei hilft es dir, wenn du deine ersten Eindrücke während des Lesens gleich notierst.
Frage dich zum Beispiel:

Welche Assoziationen oder Gefühle löst die eine oder andere Formulierung bei den Leserinnen und Lesern aus? Oder was soll vermutlich ausgelöst werden?

Welche Vermutungen werden geweckt, später verworfen oder bestätigt?

Nimm dir nun Zeit, um das folgende Gedicht zu lesen und zu verstehen. Arbeite mit dem Stift. Erste Notizen sind bereits eingetragen.

Notizen

Also nicht so richtig in der Fremde …?

männliche Person!

Erich Kästner: Sozusagen in der Fremde

Er saß in der großen Stadt Berlin
an einem kleinen Tisch.
Die Stadt war groß, auch ohne ihn.
Er war nicht nötig, wie es schien.
Und rund um ihn war Plüsch.

Die Leute saßen zum Greifen nah,
und er war doch allein.
Und in dem Spiegel, in den er sah,
saßen sie alle noch einmal da,
als müsse das so sein.

Der Saal war blaß vor lauter Licht.
Es roch nach Parfüm und Gebäck.
Er blickte ernst von Gesicht zu Gesicht.
Was er da sah, gefiel ihm nicht.
Er schaute traurig weg.

Er strich das weiße Tischtuch glatt
und blickte in das Glas.
Fast hatte er das Leben satt.
Was wollte er in dieser Stadt,
in der er einsam saß?

Da stand er, in der Stadt Berlin,
auf von dem kleinen Tisch.
Keiner der Menschen kannte ihn.
Da fing er an, den Hut zu ziehn!
Not macht erfinderisch.

Notizen

„großen" / „kleinen" = Gegensatz

Quelle: Erich Kästner: Sozusagen in der Fremde. In: Gesang zwischen den Stühlen. (Kästner für Erwachsene. Ausgewählte Schriften, Bd. 1), Zürich: Atrium Verlag 1983. (Erstveröffentlichung 1932)

Überprüfe dein Textverständnis

1. Ordne die Elemente der **äußeren Handlung** den fünf Strophen des Gedichts zu. Trage dazu die entsprechende Strophennummer in die Kästchen ein.

Übung 37

	Der Mann mustert die Gesichter der Menschen, schaut dann aber wieder weg.
	Der Mann erblickt in einem Spiegel andere Menschen.
	Der Mann steht vom Tisch auf und beginnt, vor den Fremden seinen Hut zu ziehen.
	Ein Mann sitzt in Berlin an einem kleinen Tisch.
	Der Mann streicht das Tischtuch glatt, schaut in sein Glas und fühlt sich einsam.

2. Beantworte kurz die Fragen zum Inhalt.
   a) Welches Problem wird beschrieben?

   b) Inwiefern wird dieses Problem in der letzten Strophe gelöst?

   c) Das Gedicht weist eine Besonderheit im Aufbau auf, denn es gibt eine Art Wendepunkt, wie er für Kurzgeschichten typisch ist. Kannst du diesen benennen und erklären?

5.2 Analyse der Aufgabenstellung

Übung 38

Nachdem du den Text gelesen und verstanden hast, solltest du dir die Aufgabenstellung genau ansehen. Lies dir die folgende Aufgabenstellung gründlich durch.

Aufgabenstellung

Schreibe eine Textbeschreibung zum Gedicht „Sozusagen in der Fremde" von Erich Kästner. Gehe im Hauptteil auf folgende Aspekte ein:

- *Form*
- *Metrum*
- *Ort und Zeit*
- *Figuren*

Schreibe einen zusammenhängenden, gegliederten Text. Achte auf korrekte Sprache und Rechtschreibung, beides wird bewertet.

1. Welche Aspekte der Textbeschreibung werden in der Aufgabenstellung konkret genannt? Antworte in einem ganzen Satz. (→ Heft)

2. Welche anderen Teile musst du in deinen Aufsatz aufnehmen, auch wenn sie nicht ausdrücklich in der Aufgabenstellung genannt werden? (→ Heft)

5.3 Die Einleitung: Inhaltsangabe

Die **Einleitung** der Textbeschreibung Lyrik besteht immer aus einer **Inhaltsangabe**. Der erste Satz der Inhaltsangabe und somit auch deines Aufsatzes ist der sogenannte **Basissatz**. Er vermittelt den Leserinnen und Lesern einen ersten Eindruck von deinen Fähigkeiten. Es ist daher besonders wichtig, dass dieser korrekt und ansprechend formuliert ist. Achte darauf, ein **übergeordnetes Thema** zu finden und nicht nur Handlungsschritte wiederzugeben.

Auf einen Blick

Einleitung der Textbeschreibung

- **Basissatz** mit Titel, Autor*in, Textsorte, Thema und Quellenangabe (Zusätzlich möglich z. B. Angaben zur Biografie der Autorin/des Autors, Epoche)
- Knappe Schilderung von **Inhalt bzw. Handlung des Gedichts** (2–3 Sätze)
- **Sprache:** Sachliche Formulierungen ohne wörtliche Rede und im Präsens!

Übung 39

1. Lies dir die folgende Tabelle mit einer Übersicht über mögliche Formulierungen für deinen Basissatz durch und fülle dann die Lücken in der rechten Spalte.

Formulierung	Beispiel
Das Gedicht (Titel) **von** (Autor*in) **handelt von** (Thema). **Es erschien** (Quelle mit Angabe des Erscheinungsjahrs).	**Das Gedicht** „Sozusagen in der Fremde“ **von** Erich Kästner **handelt von** der Einsamkeit in der Großstadt und davon, wie man diese überwinden kann. **Es erschien** 1983 im Buch „Gesang zwischen den Stühlen“ in Zürich im Atrium Verlag. Die Erstveröffentlichung war 1932.
(Autor*in) **Gedicht** (Titel) **befasst sich mit** (Thema). **Veröffentlicht wurde es** (vollständige Quellenangabe).	Erich Kästners **Gedicht** „Sozusagen in der Fremde“ **befasst sich mit** der Einsamkeit in der Großstadt und damit, wie man diese überwinden kann. **Veröffentlicht wurde es** 1983 im Buch „Gesang zwischen den Stühlen“ in Zürich im Atrium Verlag. Die Erstveröffentlichung war 1932.
Das Gedicht (Titel) **behandelt** (Thema). **Es stammt von** (Autor*in), **die/der** (z. B. Lebensdaten). **Erschienen ist das Gedicht** (vollständige Quellenangabe).	**Das Gedicht** „Sozusagen in der Fremde“ **behandelt** die Einsamkeit in der Großstadt und zeigt auf, wie man diese überwinden kann. **Es stammt von** Erich Kästner, **der** von 1899 bis 1974 lebte. **Erschienen ist das Gedicht** 1983 im Buch „Gesang zwischen den Stühlen“ in Zürich im Atrium Verlag. Die Erstveröffentlichung war 1932.
In dem Gedicht (Titel), **das von** (Autor*in) **verfasst wurde, wird** (Thema) **dargestellt. Das Gedicht stammt aus** (vollständige Quellenangabe).	**In dem Gedicht** „Sozusagen in der Fremde“, **das von** Erich Kästner **verfasst wurde, wird** ______________________ ______________________ **dargestellt** und aufgezeigt, wie man diese überwinden kann. **Das Gedicht stammt aus** ______________________ ______________________ ______________________ ______________________ ______________________

In dem Gedicht (Titel) **von** (Autor*in) **geht es um** (Thema). **Abgedruckt wurde das Gedicht** (vollständige Quellenangabe).	**In dem Gedicht** „Sozusagen in der Fremde“ **von** Erich Kästner
In dem Gedicht (Titel) **von** (Autor*in)**, das** (vollständige Quellenangabe) **erschienen ist, wird** (Thema) **beschrieben.**	

2. Formuliere mithilfe der bereits in Übung 37 zusammengefassten **äußeren Handlung** des Gedichts eine knappe Schilderung des Inhalts, die auf den Basissatz folgen soll (2–3 Sätze). Überlege, welche Informationen du beibehältst und welche du bei der Inhaltsangabe evtl. auch weglassen könntest. Ergänze noch den vermuteten Ort des Geschehens.

   Hinweis: Beachte, dass du nach dem Basissatz direkt mit der Wiedergabe der Handlung beginnst und nicht noch einmal eine einleitende Formulierung wie „In dem Gedicht geht es um …“ verwendest.

5.4 Der Hauptteil: Elemente der Textbeschreibung Lyrik

Im Hauptteil deiner Textbeschreibung musst du dich mit **verschiedenen Elementen** eines vorliegenden Textes beschäftigen, d. h., du musst bestimmte Aspekte, **die in der Aufgabenstellung genannt sind**, untersuchen. Nachdem du deine ersten Eindrücke notiert hast, solltest du den Text auf diese Elemente hin analysieren.

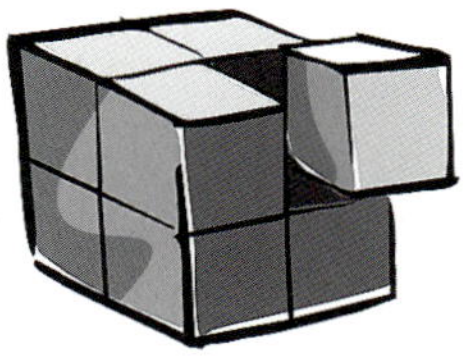

Folgende Elemente solltest du beschreiben können:

Aufbau / Form
- In wie viele Strophen und Verse ist das Gedicht unterteilt?
- Gibt es Reime / ein Reimschema? Gibt es Besonderheiten bezüglich der Reime?
- Gibt es sonstige Besonderheiten, z. B. Anordnung der Verse / Strophen, Schreibweise, besondere Gedichtform?

Metrum / Rhythmus
- Welches Metrum (Versmaß) liegt vor?
- Ist ein Rhythmus zu erkennen?

Atmosphäre
- Wie lassen sich Stimmung und Atmosphäre im Text beschreiben?
- Verändern sie sich im Textverlauf?

Sprache und Stil
- Welche Stilmittel oder sprachlichen Bilder werden verwendet (z. B. Vergleich, Personifikation, Metapher) und welche Wirkung erzeugen sie bzw. was wird durch sie veranschaulicht?
- Liegen Enjambements vor?
- Gibt es sonstige Auffälligkeiten bei der Sprache / Wortwahl?

Ort und Zeit
- Was erfährt man über den Raum / Handlungsort?
- Was erfährt man über die Zeit / Dauer des Geschehens?
- Gibt es konkrete Orts- und Zeitangaben?

Titel
- Welche Assoziationen (erste, spontane Gedanken) löst der Titel bei den Leserinnen und Lesern aus?
- Ändert sich die Deutung des Titels nach dem Lesen des Textes?
- In welcher Beziehung stehen Titel und Inhalt zueinander?
- Gibt es Besonderheiten?

Inhalt
- Was wird im Gedicht beschrieben / behandelt?
- Wie ist der Handlungs- bzw. Konfliktverlauf? Gibt es evtl. eine Art Wendepunkt?
- Gibt es ein Leitmotiv (durchgängiges Thema)?

Perspektive
- Spricht ein lyrisches Ich?
- Gibt es eine Art „Erzählperspektive“?
- Wechselt die Perspektive?
- Welche Wirkung hat diese Perspektive?

Figuren
- Gibt es eine Art Hauptfigur?
- Was erfährt man über Verhalten, Einstellungen und Handlungen der Figuren? Wie bewertest du diese?
- Welche inneren und äußeren Merkmale weisen die Figuren auf?
- Was erfährt man über die Beziehung der Figuren zueinander?
- Welche Eigenschaften und Handlungsmotive der Figuren lassen sich ableiten?

Autoren- / Zeitbezug
- Was weißt du über die Entstehungszeit (evtl. Epoche) des Gedichts bzw. die Zeit, in der die Handlung spielt?
- Was weißt du über die Autorin / den Autor (z. B. Lebensumstände, politische Gesinnung), das in Bezug auf das vorliegende Gedicht interessant ist?

Im Folgenden findest du verschiedene **Informationen und Übungen** zu den Elementen der Textbeschreibung.

Aufbau und Form

Wenn man von der Form eines Gedichts spricht, meint man die **Aufteilung in Verse und Strophen** sowie die **Reimformen**. Bei den Reimformen untersuchst du zunächst, ob ein bestimmtes **Reimschema** vorliegt. Reime werden mit Kleinbuchstaben neben den einzelnen Versen verdeutlicht, z. B.: abab.

Auf einen Blick

Form eines Gedichts

- Als **Vers** bezeichnet man eine Zeile eines Gedichts.
- Eine **Strophe** ist ein Abschnitt eines Gedichts, der meist aus mehreren Versen besteht.
- Ein **Enjambement** ist eine Fortführung der Sinneinheit über das Versende hinaus, das die Leser*innen quasi zwingt, ohne Pause den nächsten Vers weiterzulesen. Auf diese Weise wird das Lesetempo gesteigert. Oft entsteht dadurch der Eindruck von Hektik, Schnelligkeit oder Nervosität, z. B.:

Was tut er, dass
Er nicht mit Schuld belade.

Man unterscheidet folgende Reimschemata:

Paarreim:	aa bb	**Umarmender Reim:**	a bb a
Schweifreim:	aab ccb	**Verschränkter Reim:**	abc abc
Kreuzreim:	ab ab		

Übung 40

1. Aus wie vielen Strophen mit jeweils wie vielen Versen besteht Kästners Gedicht „Sozusagen in der Fremde“?

2. Beschreibe das **Reimschema** im Gedicht „Sozusagen in der Fremde“.

Tipp

Wie beschreibst du die Reimform, wenn die Reime keinem Schema entsprechen?
Nicht immer entspricht das Reimschema eines Gedichts den aufgeführten Reimschemata. Du kannst das Reimschema dennoch beschreiben, indem du die Buchstabenfolge angibst (z. B. *aabba*) und erklärst, welchem Reimschema es vielleicht ähnelt.

Auf einen Blick

Besonderheiten bei Reimen

- **Binnenreim:** Zwei Wörter in derselben Verszeile reimen sich, z. B.: *Er lief und schlief.*
- **Identischer Reim:** Die Reimwörter werden wiederholt, anstatt ein neues Reimwort zu verwenden.
- **Mehrfachreim:** Reim über drei oder mehr Verszeilen (auch *Haufenreim* genannt)
- **Reicher Reim:** nicht nur ein oder zwei Silben, sondern mehrere reimen sich, z. B.: *Sing und Sang/Kling und Klang*
- **Unreiner Reim:** ungenauer oder unvollständiger (aber doch gut erkennbarer) Gleichklang der reimenden Silben bzw. Wörter, z. B.: *küssen – gerissen, müde – Tüte*
- **Waise:** einzelne reimlose Zeile in ansonsten gereimter Dichtung

3. In Kästners Gedicht taucht eine der aufgeführten Besonderheiten bei Reimen auf. Nenne und erkläre sie.

4. Beschreibe die Erkenntnisse, die du zur **Form** von „Sozusagen in der Fremde" gewonnen hast, noch einmal als zusammenhängenden Text. Achte dabei auf ansprechende Formulierungen.

Tipp

Wie formulierst du die Beschreibung der Form eines Gedichts?

Folgende Formulierungen können dir bei der Beschreibung der Form eines Gedichts helfen:

- *Das Gedicht besteht aus … Strophen mit jeweils … Versen.*
- *Das Gedicht setzt sich aus … Strophen mit jeweils … Versen zusammen.*
- *Das Gedicht ist regelmäßig/unregelmäßig aufgebaut, wobei sich jeweils die Verse … reimen.*
- *In … lässt sich folgendes Reimschema erkennen: …*

Metrum/Rhythmus

Das sogenannte **Metrum** gibt die **Folge der betonten und unbetonten Silben** in einem Gedicht an. Sie basiert auf der normalen Sprechweise der Wörter und wird in der Lyrik häufig zu einem festen Schema zusammengefasst.

Beispiele

Bei dem Wort „Liebe“ ist die erste Silbe betont und die zweite unbetont.
Man kann dies folgendermaßen deutlich machen: X x
Das Wort „verlieben“ hat hingegen die Abfolge x X x.

Auf einen Blick

Metrum eines Gedichts

In den folgenden Gedichtausschnitten finden sich die wichtigsten Metren, dabei bezeichnet „X“ eine betonte und „x“ eine unbetonte Silbe.

Das steigende Metrum
Die nachfolgenden beiden Metren werden als steigend bezeichnet, weil sie mit einer unbetonten Silbe beginnen.

Jambus: x X

Der Mond ist aufgegangen	x X x X x X x
Die goldnen Sternlein prangen	x X x X x X x
Am Himmel hell und klar.	x X x X x X

Anapäst: x x X

Und es wallet und siedet und brauset und zischt	x x X x x X x x X x x X
Wie wenn Wasser und Feuer sich mengt	x x X x x X x x X

Das fallende Metrum
Die nachfolgenden beiden Metren werden als fallend bezeichnet, weil sie mit einer betonten Silbe beginnen.

Trochäus: X x

Wieviel Wege ging ich frühlingsgrün,	X x X x X x X x X
wieviel Sommersonnen sah ich glühn!	X x X x X x X x X
Müde ist mein Schritt und grau mein Haar,	X x X x X x X x X
Niemand kennt mich mehr, wie einst ich war.	X x X x X x X x X

Daktylus: X x x

Springende Reiter und flatternde Blüten,	X x x X x x X x x X x
einer voraus mit gescheitelten Locken –	X x x X x x X x x X x
Ist es der Lenz auf geflügeltem Renner?	X x x X x x X x x X x

Übung 41

1. Bestimme jeweils das **Metrum** der vorliegenden Gedichtauszüge und schreibe es auf die Zeile darunter. Zeichne dazu zuerst über eine betonte Silbe ein X. Schreibe über unbetonte Silben ein x. Ein Beispiel ist dir vorgegeben.

Beispiel

a) x X x X x X x X x
Es schlug mein Herz, geschwind zu Pferde!
x X x X x X x X
Es war getan fast eh gedacht.

Der Abend wiegte schon die Erde,

Und an den Bergen hing die Nacht;

Metrum: ______________________

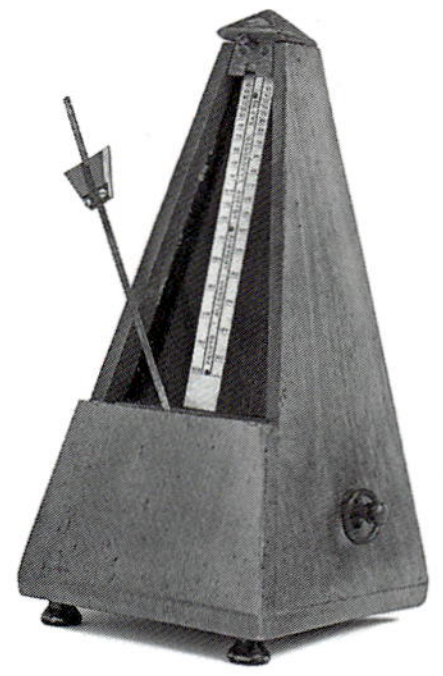

b) *Heute hier, morgen dort,*

bin kaum da, muss ich fort,

hab mich niemals deswegen beklagt.

Metrum: ______________________________

c) *Seht! wie die Tage sich sonnig verklären!*

Blau ist der Himmel und grünend das Land.

Klag' ist ein Misston im Chore der Sphären!

Trägt denn die Schöpfung ein Trauergewand?

Metrum: ______________________________

d) *Grausame, gräuliche,*

Fürchtlich-abscheuliche

Diebische Nacht,

Welche den mutigen,

Menschenmord-blutigen,

Mörder- und Räubern,

Hexen und Zaubern,

Sicherheit macht

Metrum: ______________________________

e) *Hat der alte Hexenmeister*

Sich doch einmal wegbegeben!

Und nun sollen seine Geister

Auch nach meinem Willen Leben!

Metrum: ______________________________

Tipp

Was können Unregelmäßigkeiten beim Metrum bedeuten?
Manchmal wird ein Metrum zwar an sich durchgehalten, aber zur besonderen Hervorhebung kann es z. B. ausnahmsweise sein, dass bei einem Jambus in einer Zeile einmal zwei betonte Silben aufeinanderfolgen.

Auf einen Blick

Freie Rhythmen

Die **moderne Lyrik** weist oft kein durchgängiges oder erkennbares Metrum mehr auf. Dies geht häufig zusammen mit dem Verzicht auf Reime und Groß-/Kleinschreibung. Die Dichtung entzieht sich somit der Regelhaftigkeit äußerer normativer Zwänge und stellt die Aussage über formale Aspekte.

2. Zeichne im Gedicht „Sozusagen in der Fremde" ein, wo du betonte und unbetonte Silben entdeckst. Lies das Gedicht dazu laut und übertrieben betont vor. Markiere eine betonte Silbe wieder mit einem X. Verwende für unbetonte Silben wieder ein x.

Er saß in der großen Stadt Berlin
an einem kleinen Tisch.
Die Stadt war groß, auch ohne ihn.
Er war nicht nötig, wie es schien.
Und rund um ihn war Plüsch.

Die Leute saßen zum Greifen nah,
und er war doch allein.
Und in dem Spiegel, in den er sah,
saßen sie alle noch einmal da,
als müsse das so sein.

Der Saal war blaß vor lauter Licht.
Es roch nach Parfüm und Gebäck.
Er blickte ernst von Gesicht zu Gesicht.
Was er da sah, gefiel ihm nicht.
Er schaute traurig weg.

Er strich das weiße Tischtuch glatt
und blickte in das Glas.
Fast hatte er das Leben satt.
Was wollte er in dieser Stadt,
in der er einsam saß?

Da stand er, in der Stadt Berlin,
auf von dem kleinen Tisch.
Keiner der Menschen kannte ihn.
Da fing er an, den Hut zu ziehn!
Not macht erfinderisch.

Quelle: Erich Kästner: Sozusagen in der Fremde. In: Gesang zwischen den Stühlen. (Kästner für Erwachsene. Ausgewählte Schriften, Bd. 1), Zürich: Atrium Verlag 1983. (Erstveröffentlichung 1932)

3. Beschreibe die Erkenntnisse, die du zum Metrum von „Sozusagen in der Fremde" gewonnen hast, als zusammenhängenden Text. Achte dabei auf ansprechende Formulierungen. (→ Heft)

Tipp

Wie kannst du die Beschreibung des Metrums formulieren?
Folgende Formulierungen können dir bei der Beschreibung des Metrums helfen:
- *Es ist ein/kein durchgängiges Metrum erkennbar, da …*
- *In Vers … folgt auf eine … Silbe immer eine … Silbe.*
- *Im Gedicht … liegt ein fallendes/steigendes Metrum vor, das dem Schema … folgt.*
- *Die Abfolge von betonten und unbetonten Silben entspricht dem Schema … Es liegt also ein … vor.*

Figuren

Übung 42

Beantworte die Fragen zur **Hauptfigur** im Gedicht „Sozusagen in der Fremde".

1. Um wen geht es in diesem Gedicht?

2. Was erfährt man über die Hauptfigur? Beantworte nachfolgende Fragen und trage deine Antworten stichpunktartig in die Tabelle ein.

Fragen	Stichpunkte
Welche Eckdaten erfährt man über die Hauptfigur? (Steckbrief: Geschlecht, Alter, Aussehen, Wohnort …)	
In welcher Beziehung steht die Hauptfigur zu den anderen Menschen? (Beziehung)	
Wie entwickelt sich die Hauptfigur im Laufe des Gedichts? (Entwicklung)	
Warum handelt die Figur am Ende des Gedichts? (Handlungsmotiv)	

3. Fasse nun deine Ergebnisse aus Aufgabe 1 und 2 in einer vollständigen **Figurenbeschreibung** zusammen. (→ Heft)

Hinweis: Formulierungshilfen zur Figurenbeschreibung findest du im Kapitel zur Textbeschreibung Prosa (siehe Übung 56).

Perspektive/lyrisches Ich

Bei diesem Aspekt untersuchst du die Sichtweise, aus der das Gedicht dargestellt wird, und deren Wirkung. Die „Stimme“ eines Gedichts (meist als „lyrisches Ich“ oder „lyrischer/poetischer Sprecher“ bezeichnet) ist **nicht** mit der Autorin oder dem Autor gleichzusetzen.

Auf einen Blick

Lyrisches Ich

Man kann folgende Darstellungsformen unterscheiden:

- Das lyrische Ich ist **deutlich erkennbar** an z. B. Pronomen in der ersten Person („ich“, „mir“).
- Das lyrische Ich tritt **nicht erkennbar** in Erscheinung, es fehlen Personal- oder Possessivpronomen in der ersten Person.

Übung 43

1. Entscheide, ob folgende Aussagen zur **Perspektive** in „Sozusagen in der Fremde“ zutreffen. Kreuze alle richtigen Aussagen an.
   - ☐ Der lyrische Sprecher beschreibt nur die äußere Handlung.
   - ☐ Über die Hauptfigur wird in der 3. Person gesprochen.
   - ☐ Die Perspektive wechselt im Laufe des Gedichts.
   - ☐ Der Sprecher schlüpft in die Rolle eines Mannes aus Berlin.
   - ☐ Der lyrische Sprecher beobachtet die Situation von außen, kennt aber auch die Gefühle des Mannes.
   - ☐ Das Gedicht ist aus der Ich-Perspektive verfasst.

2. Beschreibe, welche **Wirkung** die Perspektive auf die Leser*innen hat. Gehe auch darauf ein, inwiefern die Perspektive zum Inhalt des Gedichts passt.

Tipp

Wie kannst du die Perspektive beschreiben?

Folgende Formulierungen können dir bei der Beschreibung der Perspektive helfen:

- *Das Gedicht ist aus der Sicht eines lyrischen Ichs / lyrischen Sprechers verfasst, was an … erkennbar ist.*
- *Durch die Perspektive … wird … deutlich.*
- *Das lyrische Ich/Der lyrische Sprecher ist deutlich erkennbar/nicht erkennbar, weil …*
- *… deutet darauf hin, dass das Gedicht aus der Perspektive … dargestellt ist.*

Ort und Zeit

Wo und wann die Handlung eines Gedichts spielt, ist oft schwer nachvollziehbar. Nicht immer gibt es konkrete Angaben. Manchmal müssen dazu Rückschlüsse aus einzelnen Worten gezogen werden.

Übung 44

Zu Ort und Zeit der Handlung im Gedicht „Sozusagen in der Fremde" lassen sich nur Mutmaßungen anstellen.

1. Wo spielt die Handlung des Gedichts wahrscheinlich? Beantworte die Frage und begründe kurz deine Entscheidung.

Hinweis: Formulierungshilfen zur Beschreibung des Handlungsorts findest du im Kapitel zur Textbeschreibung Prosa.

2. Kannst du auch Vermutungen zur Tageszeit des Geschehens anstellen? Belege sie am Gedicht.

Tipp

Wie formulierst du deine Vermutungen oder Erkenntnisse zur Zeit?

Folgende Formulierungen können dir bei der Beschreibung der Zeit helfen:

- *Dass sich das Geschehen im Gedicht vermutlich … abspielt, wird an … deutlich.*
- *Wahrscheinlich findet das Geschehen … statt, da …*
- *Es ist anzunehmen, dass das Geschehen im Gedicht … spielt, weil …*
- *Das Geschehen im Gedicht erstreckt sich über einen Zeitraum von …, da …*

Sprache und Stil

Oft werden **Stilfiguren** oder besondere **sprachliche Bilder** eingesetzt, um die beabsichtigte Wirkung zu unterstützen.
Die Beschreibung der Sprache oder der Stilfiguren muss immer mit einer Darstellung der Wirkung, die diese bei den Leserinnen und Lesern auslöst, und dem Inhalt des Textes verknüpft werden.

Übung 45

MindCards und Glossar: Wichtiges wiederholen

1. Ergänze folgende Mindmap, indem du die Aspekte zuordnest, die man im Bereich **Sprache und Stil** untersuchen kann.

Personifikation • Fremdwörter • Befehlssätze • Umgangssprache • indirekte Rede • Ironie • Satzgefüge • Metapher • Stilfiguren • Inversion • Ellipse • Dialekt

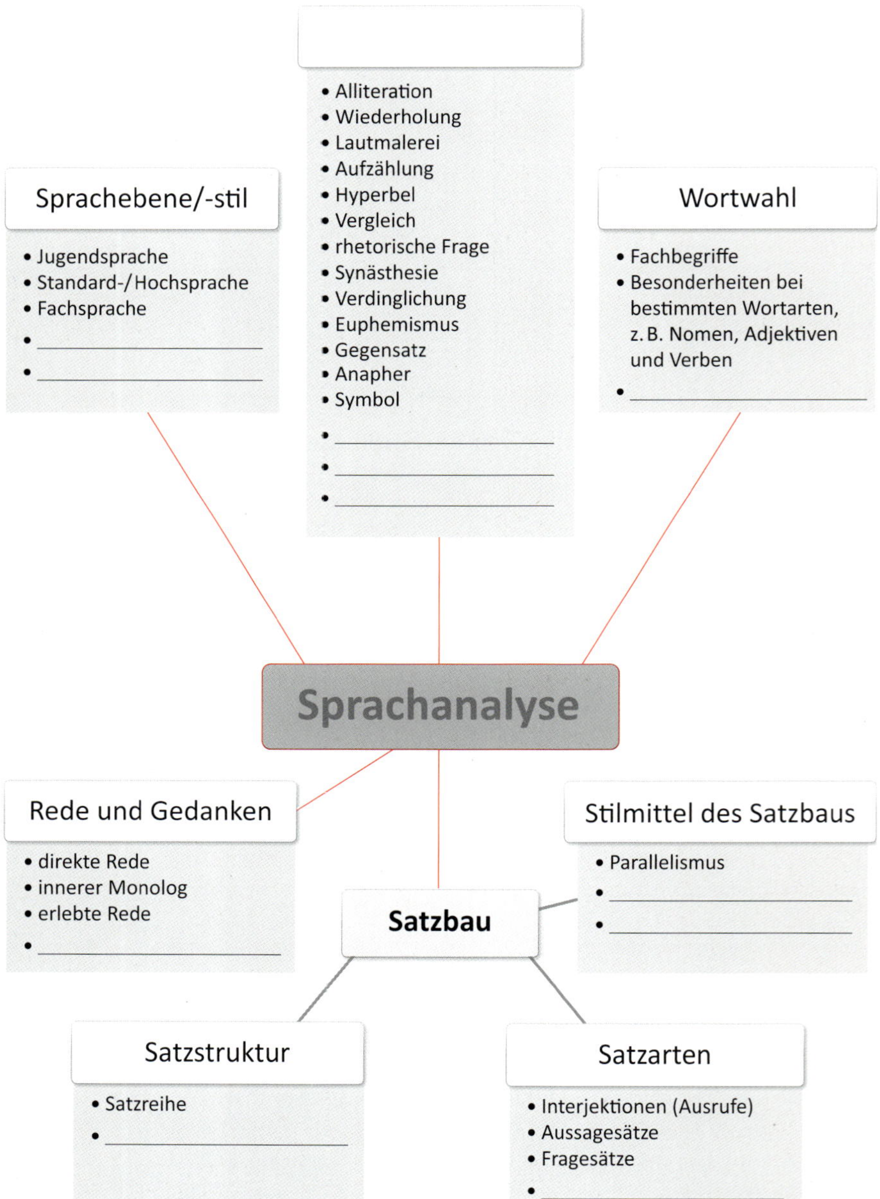

Auf einen Blick

Die wichtigsten Stilfiguren/Stilmittel		
Alliteration	Klangfigur, bei der mehrere Wörter denselben Anlaut bzw. Anfangsbuchstaben haben	*Milch macht müde Männer munter.*
Anapher	Wiederholung eines Wortes oder einer Wortgruppe am Vers- oder Satzanfang	*Er sah nicht in die Ferne, er sah nicht in die Höh'.*
Aufzählung	Aneinanderreihung mehrerer gleichartiger Elemente, z. B. Wörter oder Wortgruppen	*Sonne, Mond und Sterne*
Ellipse	Weglassen von Satzteilen	*Nachts auch. Immerzu.*
Euphemismus	Beschönigende Beschreibung	*„Einschlafen" statt „Sterben"*
Gegensatz	Entgegengesetzte Angaben werden einander gegenübergestellt	*Draußen ist es kalt, drinnen ist es hingegen warm.*
Hyperbel	Starke Übertreibung	*ein Meer von Tränen*
Inversion	Umstellung eines Satzes, um etwas in den Vordergrund zu rücken, zu verdeutlichen und auf es aufmerksam zu machen	*„Aufsteigt die Sonne" statt „Die Sonne steigt auf"*
Ironie	Verfremdende Äußerung, die das Gegenteil dessen meint, was eigentlich gesagt wird	*Du bist mir ja ein schöner Freund!*
Lautmalerei (Onomatopoesie)	Mit Worten und Buchstaben werden (Natur-)Laute bzw. Geräusche nachempfunden oder nachgeahmt	*miau, piff paff, kuckuck*
Metapher	Ausdruck, der im übertragenen Sinn zu verstehen ist	*Wüstenschiff (= Kamel)*
Parallelismus	Wiederholung gleicher Satzbauelemente	*Sie sehen fern. Sie hören weit.*
Personifikation	Etwas eigentlich Unbelebtes wird mit menschlichen Fähigkeiten dargestellt	*Die Sonne lacht.*
Rhetorische Frage	Keine echte Frage, sondern eine Aussage in Frageform, auf die man keine Antwort erwartet	*Seid ihr nicht mehr ganz sauber?; Machen wir nicht alle manchmal einen Fehler?*
Symbol	Ein Sinnbild, das auf etwas Allgemeines verweist	*Taube = Symbol für Frieden, Herz = Liebe*
Synästhesie	Verbindung verschiedener Sinneswahrnehmungen	*ein kaltes Blau (kalt = fühlen, Blau = sehen)*
Verdinglichung	Menschen oder Tiere werden mit Eigenschaften von Dingen dargestellt	*die zwei Fassaden Leute*
Vergleich	Verknüpfung zweier Bedeutungsbereiche, erkennbar am Wörtchen „wie"	*Er singt wie ein Engel.*
Wiederholung	Wörter, Satzteile oder ganze Sätze tauchen im Text mehrfach auf	*Mal mit und mal ohne. Mal frei, mal bedeckt.*

MindCards

2. Um welche **Stilfigur** handelt es sich? Trage die passenden Fachbegriffe ein.

Hinweis: Falls du dir bei den verschiedenen Stilfiguren noch unsicher bist, dann übe sie zuerst mit den **digitalen Lernkarten (MindCards)**. Du kannst sie auch über den **QR-Code** am Rand abrufen.

Beispiel	Stilmittel
rot wie Blut	
Kopf hoch!	
kaltes Schweigen	
still und starr	
stummer Schrei	
Er bringt mich auf die Palme.	
am Fuß des Berges	
Der Tornado wütet.	
Ich habe es dir tausendmal gesagt!	
Noch träumen Wald und Wiesen.	
Wer glaubt das schon?	
Er schaut nicht in die Felsenriffe, *Er schaut nur hinauf in die Höh'.*	

3. In den drei Spalten findest du jeweils ein Zitat aus Kästners Gedicht „Sozusagen in der Fremde“, eine Stilfigur und eine Deutung oder Erläuterung der Wirkung. Finde die zusammengehörigen Felder und verbinde sie mit Linien.

Zitat	Stilfigur	Deutung/Wirkung
Und rund um ihn war Plüsch.	Rhetorische Frage	Durch die Umstellung des Satzes, bei dem „von dem kleinen Tisch“ nach hinten verschoben wurde, werden sowohl die aktive Tätigkeit des Aufstehens als auch der kleine Tisch besonders hervorgehoben.
Was wollte er in dieser Stadt, / in der er einsam saß?	Inversion	Diese Frage ist nicht ernst gemeint, da sie keiner Antwort bedarf. Vielmehr soll sie ausdrücken, dass die Hauptfigur des Gedichts das Gefühl hat, sie habe in der Großstadt eigentlich nichts verloren und sollte möglicherweise die Stadt verlassen.
Da stand er, in der Stadt Berlin, / auf von dem kleinen Tisch.	Symbol	Das Wort „Plüsch“ gehört eigentlich in den Bereich der Stoffe und Polster. Es bezeichnet etwas Weiches, Kuscheliges, das Geborgenheit vermittelt, wie etwa ein Plüschbär. Hier ist es sowohl eine Anspielung auf die gepolsterten Sitze des Cafés als auch ein Zeichen für die Gemütlichkeit und das Sich-Wohlfühlen – Gefühle also, welche die anderen Cafébesucher empfinden, nicht aber der Mann.

4. Formuliere nun mithilfe deiner Erkenntnisse aus Aufgabe 3 einen zusammenhängenden Text über Sprache und Stil des Gedichts „Sozusagen in der Fremde“ von Erich Kästner. (→ Heft)

Tipp

Wie beschreibst du Sprache und Stil in Verbindung mit dem Inhalt?

Folgende Formulierungen können dir bei der Beschreibung von Sprache und Stil helfen:

- *… dient der Verstärkung/Hervorhebung von …*
- *… veranschaulicht/unterstreicht/verdeutlicht …*
- *… bewirkt/zeigt/macht deutlich, dass …*
- *Diese inhaltliche Veränderung spiegelt sich in … wider.*
- *Die Ausdrucksweise/Formulierung … steht im Widerspruch zum Inhalt/unterstreicht den Inhalt.*
- *Die Aussage wird durch … unterstützt/untermauert/verstärkt/abgeschwächt.*

Atmosphäre

Durch besondere Formulierungen oder den Satzbau kann den Leserinnen und Lesern eine bestimmte Stimmung bzw. Atmosphäre vermittelt werden.

Übung 46

1. Ordne jeder Strophe des Gedichts die Formulierung zu, die die jeweilige **Atmosphäre** am besten beschreibt. Die Gefühle des Mannes spiegeln diese wider, achte daher besonders auf die im Gedicht genannten Adjektive.

traurig • neue Zuversicht • ernst • voller Tatendrang • des Lebens müde • allein unter Menschen • verzweifelt • fühlt sich klein und unbedeutend

Sozusagen in der Fremde	**Atmosphäre**
Er saß in der großen Stadt Berlin an einem kleinen Tisch. Die Stadt war groß, auch ohne ihn. Er war nicht nötig, wie es schien. Und rund um ihn war Plüsch.	
Die Leute saßen zum Greifen nah, und er war doch allein. Und in dem Spiegel, in den er sah, saßen sie alle noch einmal da, als müsse das so sein.	
Der Saal war blaß vor lauter Licht. Es roch nach Parfüm und Gebäck. Er blickte ernst von Gesicht zu Gesicht. Was er da sah, gefiel ihm nicht. Er schaute traurig weg.	
Er strich das weiße Tischtuch glatt und blickte in das Glas. Fast hatte er das Leben satt. Was wollte er in dieser Stadt, in der er einsam saß?	
Da stand er, in der Stadt Berlin, auf von dem kleinen Tisch. Keiner der Menschen kannte ihn. Da fing er an, den Hut zu ziehn! Not macht erfinderisch.	

Quelle: Erich Kästner: Sozusagen in der Fremde. In: Gesang zwischen den Stühlen. (Kästner für Erwachsene. Ausgewählte Schriften, Bd. 1), Zürich: Atrium Verlag 1983. (Erstveröffentlichung 1932)

2. Formuliere nun mithilfe deiner Erkenntnisse aus Aufgabe 1 einen zusammenhängenden Text über die Atmosphäre im Gedicht. (→ Heft)

Tipp

Wie formulierst du die Beschreibung der Atmosphäre?

Folgende Formulierungen können dir bei der Beschreibung der Atmosphäre helfen:

- *Im Gedicht herrscht eine … Atmosphäre. Diese wird vor allem durch … erzeugt.*
- *Die Atmosphäre im Gedicht verändert sich von Strophe zu Strophe, das erkennt man an …*
- *In Strophe/Vers … kippt/verbessert sich die Stimmung plötzlich, als …*

Titel

Übung 47

Denke noch einmal über deine Empfindungen beim Lesen des Titels nach. Welche Assoziationen hattest du beim ersten Lesen? Haben sich deine Vermutungen nach dem Lesen des Gedichts bestätigt? Wie ist der **Zusammenhang von Titel und Gedichtinhalt**? Formuliere zusammenhängende Sätze zu deinen Überlegungen, verzichte aber darauf, in der Ich-Form zu schreiben, sondern formuliere allgemeiner. Verwende dafür folgende Satzanfänge:

- Beim ersten Lesen des Titels ahnt man bereits, dass ______________________

  ____

- Dies bestätigt sich ____

  ____

- Der Titel des Gedichts lenkt den Blick der Leser*innen also gleich __________

  ____

Autoren-/Zeitbezug

Auf einen Blick

Autoren- und Zeitbezug

Erich Kästner wurde 1899 in Dresden geboren und studierte in Leipzig, Rostock und Berlin die Fächer Germanistik, Geschichte, Philosophie und Theatergeschichte. Er arbeitete unter anderem als Theaterkritiker, freier Mitarbeiter verschiedener Zeitungen und als Schriftsteller. Er verfasste zahlreiche Gedichte, aber auch Kinder- und Jugendbücher sowie Romane für Erwachsene.
In seinen Gedichten beschäftigte sich Kästner mit alltäglichen Problemen der „kleinen Leute", also der einfachen Bevölkerung. Er vermittelte Werte und kritisierte – oft auf humorvolle oder ironische Art und Weise – Missstände in Politik und Gesellschaft. Er wollte dazu beitragen, die Welt zu verbessern.
Schon vor 1933 war Kästner ein sehr erfolgreicher Autor. Da er dem nationalsozialistischen Regime ablehnend gegenüberstand, wurde er aus dem Schriftstellerverband ausgeschlossen. Bei der Bücherverbrennung 1935 wurden auch seine Werke verbrannt und er durfte in Deutschland zunächst nicht mehr veröffentlichen.
Nach dem Ende des Zweiten Weltkriegs zog Kästner nach München, wo er 1974 starb. Erich Kästner erhielt zahlreiche Literaturpreise und seine Werke sind international bekannt.

Übung 48

Stelle einen Zusammenhang zwischen den Informationen über Erich Kästner und dem Inhalt seines Gedichts „Sozusagen in der Fremde" her. (→ Heft)

Tipp

Wie formulierst du die Beschreibung des Autoren-/Zeitbezugs?
Folgende Formulierungen können dir bei der Beschreibung des Autoren-/Zeitbezugs helfen:

- *Ähnlich wie die Hauptfigur im Gedicht … hat/ist auch die Autorin/der Autor …*
- *Die Autorin/Der Autor hat sich intensiv mit … auseinandergesetzt, das zeigt sich auch im Gedicht …*
- *Es sind Parallelen zwischen … der Autorin/des Autors und dem Thema des Gedichts/Geschehen im Gedicht erkennbar, z. B. …*

5.5 Der Schluss: Stellungnahme, Transfer, Autorenintention

Auch der **Schlussteil** deiner Textbeschreibung darf nicht vernachlässigt werden, da den Leserinnen und Lesern besonders der Anfang und das Ende eines Textes im Gedächtnis bleiben. Hier sollst du eine **persönliche Stellungnahme** verfassen und einen **Transfer** leisten, bei dem du die Situation, das Thema oder das Verhalten auf dein eigenes Leben oder die heutige Gesellschaft überträgst. Außerdem solltest du die **mögliche Absicht** (Intention) der Autorin oder des Autors beschreiben.

Auf einen Blick

Schluss der Textbeschreibung

Persönliche Stellungnahme
- Was spricht dich am Gedicht an?
- Was irritiert dich oder macht dich nachdenklich?
- Wie stehst du zum Inhalt oder Thema des Textes?

Transfer
- Kannst du das Thema oder den Inhalt auf dein **eigenes Leben** oder die **heutige Gesellschaft** übertragen?
- Kannst du das Thema oder den Inhalt auf **andere Lebensbereiche** übertragen?

Mögliche Absicht der Autorin/des Autors
- Welches **Thema oder Problem** hat die Autorin/der Autor (beispielhaft) aufgegriffen?
- Ist die **Einstellung** der Autorin/des Autors zum Thema erkennbar? Woran?
- Welche **Absicht** könnte die Autorin/der Autor mit dem Text verfolgt haben? Soll der Text z. B. informieren, unterhalten, auf mögliche Missstände aufmerksam machen?

Übung 49

1. Beantworte nachfolgende Fragen zum Gedicht „Sozusagen in der Fremde“ in Stichpunkten.

	Fragen	Stichpunkte
persönliche Stellungnahme	Was spricht dich am Gedicht an (inhaltlich, bezüglich Form, Stil usw.)?	
	Gibt es etwas, das dich irritiert oder nachdenklich stimmt?	
	Aus welchem Grund findest du das Gedicht gelungen (oder auch nicht)?	

Transfer	Hast du selbst schon etwas Vergleichbares erlebt oder beobachtet?	
	Kannst du die dargestellte Situation auf andere Lebensbereiche übertragen?	
	Wie würdest du dich in der Situation der Hauptfigur verhalten?	
	Inwiefern ist das Geschehen/ Thema heute noch aktuell?	
mögliche Absicht des Autors	Welches Problem/ Thema behandelt der Autor?	
	Erkennt man die Einstellung des Autors zum Thema? Wenn ja, woran?	
	Welche Absicht könnte der Autor mit dem Gedicht verfolgen?	

2. Schreibe mithilfe deiner Erkenntnisse aus Aufgabe 1 nun einen **Schlussteil**, bei dem du für die persönliche Stellungnahme, den Transfer und die mögliche Absicht des Autors jeweils einen eigenen Abschnitt verfasst. Achte dabei auf ansprechende Formulierungen. (→ Heft)

5.6 Überprüfen des Geschriebenen

In der Prüfung musst du deinen Text nach der Fertigstellung unbedingt noch einmal **kritisch lesen und verbessern**. Wie du beim Überarbeiten deines Textes am besten vorgehst, zeigt dir die Schritt-für-Schritt-Anleitung in Kapitel 4.6.

Übung 50

Nimm dir nun eine der **Übungsaufgaben zur Textbeschreibung Lyrik** vor (Kapitel „Übungsaufgaben im Stil der Abschlussprüfung“) und schreibe eine vollständige Textbeschreibung. Überprüfe deinen Aufsatz anschließend anhand der nachfolgenden **Checkliste**. Hake ab, wenn du mit den einzelnen Elementen zufrieden bist, notiere ein X, wenn es noch etwas zu überarbeiten gibt.

Auf einen Blick

Checkliste für eine gelungene Textbeschreibung		✓	X
Einleitung mit Basissatz und geraffter Inhaltswiedergabe	Werden im **Basissatz** der Titel des Textes, die Autorin/der Autor, die Textsorte, die Quelle und das Thema genannt?		
	Habe ich bei der **Formulierung des Themas** darauf geachtet, dass es nicht nur die Handlungsschritte wiedergibt?		
	Habe ich gegebenenfalls **zusätzliche Informationen** über die Autorin/den Autor in der Einleitung erwähnt? **Tipp:** Im Wörterbuch findet man manchmal weiterführende Informationen wie Lebensdaten oder Angaben zur Epoche.		
	Sind die **wesentlichen Inhalte** bzw. wichtigsten Handlungsschritte des Textes verständlich zusammengefasst?		
Hauptteil mit Schwerpunkten der Aufgabenstellung	Habe ich **alle in der Aufgabenstellung geforderten Aspekte** des Textes bearbeitet und ausführlich genug behandelt? **Tipp:** Überlege noch einmal, welche Teilaspekte bei jedem Element der Textbeschreibung untersucht werden können.		
	Habe ich **einleitende Formulierungen** verwendet, die verdeutlichen, welcher Aspekt der Aufgabenstellung beschrieben wird?		
	Habe ich alle **Aussagen/Erkenntnisse** mit Zitaten oder Textverweisen **belegt** und diese **korrekt gekennzeichnet**?		
	Wird immer klar, welche **Wirkung** die jeweilige Textstelle hat?		
	Habe ich die korrekten **Fachbegriffe** verwendet, z. B. bei den Stilfiguren?		
Schluss mit Stellungnahme, Transfer, Autorenintention	Habe ich klar benannt, welches **Thema** der Text meiner Meinung nach aufgreift und welche **mögliche Botschaft** damit an die Leser*innen gesendet wird (Autorenintention)?		
	Habe ich dargelegt und begründet, wie ich über den Text und das Thema denke (persönliche **Stellungnahme**)?		
	Habe ich beschrieben, inwiefern sich das **Thema/die Aussage des Texts** z. B. auch auf andere Lebensbereiche oder die heutige Gesellschaft **übertragen** lässt (Transfer)?		
Allgemeines	Habe ich mir den Aufsatz **mehrmals durchgelesen** und überprüft, ob die Formulierungen und der **Satzbau korrekt** sind?		
	Ist mein Aufsatz **sprachlich ansprechend gestaltet**?		
	Ist der Aufsatz sauber und **übersichtlich dargestellt** (Absätze, lesbare Schrift, ggf. nachvollziehbare Ergänzungen)?		
	Ist die **Rechtschreibung** im Aufsatz korrekt? **Tipp:** Nimm bei Unsicherheiten das Wörterbuch zu Hilfe.		

6 Textbeschreibung Prosa

Interaktive Aufgaben: Textbeschreibung Prosa

Im Wahlteil der Prüfung steht dir als **eine der drei** möglichen Aufgaben auch die **Textbeschreibung Prosa** zur Auswahl. Grundlage für diese Textbeschreibung ist **meist eine Kurzgeschichte**, denkbar sind aber auch andere kurze Prosatexte. Prosatexte gehören zur literarischen Gattung der Epik. Als Prosa werden Texte bezeichnet, die weder durch Verse, Reime noch Rhythmus (Metrum) gebunden sind, man bezeichnet sie daher auch als **ungebundene Rede**. Diese umfasst die Alltagssprache, aber auch die künstlerisch gestaltete Form in der Literatur, z. B. Romane, Novellen, Erzählungen, Märchen, Sagen oder Fabeln.

In der Prüfung wird von dir erwartet, dass du den vorliegenden Text analysierst, z. B. im Hinblick auf die Aspekte Inhalt, Sprache, Aufbau, und die gewonnenen Erkenntnisse anschließend in einem Aufsatz beschreibst und deutest. Die Gesamtaussage des Textes soll abschließend verdeutlicht und auf andere Lebensbereiche, beispielsweise persönliche Erfahrungen, übertragen werden. Die Textbeschreibung ist üblicherweise folgendermaßen aufgebaut:

Auf einen Blick

Aufbau der Textbeschreibung Prosa	
Einleitung	• Basissatz • geraffte Inhaltszusammenfassung
Hauptteil	Untersuchung verschiedener Aspekte oder Elemente je nach Aufgabenstellung, z. B.: • Aufbau und Merkmale der Textsorte • Sprache und Stil • Figuren und Figurenkonstellation • Ort und Zeit
Schluss	• persönliche Stellungnahme zum Text • Transfer • mögliche Absicht der Autorin/des Autors

In diesem Kapitel kannst du dich mit den folgenden Aspekten beschäftigen:

- Erster Umgang mit einem Prosatext/einer Kurzgeschichte
- Analyse der Aufgabenstellung
- Schreiben einer Inhaltsangabe (Einleitung)
- Analyse verschiedener Elemente der Textbeschreibung (Hauptteil)
- Formulieren der persönlichen Stellungnahme, des Transfers und der möglichen Absicht der Autorin/des Autors (Schluss)
- Überprüfen des Aufsatzes

6.1 Lesen und Verstehen von Prosatexten

Auch bei der Textbeschreibung Prosa steht die eingehende Beschäftigung mit dem vorliegenden Text an erster Stelle. Bevor du einen literarischen Text beschreiben kannst, musst du zunächst seinen Inhalt erfassen.
Gehe dabei so vor:

Vor dem Lesen

- **Mache dir deine Leseabsicht bewusst:** Du willst Inhalt und Thema des Textes erfassen und sprachliche und sonstige Besonderheiten aufspüren.
- **Lies die Überschrift und die Quellenangabe:** Wovon könnte der Text handeln? Welche Informationen kannst du bereits entnehmen? Lasse Assoziationen (spontane Gedanken/Gedankenverknüpfungen) zu und notiere sie.

Während des Lesens

- **Konzentriere dich auf das Lesen:** Bemühe dich, gründlich zu lesen und nicht gedanklich abzuschweifen, stelle dir den Inhalt des Textes wie in einem Film bildlich vor.
- **Arbeite bereits beim ersten Lesen mit einem Stift:** Mache Randnotizen (z. B. eigene Kommentare oder Fragestellungen), markiere unklare Wörter oder Formulierungen, unterstreiche Wichtiges, hebe Auffälligkeiten hervor.
- **Kläre Unklarheiten,** die dich am Textverständnis hindern: Schlage im Wörterbuch nach oder lies einzelne Textstellen nochmals.
- **Kennzeichne Sinnabschnitte:** Markiere einzelne Handlungsschritte, notiere evtl. Zwischenüberschriften.

Nach dem ersten Lesen

- **Kläre dein bisheriges Textverständnis:** Welches Thema/welche Themen wird/werden im Text behandelt? Was passiert wem, wann, wo? Erkennst du eine Gesamtaussage?
- **Lies die konkreten Vorgaben der Aufgabenstellung:** Welche Aspekte des Textes sollst du genauer unter die Lupe nehmen, deuten und beschreiben? Notiere dir, welche Teilbereiche jeweils untersucht werden müssen.

Nachdem du den Inhalt des Textes erfasst hast, geht es darum, Auffälligkeiten bzw. **Besonderheiten von Inhalt und Form** zu **erkennen** und zu **benennen**. Zusätzlich muss aber auch die **Wirkung**, die das Geschriebene auf die Leser*innen hat oder haben soll, beschrieben werden. Dabei hilft es dir, wenn du deine ersten Eindrücke während des Lesens gleich notierst.
Frage dich zum Beispiel:

Welche Assoziationen oder Gefühle löst die eine oder andere Formulierung bei den Leserinnen und Lesern aus? Oder was soll vermutlich ausgelöst werden?

Welche Vermutungen werden geweckt, später verworfen oder bestätigt?

Nimm dir nun Zeit, um den folgenden Text zu lesen und zu verstehen. Arbeite mit dem Stift.

Paul Watzlawick: Die Geschichte mit dem Hammer

Notizen

Ein Mann will ein Bild aufhängen. Den Nagel hat er, nicht aber den Hammer. Der Nachbar hat einen. Also beschließt unser Mann hinüberzugehen und ihn auszuborgen.
Doch da kommt ihm ein Zweifel: Was, wenn der Nachbar mir den Hammer nicht leihen will? Gestern schon grüßte er mich nur so flüchtig. Vielleicht war er in Eile. Aber vielleicht war die Eile nur vorgeschützt und er hat etwas gegen mich. Und was?
Ich habe ihm nichts angetan; der bildet sich da etwas ein. Wenn jemand von mir ein Werkzeug borgen wollte, ich gäbe es ihm sofort. Und warum er nicht? Wie kann man einem Mitmenschen einen so einfachen Gefallen abschlagen?
Leute wie dieser Kerl vergiften einem das Leben. Und dann bildet er sich noch ein, ich sei auf ihn angewiesen. Bloß weil er einen Hammer hat. Jetzt reicht's mir wirklich. –
Und so stürmt er hinüber, läutet, der Nachbar öffnet, doch noch bevor er „guten Tag“ sagen kann, schreit ihn unser Mann an: „Behalten Sie sich Ihren Hammer, Sie Rüpel!“

Quelle: Paul Watzlawick: Die Geschichte mit dem Hammer. In: Anleitung zum Unglücklichsein. München: Piper Verlag 2005. (Erstveröffentlichung 1983)

Überprüfe dein Textverständnis

1. Lies den Text abschnittsweise durch. Schreibe **Assoziationen und erste Eindrücke** jeweils gleich nach dem Lesen jedes Abschnitts auf – entweder direkt neben den Text oder auf ein separates Blatt. Es können Gefühle, Vermutungen, Vorstellungen, Fragen oder andere Kommentare sein.

Übung 51

Tipp

Wie kannst du deine ersten Eindrücke und Vermutungen beschreiben?
Mit der Methode des lauten Denkens kannst du erste Gedanken und spontane Eindrücke auf den Punkt bringen. Folgende (gedankliche) Formulierungen können dir dabei helfen:

- *Ich vermute …*
- *Ich glaube, im nächsten Abschnitt …*
- *Ich könnte mir vorstellen, dass am Ende …*
- *Das hört sich an, als ob …*
- *Ich stelle mir vor …*
- *Das sieht für mich aus, als ob …*
- *Ich habe nicht erwartet, dass …*
- *Dies ist so ähnlich wie …*
- *Das erinnert mich an …*
- *Ich war verwirrt, als …*

2. Vervollständige die folgenden Aussagen jeweils mit dem richtigen Satzende. Kreuze entsprechend an.

   a) Der Satz „Doch da kommt ihm ein Zweifel“ (Z. 4) bedeutet hier, dass …
      - ☐ der Mann plötzlich völlig verzweifelt ist.
      - ☐ der Mann seine Meinung ändert.
      - ☐ der Mann sich plötzlich nicht mehr ganz sicher ist.
      - ☐ der Mann vergisst, was er eigentlich vorhatte.

b) Der Teilsatz „vielleicht war die Eile nur vorgeschützt" (Z. 6/7) bedeutet, dass …

- ☐ der Mann sich lieber hätte beeilen sollen.
- ☐ der Nachbar immer sehr in Eile ist.
- ☐ der Nachbar vielleicht nur so getan hat, als ob er es eilig gehabt hätte.
- ☐ der Nachbar sich vor seiner Eile schützen wollte.

c) Die Handlung dieser Kurzgeschichte …

- ☐ dauert vielleicht ein paar Stunden.
- ☐ dauert nur wenige Minuten oder Momente.
- ☐ erstreckt sich über mehrere Tage.
- ☐ dauert mehrere Wochen.

d) Der Abschnitt von Zeile 4 bis 14 …

- ☐ enthält die Gedanken des Mannes, der einen Hammer braucht.
- ☐ wird von einem Erzähler berichtet.
- ☐ enthält die Gedanken des Nachbarn, der den Hammer besitzt.
- ☐ ist eher unwichtig für die Handlung.

e) In den Zeilen 1 bis 3 und 15 bis 17 spricht …

- ☐ der Mann.
- ☐ der Nachbar.
- ☐ ein Ich-Erzähler.
- ☐ ein Er-Erzähler.

f) Der Mann in der vorliegenden Geschichte …

- ☐ hält sich selbst für hilfsbereit, dem Nachbarn aber unterstellt er Unfreundlichkeit und Geiz.
- ☐ kann seinen Nachbarn nicht leiden, weil der ihm nie etwas leihen will.
- ☐ hat schon viele negative Erfahrungen mit seinem Nachbarn gemacht.
- ☐ hat eigentlich auch selbst einen Hammer.

g) Am Ende der Geschichte schreit der Mann seinen Nachbarn an: „Behalten Sie sich Ihren Hammer, Sie Rüpel!" (Z. 16/17) Er beschimpft ihn, weil …

- ☐ der Nachbar sich vorher unmöglich benommen hat.
- ☐ sein geiziger Nachbar ihm völlig grundlos den Hammer nicht leihen will.
- ☐ er selbst auch vom Nachbarn beschimpft wurde.
- ☐ er sich in seine Unterstellungen so hineingesteigert hat, dass er sie für wahr hält, obwohl er den Nachbarn noch nicht einmal nach dem Hammer gefragt hat.

6.2 Analyse der Aufgabenstellung

Nachdem du den Text gelesen und verstanden hast, solltest du dir die Aufgabenstellung genau ansehen. Lies dir die folgende Aufgabenstellung gründlich durch.

Aufgabenstellung
Schreibe eine Textbeschreibung zum Text „Die Geschichte mit dem Hammer" von Paul Watzlawick. Gehe im Hauptteil auf folgende Aspekte ein:
- *Aufbau*
- *Figuren/Figurenkonstellation*
- *Erzählperspektive*
- *Sprache und Stil*

Schreibe einen zusammenhängenden, gegliederten Text. Achte auf korrekte Sprache und Rechtschreibung, beides wird bewertet.

Übung 52

1. Welche Aspekte der Textbeschreibung werden in der Aufgabenstellung konkret genannt? Antworte in einem ganzen Satz.

___

___

___

2. Welche anderen Teile musst du in deinen Aufsatz aufnehmen, auch wenn sie nicht ausdrücklich in der Aufgabenstellung genannt werden?

___

___

___

___

___

6.3 Die Einleitung: Inhaltsangabe

Die **Einleitung** der Textbeschreibung Lyrik besteht immer aus einer **Inhaltsangabe**. Der erste Satz der Inhaltsangabe und somit auch deines Aufsatzes ist der sogenannte **Basissatz**. Er vermittelt den Leserinnen und Lesern einen ersten Eindruck von deinen Fähigkeiten. Es ist daher besonders wichtig, dass dieser korrekt und ansprechend formuliert ist. Achte darauf, das **übergeordnete Thema** zu nennen und nicht nur Handlungsschritte wiederzugeben.

Auf einen Blick

Einleitung der Textbeschreibung

- **Basissatz** mit Titel, Autor*in, Textsorte, Thema und Quellenangabe (Zusätzlich möglich z. B. Angaben zur Biografie der Autorin/des Autors, Epoche)
- Knappe Schilderung von **Inhalt bzw. Handlung des Textes** (3–4 Sätze)
- **Sprache:** Sachliche Formulierungen ohne wörtliche Rede und im Präsens!

Übung 53

In der folgenden Tabelle siehst du eine Übersicht über mögliche Formulierungen für deinen Basissatz und bereits drei Beispiele.

1. Lies dir die Tabelle durch und fülle dann die Lücken in der rechten Spalte.

Formulierung	Beispiel
Die Kurzgeschichte (Titel) **von** (Autor*in) **handelt von** (Thema). **Sie erschien** (Quelle mit Angabe des Erscheinungsjahrs).	**Die Kurzgeschichte** „Die Geschichte mit dem Hammer" **von** Paul Watzlawick **handelt von** einem Mann, der sich in seine negativen Gedanken so hineinsteigert, dass er am Ende völlig überreagiert. **Sie erschien** 2005 in Paul Watzlawicks Buch mit dem Titel „Anleitung zum Unglücklichsein" in München im Piper Verlag. Die Erstveröffentlichung war 1983.
(Autor*in) **Kurzgeschichte** (Titel) **befasst sich mit** (Thema). **Veröffentlicht wurde sie** (vollständige Quellenangabe).	Paul Watzlawicks **Kurzgeschichte** „Die Geschichte mit dem Hammer" **befasst sich mit** einer Überreaktion, die durch das Hineinsteigern in negative Gedanken entsteht. **Veröffentlicht wurde sie** 2005 in Paul Watzlawicks Buch mit dem Titel „Anleitung zum Unglücklichsein" in München im Piper Verlag. Die Erstveröffentlichung war 1983.
Die Kurzgeschichte (Titel) **behandelt** (Thema). **Sie stammt von** (Autor*in), **die/der** (z. B. Lebensdaten). **Erschienen ist der Text** (vollständige Quellenangabe).	**Die Kurzgeschichte** „Die Geschichte mit dem Hammer" **behandelt** die menschliche Eigenschaft, sich in etwas hineinzusteigern. **Sie stammt von** Paul Watzlawick, **der** von 1921 bis 2007 lebte. **Erschienen ist der Text** 2005 in Paul Watzlawicks Buch mit dem Titel „Anleitung zum Unglücklichsein" in München im Piper Verlag. Die Erstveröffentlichung war schon 1983.
In der Kurzgeschichte (Titel), **die von** (Autor*in) **verfasst wurde, wird aufgezeigt** (Thema). **Der Text stammt aus** (vollständige Quellenangabe).	**In der Kurzgeschichte** „Die Geschichte mit dem Hammer", **die von** Paul Watzlawick **verfasst wurde, wird aufgezeigt** ______ ______ ______ ______ **Der Text stammt aus** ______ ______ ______ ______ ______
In der Kurzgeschichte (Titel) **von** (Autor*in) **geht es um** (Thema). **Abgedruckt wurde der Text** (vollständige Quellenangabe).	**In der Kurzgeschichte** „Die Geschichte mit dem Hammer" **von** Paul Watzlawick **geht es um** ______ ______ ______ ______ ______ ______ ______ ______

2. Hier siehst du einige Musterformulierungen, die den Inhalt der Geschichte in drei Schritten knapp wiedergeben. Wähle jeweils die Formulierung aus, die deiner Meinung nach am passendsten ist. Kreuze entsprechend an.

- ☐ Es geht um einen Mann, der zum Aufhängen eines Bildes einen Hammer benötigt. Diesen will er sich von seinem Nachbarn borgen.
- ☐ Ein Mann benötigt zum Aufhängen eines Bildes einen Hammer, diesen will er sich von seinem Nachbarn ausleihen.

- ☐ Doch bevor es dazu kommen kann, redet der Mann sich ein, dass der Nachbar etwas gegen ihn habe und ihm den Hammer verweigern werde.
- ☐ Der Mann redet sich ein, der Nachbar hätte etwas gegen ihn und würde ihm den Hammer nicht leihen wollen.

- ☐ Er stürmt schließlich voller Zorn zum ahnungslosen Nachbarn hinüber, schreit ihn an und beschimpft ihn, obwohl der Nachbar gar nichts gesagt oder getan hat.
- ☐ Der Mann geht zur Nachbarwohnung, schreit den ahnungslosen Nachbarn grundlos an, nennt ihn einen Rüpel und sagt ihm, er solle seinen Hammer doch behalten.

3. Verfasse nun auf der Grundlage deiner Vorarbeit eine vollständige Einleitung mit Basissatz und geraffter Inhaltswiedergabe.

6.4 Der Hauptteil: Elemente der Textbeschreibung Prosa

Im **Hauptteil** können je nach Aufgabenstellung verschiedene Aspekte von dir gefordert werden. Da du nicht weißt, welche davon in der Prüfung von dir beschrieben werden sollen, musst du dich mit allen Elementen auskennen. Folgende Elemente der Textbeschreibung solltest du kennen:

Aufbau
- Gibt es sichtbare Sinnabschnitte, Erzählschritte?
- Besteht ein Zusammenhang zwischen Textabschnitten und dem inhaltlichen Aufbau des Textes?
- Wie sind Anfang und Ende des Textes gestaltet?
- Gibt es einen Wende- / Höhepunkt? Wenn ja, wo?
- Gibt es sonstige Auffälligkeiten, z. B. Rückblenden oder Vorausdeutungen?
- Welche Wirkung erzielt dieser Aufbau?

Textsorte
- Zu welcher Gattung gehört der vorliegende Text? Epik!
- Welche Textsorte liegt vor?
- Welche Merkmale dieser Textsorte liegen im Text vor? Welche Textstellen kannst du als Belege nennen?

Handlung
- Welche Handlungen passieren als Aktionen (= äußere Handlung)?
- Welche Handlungen spielen sich im Inneren von Personen (als Gedanken oder Gefühle) ab (= innere Handlung)?
- Wie ist der Handlungs-/Konfliktverlauf?

Erzähler / Erzählperspektive
- Gibt es einen Erzähler?
- Handelt es sich um einen Ich-Erzähler, einen personalen Erzähler, einen neutralen Erzähler oder einen allwissenden Erzähler?
- Woran erkennt man die Erzählperspektive?
- Welche Wirkung hat diese Perspektive?

Titel
- Welche Assoziationen (spontane Gedanken) löst der Titel aus?
- Ändert sich die Deutung des Titels nach dem Lesen des Textes?
- Gibt es Besonderheiten?
- Inwiefern wird der Textinhalt durch den Titel aufgegriffen?

Figuren / Figurenkonstellation
- Welche Figuren kommen vor?
- Welche sind die Hauptfiguren?
- Wie verhalten sie sich? Wie kann man dies bewerten?
- Mit welchen Textstellen kannst du deine Bewertung belegen?
- Was erfährt man über sie (z. B. Aussehen, Lebenssituation, Alter, Charakter, sprachliche Besonderheiten, Entwicklung)?
- Welche Handlungsmotive (Beweggründe für ihr Verhalten) haben sie?
- Was erfährt man über die Beziehung der Figuren zueinander?

Sprache und Stil
- Ist der Text in Standard- oder Umgangssprache, Jugendsprache oder Dialekt gehalten?
- Wie sind die Sätze aufgebaut? Gibt es viele Nebensätze oder gar keine?
- Sind die Sätze vollständig oder eher abgehackt?
- Kommt wörtliche Rede vor?
- Gibt es Auffälligkeiten bei der Wortwahl? Sind manche Wortarten z. B. sehr häufig vertreten?
- Welche Stilmittel oder sprachlichen Bilder werden verwendet (z. B. Vergleich, Personifikation)? Welche Wirkung haben sie jeweils?
- Gibt es Auffälligkeiten bei der Zeichensetzung oder bei der Wahl des Tempus? Welche Wirkung hat dies jeweils?

Autoren- / Zeitbezug
- Kannst du Bezüge zur Entstehungszeit oder zu der Autorin / dem Autor herstellen?
- Wie hilft dies beim Textverständnis?

Atmosphäre
- Wie lässt sich die Atmosphäre im Text beschreiben?
- Verändert sich diese?

Ort/Raum
• Gibt es Ortsangaben? • Sind Hinweise zu Handlungsorten vorhanden? • Haben Raum/Ort eine besondere Bedeutung? Welche?

Zeit
• Sind Zeitangaben im Text vorhanden? • Gibt es Hinweise zur Zeit (z. B. Jahres-/Tageszeit, Tag)? • Haben Zeitangaben eine besondere Bedeutung? Welche? • Über welchen Zeitraum erstreckt sich die Handlung (= erzählte Zeit)? Wie lang ist die Erzählzeit im Vergleich dazu? • Gibt es Vorausdeutungen oder Rückblenden?

Im Folgenden findest du verschiedene **Informationen und Übungen** zu den Elementen der Textbeschreibung.

Aufbau und Handlung

Auf einen Blick

Äußere und innere Handlung

- Die **äußere Handlung** eines Textes umfasst die **Geschehnisse/Handlungen**, die **von außen sichtbar** und **beobachtbar** sind, also das, was die Figuren tatsächlich tun und sagen.
- Die **innere Handlung** bezeichnet Vorgänge, die sich im Inneren/im Bewusstsein von Figuren abspielen. Gemeint sind hier **Gefühle, Gedanken, Wünsche** oder **Stimmungen**.

Übung 54

1. Unterstreiche im Text „Die Geschichte mit dem Hammer" die Sätze oder Teilsätze, die die **äußere Handlung** beschreiben, grün (z. B. „Den Nagel hat er, nicht aber den Hammer.", Z. 1/2) und die, die auf die **innere Handlung** eingehen, rot (z. B. „Ein Mann will ein Bild aufhängen.", Z. 1).

2. Ergänze folgenden Lückentext, der den **Aufbau** und **Handlungsverlauf** des Textes beschreibt.

   Der Text lässt sich in vier Sinnabschnitte gliedern: In Teil 1 (Z. ____________) ist der Mann zunächst noch frei von Misstrauen, bis ihm erste Zweifel kommen. Teil 2 (Z. ____________) zeigt einen ersten ________________________ im Geschehen und beschreibt die noch vagen Zweifel des Mannes. In Teil 3 (Z. ____________) betont er seine eigene Hilfsbereitschaft und steigert sich immer mehr in seine Wut auf den Nachbarn hinein. Die Spannung ist hier besonders groß, da man als Leser*in bei den Worten „Jetzt reicht's mir wirklich" (Z. ____________) schon ahnt, dass der Mann nun eine unüberlegte und unangebrachte Handlung begehen wird. Der Mann hat sich so weit in sein grundloses ________________________ hineingesteigert, dass es schließlich im vierten Abschnitt (Z. ____________) zum Eklat mit dem Nachbarn und zum ____________________________ kommt; hier wird der Mann aktiv und handelt. Mit der Beschimpfung des Nachbarn als „Rüpel" (Z. ____________) bricht die Handlung einfach ab, ohne dass man erfährt, wie der Nachbar auf diese verbale Attacke reagiert. Das Ende der Geschichte bleibt somit offen.

Textsortenmerkmale

Die Kurzgeschichte ist die am häufigsten im Unterricht untersuchte Textsorte innerhalb der **Kurzprosa** und zumeist Grundlage für Textbeschreibungen. Lies die Informationen zu den Merkmalen der Kurzgeschichte gründlich.

Auf einen Blick

Merkmale der Kurzgeschichte

- Es gibt nur **wenige handelnde Figuren**. Diese sind meist **einfache Menschen**, keine besonderen Personen (keine Helden).
- Sie sind weniger Individuen als vielmehr **Typen**, d. h., sie können für viele stehen. (Z. B. steht ein Arbeitsloser stellvertretend für viele Arbeitslose.) Dass es sich bei den Figuren eher um Typen handelt, zeigt sich oft daran, dass sie namenlos bleiben; dann ist nur die Rede von *ihm* oder von *ihr*.
- Die Handlung gibt eine **alltägliche Begebenheit** wieder. Es ist aber nicht „irgendeine" Begebenheit, sondern ein Moment von besonderer Bedeutung für die Hauptfigur (z. B. weil sie plötzlich eine neue Einsicht gewinnt).
- Im Zentrum der Handlung steht oft eine **Konfliktsituation:** Eine oder mehrere Figuren geraten in eine Krise oder erleben einen Wendepunkt in ihrem Leben.

- Die Sprache ist **einfach**; das betrifft sowohl die **Wörter** als auch die **Satzkonstruktionen**.
- Äußerungen oder Gedanken einzelner Figuren werden in **Alltagssprache** wiedergegeben; oft werden dabei auch **umgangssprachliche Formulierungen** verwendet.
- Erzählt wird in der Regel im **Präteritum**.

- Die Geschichten haben nur einen **geringen Umfang** (meist 1–6 Seiten).
- Die Handlung beginnt **mitten im Geschehen**; es gibt **keine Einleitung**, in der die Figuren vorgestellt werden.
- Die Darstellung ist **linear**, also ohne Nebenhandlung, und spielt daher meist auch **nur an einem Handlungsort**. Die Handlung wird zügig erzählt (**kurze erzählte Zeit**) und es gibt meist **keine Vor- oder Rückblenden**.
- Die Handlung strebt auf einen **Wendepunkt** zu; das kann ein Moment sein, in dem eine Figur plötzlich eine neue Einsicht gewinnt.
- Der **Ausgang ist offen**; es wird nicht gesagt, wie das Geschehen endet.

Übung 55

1. Die hier aufgeführten **typischen Merkmale von Kurzgeschichten** treffen auf „Die Geschichte mit dem Hammer" zu. Wie treten sie konkret in Erscheinung? Verbinde die Merkmale mit der konkreten Umsetzung im Text.

Textsortenmerkmale	konkrete Erscheinung im Text
geringer Umfang (1–6 Seiten)	Handlung beschränkt sich auf die Situation des Mannes, sich einen Hammer ausleihen zu wollen
ausschnitthafte Erzählung: unmittelbarer Anfang und offener Schluss	umfasst nur 17 Zeilen
Konzentration auf das Wesentliche (knapp und ohne Nebenhandlungen)	unmittelbarer Anfang: keine Vorstellung der handelnden Figuren; keine Angaben zu Alter, Namen, Aussehen offener Schluss: Ausgang unbekannt, z. B. Reaktion des Nachbarn

Thema: alltägliche, aber bedeutsame Situation (Konflikt)	kurze Sätze und Satzreihen: Z. 1/2, Z. 4–8 etc.
wenige und alltägliche Personen (keine Helden)	zwei alltägliche Personen ohne Besonderheiten: ein Mann und sein Nachbar
meist nur ein Handlungsort; erzählte Zeit: kurze Zeitspanne	zwei Wendepunkte: 1. erste Zweifel entstehen (vgl. Z. 4) 2. Der Mann handelt und stürmt zum Nachbarn (vgl. Z. 15–17) = Höhepunkt
Alltagssprache (kurze und einfache Sätze)	Alltagssituation („ein Bild aufhängen", Z. 1); ist aber bedeutsam, da sie für den Mann emotional aufwühlend ist (emotionaler Konflikt)
enthält einen Wendepunkt (= meist auch Höhepunkt)	Ort: Wohnung/Haus des Mannes, vor der Haustür des Nachbarn erzählte Zeit: wenige Minuten

2. Schreibe einen zusammenhängenden Text, in dem du erklärst, inwieweit die Merkmale einer Kurzgeschichte auf „Die Geschichte mit dem Hammer" zutreffen. Baue die Erkenntnisse aus der vorherigen Aufgabe in deinen Text ein.

Figuren und Figurenkonstellation

Der Protagonist ist der Haupthandlungsträger oder die **Hauptfigur**, um die eine Geschichte erzählt wird. Mithilfe der **Figurenkonstellation** – also einer grafischen Darstellung, die die Beziehungen der Figuren zueinander verdeutlicht – lässt sich auf einen Blick erfassen, wie die Figuren, die in einer Geschichte vorkommen, zueinander stehen und wie sich eventuell die Beziehungen zwischen den Figuren im Verlauf der Handlung verändern. Deshalb ist es sinnvoll, sich eine solche Übersicht anzulegen.

Auf einen Blick

Figuren und Figurenkonstellation

Wenn man die Figuren beschreiben soll, kann man folgende Punkte unter die Lupe nehmen:

- **Aussehen:** Was wird im Text über das äußere Erscheinungsbild gesagt, was kann man zusätzlich vermuten?
- **Alter:** Wird es genannt oder kann man auf das Alter schließen?
- **Verhaltensweisen, Eigenschaften, Vorlieben, Schwächen:** Welche Rückschlüsse, z. B. auf den Charakter, lässt das Verhalten der Figur zu?
- **Einstellungen:** Äußert sich die Figur über andere?
- **familiäre Situation:** Erfährt man etwas über die Lebensumstände oder Familiensituation?
- **Beziehung zu anderen Figuren:** In welchem Verhältnis steht die Figur zu den anderen?

Übung 56

1. Nenne die **Figuren**, die im Text „Die Geschichte mit dem Hammer“ vorkommen, und bestimme, wer der Protagonist und wer die Nebenfigur ist.

2. Vervollständige die Tabelle zum **Charakter des Protagonisten**. Suche dazu Textbelege oder nenne die Eigenschaft, für die das Beispiel Beleg sein könnte.

Charaktereigenschaften	Textbelege mit Zitat und Zeilenangabe
	„Wenn jemand von mir ein Werkzeug borgen wollte, ich gäbe es ihm sofort.“ (Z. 8/9)
ist unfreundlich	
neigt zu Aggressivität	

besitzt evtl. wenig Kontakt zu anderen Menschen und misst daher einem flüchtigen Gruß zu viel Bedeutung bei	
zweifelt an seinem Selbstwert	
	„Aber vielleicht war die Eile nur vorgeschützt und er hat etwas gegen mich." (Z. 6/7) „Ich habe ihm nichts angetan; der bildet sich da etwas ein." (Z. 8)
fürchtet sich vor Zurückweisung	

3. Fasse nun deine Ergebnisse aus den Aufgaben 1 und 2 in einer vollständigen **Figurenbeschreibung** des Protagonisten zusammen. Gehe dabei auch auf seine Entwicklung im Verlauf des Textes ein. (→ Heft)

Tipp

Wie formulierst du eine Figurenbeschreibung?
Folgende Formulierungen/Satzbausteine können dir beim Beschreiben von Figuren helfen:
- *Im Zentrum des Geschehens stehen … handelnde Figuren: … Erwähnt werden zudem …*
- *Über … erfährt man im Text, dass …*
- *Das Aussehen/Alter … der Figuren/von … wird im Text nicht genannt.*
- *… wirkt im Text eher …, vielleicht ist er/sie …*
- *In Zeile … erfährt man, dass … / wird deutlich, dass …*
- *Durch die Aussage … in Zeile … kann man darauf schließen, dass …*
- *Die Verhaltensweise lässt auf … schließen.*
- *Seine/Ihre Reaktion auf … ist … und legt die Vermutung nahe, dass er/sie …*

4. a) Kreuze alle Aussagen an, die auf das **Verhältnis zwischen den beiden Figuren** zutreffen.
   - ☐ Die Männer kennen sich nur flüchtig.
   - ☐ Der Nachbar ist dem Mann feindselig gesinnt.
   - ☐ Der Nachbar grüßt den Mann, wenn er ihn sieht.
   - ☐ Der Mann mochte seinen Nachbarn noch nie.
   - ☐ Der Nachbar grüßte ihn vermutlich bisher nicht einmal.
   - ☐ Der Mann war dem Nachbarn gegenüber bisher eher positiv eingestellt.
   - ☐ Die Männer kennen sich gut.
   - ☐ Die Männer waren zuvor Freunde.

   b) Schreibe nun einen zusammenhängenden Text über das **Verhältnis zwischen den Figuren**. (→ Heft)

Erzählperspektive

In Prosatexten steht immer ein **Mittler** zwischen den Leserinnen und Lesern und dem Geschehen: der **Erzähler**.

Auf einen Blick

Erzählperspektive

Vier Grundformen der Erzählperspektive können unterschieden werden:

- **Ich-Perspektive**/Ich-Erzählsituation: Der Erzähler berichtet das Geschehen in der Ich-Form.
- **Personale Erzählperspektive**/Erzählsituation: Der Erzähler berichtet das Geschehen aus der Sicht einer oder mehrerer Figuren und weiß nur, was diese wissen.
- **Auktoriale Erzählperspektive**/Erzählsituation: Der Erzähler ist allwissend und hat eine uneingeschränkte Sicht auf das vergangene, aktuelle und zukünftige Geschehen sowie Kenntnis der inneren Vorgänge aller Figuren.
- **Neutrale Erzählperspektive**/Erzählsituation: Der Erzähler beschreibt nur, was von außen wahrnehmbar ist.

Übung 57

1. Überlege, um welche Art **Erzähler** bzw. **Erzählperspektive** es sich jeweils handelt. Trage die richtigen Buchstaben in die Tabelle ein: Es können mehrere Erzählperspektiven zutreffen:
   - Ich-Perspektive → **I**
   - Personale Erzählperspektive → **P**
   - Auktoriale Erzählperspektive → **A**
   - Neutrale Erzählperspektive → **N**

Der Erzähler kennt die Gefühle, Gedanken und Beweggründe aller Figuren.	**A**
Der Erzähler hat eine eingeschränkte Perspektive und kann über andere Personen nur Vermutungen anstellen.	
Erzählt wird in der 1. Person Singular.	
Die Erzählperspektive ist auf die Perspektive einer Figur beschränkt. Diese ist an der Handlung beteiligt, ist also eine Figur der erzählten Handlung.	
Der Erzähler beschreibt nur, wie die Figuren handeln.	
Die Leser*innen betrachten die dargestellte Welt durch die Augen einer der handelnden Figuren. Dadurch wird der Eindruck der Unmittelbarkeit erweckt.	
Die Leser*innen nehmen unmittelbar an Gedanken, Gefühlen, Handlungen des Erzählers Anteil.	
Der Erzähler steht außerhalb des Textgeschehens, nimmt also nicht am Geschehen teil. Er kann jedoch die Handlung kommentieren.	
Der Erzähler überschaut den gesamten Handlungsverlauf, kann vorausschauen und in Rückblenden erzählen.	
Erzählt wird in der 3. Person („Er"- oder „Sie"-Erzählung).	

2. Untersuche bei jedem Abschnitt der Kurzgeschichte, aus welcher Perspektive die Geschichte erzählt wird und belege deine Vermutungen mit konkreten Textstellen.

   1. Abschnitt (Z. 1–4): ______

   2. Abschnitt (Z. 4–8): ______

   3. Abschnitt (Z. 8–14): ______

   4. Abschnitt (Z. 15–17): ______

3. Überlege, welche **Wirkung** die verwendeten Perspektiven auf die Leser*innen haben, und notiere deine Ergebnisse stichpunktartig.

4. Formuliere nun die Beschreibung der Erzählperspektive in ganzen Sätzen aus. Verknüpfe dabei unbedingt deine Analyseergebnisse mit der jeweiligen Wirkung auf die Leser*innen. (→ Heft)

Ort und Zeit

Auf einen Blick

Erzählzeit – erzählte Zeit

Unter der **Erzählzeit** versteht man eine reale Zeitspanne, nämlich die Zeit, die es dauert, einen Text oder ein Buch zu lesen bzw. vorzulesen (z. B. 5 Minuten).
Die **erzählte Zeit** ist eine fiktive Zeitspanne, die die Dauer der im Text geschilderten Handlung erfasst (z. B. 80 Jahre, von der Kindheit bis ins Alter).

Interessant ist auch das Verhältnis zwischen Erzählzeit und erzählter Zeit (**Erzähltempo**):

- Erzählzeit und erzählte Zeit können sich (ungefähr) decken (**zeitdeckendes Erzählen**).
- Die Erzählzeit kann durch detailreiches Erzählen ausgedehnt werden und die erzählte Zeit übertreffen (**zeitdehnendes Erzählen**).
- Umgekehrt kann die Erzählzeit aber auch gerafft werden, sodass die erzählte Zeit die Erzählzeit übersteigt (**zeitraffendes Erzählen**). Dies kann z. B. durch das Überspringen ganzer Zeiträume oder durch die Zusammenfassung sich wiederholender Vorgänge erfolgen.

Übung 58

1. Überprüfe das **Erzähltempo** in Watzlawicks „Die Geschichte mit dem Hammer".

   a) Überlege dir, wie viel Zeit von dem Moment an, als sich der Mann entschließt, beim Nachbarn einen Hammer auszuleihen, bis hin zu seiner Beschimpfung „Sie Rüpel" (Z. 17) verstreicht.

   Erzählte Zeit: ca. ________________ Minute(n)

   b) Stoppe die Zeit, die du brauchst, um den Text in einer normalen Geschwindigkeit zu lesen.

   Erzählzeit: ca. ________________ Minute(n)

   c) Bestimme, ob es sich eher um ein zeitdeckendes, zeitdehnendes oder zeitraffendes Erzähltempo handelt und welche Wirkung dieses auf die Leser*innen haben könnte.

   Es handelt sich um ein eher ________________________ Erzähltempo. Es wird eingesetzt, damit die Leser*innen ______________________________

   ____

   ____.

2. Beschreibe deine Vermutungen zum **Handlungsort** der Geschichte und beziehe dabei auch die Zeit mit ein. Belege deine Aussagen am Text. (→ Heft)

Tipp

Wie formulierst du deine Vermutungen oder Erkenntnisse zum Handlungsort?
Folgende Formulierungen können dir bei der Beschreibung des Handlungsorts helfen:

- *Es wird im Text nicht ausdrücklich genannt, wo sich das Geschehen abspielt. Es liegt jedoch die Vermutung nahe, dass … / Die Formulierungen … lassen darauf schließen, dass …*
- *Betrachtet man im Text den Handlungsort, so kann man feststellen, dass …*
- *Vermutlich spielt sich das Geschehen in einem … ab. Das erkennt man an …*

Hinweis: Formulierungshilfen zur Beschreibung der Zeit findest du im Kapitel zur Textbeschreibung Lyrik (siehe Übung 44).

Sprache und Stil

Bei einem Prosatext solltest du genau auf **Sprache und Stil** (z. B. auf den Satzbau oder die Wortwahl) achten. Die Art und Weise, wie sich die Autorin/der Autor ausdrückt, hat einen Einfluss auf den **Sinn** des jeweiligen Textes.

Auf einen Blick

Sprache und Stil

In Prosatexten wird in der Regel **Alltags- und** sogar **Umgangssprache** verwendet, die leicht verständlich ist und sehr realistisch wirkt. Konzentriere dich in deinem Aufsatz bei der Beschreibung von Sprache und Stil deshalb auf **Besonderheiten**. Achte z. B. auf

- ungewöhnliche oder entfallene **Zeichensetzung**,
- Auffälligkeiten in der **Wortwahl**,
- die Art, wie der **Satzbau** konstruiert ist (Fragesätze, Befehle, Nebensätze usw.),
- oder z. B. **Aufzählungen**.

Wichtig ist, dass du die sprachlichen Mittel des Textes nicht nur beschreibst, sondern immer auch auf ihre Wirkung eingehst und sie mit dem Inhalt des Textes verknüpfst. Beantworte die Fragen: *Wie wirkt diese Darstellung auf die Leser*innen? Welchen Einfluss hat die Sprache auf den Inhalt des Textes?*

Übung 59

Der folgende Text enthält die Analyse von **Sprache und Stil** der Kurzgeschichte „Die Geschichte mit dem Hammer“. Markiere die Sätze bzw. Satzteile grün, die reine Beschreibungen enthalten, und diejenigen rot, die auf die Wirkung bzw. Bedeutung der sprachlichen Mittel eingehen.

Die sprachlichen Mittel verdeutlichen ebenfalls die für eine Kurzgeschichte typische Alltäglichkeit der Situation. Dabei fallen zunächst die zahlreichen, teilweise elliptischen Fragen auf, die sich der Mann stellt, z. B.: „Und warum er nicht?“ (Z. 9/10) Eigentlich müsste die Frage lauten: „Und warum will er mir nicht seinen Hammer leihen?“ Diese Unvollständigkeit wirkt natürlich und entspricht dem Charakter eines inneren Monologs. Die Fragen bewirken zudem, dass sich die Leser*innen in den Gedankengang des Mannes hineinversetzen können, fordern sie aber gleichzeitig auf, eigene Antworten auf diese Fragen zu geben und das verkrampfte und misstrauische Verhalten des Mannes als absurd zu entlarven. Das Auslassen von Satzteilen entspricht dem alltäglichen Sprachgebrauch und lässt die Formulierungen besonders realistisch wirken. Umgangssprachliche Ausdrücke wie „Kerl“ (Z. 12) oder „Jetzt reicht's mir wirklich“ (Z. 14) tragen dazu bei, das Geschehen wie eine Alltagssituation erscheinen zu lassen.
Auch durch die unpersönliche Bezeichnung „[e]in Mann“ (Z. 1) und durch den unmittelbaren Beginn der Geschichte wird deutlich, dass es sich hier nicht um einen Einzelfall handelt, sondern dass etwas beispielhaft vorgeführt werden soll: Überall dort, wo Menschen sich in ihrem Misstrauen vergraben und nicht mehr an die Freundlichkeit der anderen glauben, wo sie sich also von unbegründeten Vorurteilen leiten lassen, können gefährlich explosive Situationen entstehen.

Titel

Übung 60

1. Beantworte folgende Fragen zum Titel des Textes „Die Geschichte mit dem Hammer“ in Stichpunkten.

Fragen	Stichpunkte
Welche Assoziationen hattest du zum Titel?	
Ändert sich die Deutung des Titels?	
Welche Besonderheiten hat der Titel?	
Welche Beziehung gibt es zwischen Titel und Inhalt?	

2. Formuliere mithilfe deiner Ergebnisse aus Aufgabe 1 einen zusammenhängenden Text über den Titel der Geschichte. (→ Heft)

Atmosphäre

Übung 61

1. Suche in der Kurzgeschichte „Die Geschichte mit dem Hammer“ die Begriffe heraus, die der Mann benutzt, wenn er von seinem Nachbarn spricht. Ziehe mit ihrer Hilfe Rückschlüsse auf die sich verändernde Stimmung des Mannes und verdeutliche sie durch entsprechende Emoticons.

Bezeichnungen für den Nachbarn	Emoticons

2. Beschreibe die Stimmung in der Kurzgeschichte. Fülle zunächst die Lücke und setze den Text dann fort. (→ Heft)

Auch die sich im Verlauf der Kurzgeschichte stetig ________________ Stimmung des Mannes und seine Einstellung gegenüber dem Nachbarn wird durch die Sprache verdeutlicht. Zunächst bezeichnet er ihn noch als „Nachbar“ (Z. 4) …

Autoren-/Zeitbezug

Auf einen Blick

Autoren- und Zeitbezug

Paul Watzlawick wurde 1921 in Villach (Österreich) geboren und studierte nach seinem Schulabschluss 1939 und dem Militärdienst Philosophie und Philologie in Venedig. Im Jahr 1949 promovierte er im Fach Philosophie. Anschließend wechselte er an das Carl-Gustav-Jung-Institut nach Zürich und absolvierte dort eine Ausbildung zum Psychotherapeuten, die er 1954 abschloss.
1957 übernahm er den Lehrstuhl für Psychotherapie an der Universität El Salvador. Der Schwerpunkt seiner Forschungsarbeit lag fortan auf menschlichen Kommunikationsprozessen und der Familientherapie. 1960 erhielt er einen Forschungsauftrag am Mental Research Institute im kalifornischen Palo Alto, ab 1976 lehrte er zudem an der Stanford University im Fachbereich Psychiatrie. Da er auch kulturell engagiert war, fungierte er im Jahr 1987 als Mitbegründer des PEN-Clubs Liechtenstein, einer Schriftstellervereinigung.
Im Laufe seines Lebens veröffentlichte Watzlawick zahlreiche Schriften und erlangte durch das 1983 erschienene Sachbuch „Anleitung zum Unglücklichsein“ Berühmtheit. Diese Parodie auf die weitverbreitete Ratgeberliteratur führt den Leserinnen und Lesern vor Augen, wie sie tagtäglich gegen ihr mögliches Glück arbeiten und sich ständig selbst im Wege stehen.
Watzlawicks Kommunikationstheorie basiert u. a. darauf, dass sich alle Kommunikationsteilnehmer*innen ständig gegenseitig beeinflussen, sei es durch verbale oder nonverbale Signale. Auch die Beziehung zwischen den Kommunizierenden spiele seiner Auffassung nach eine wichtige Rolle und wirke sich auf einer höheren Ebene auf die Verständigung aus.
Er starb 2007 in Palo Alto, Kalifornien.

Übung 62

1. Beantworte mithilfe der Informationen über den Autor folgende Fragen zum **Autorenbezug** und zur **Entstehungszeit** des Textes in Stichpunkten. Lies dazu die Kurzgeschichte ggf. noch einmal.

Fragen	Stichpunkte
Kennt man die Entstehungszeit des Textes?	
Wann spielt die Handlung des Textes?	
Sind die Lebensumstände oder die politische Gesinnung des Autors bekannt?	
Welche Rückschlüsse lässt das auf die Deutung des Textes zu?	

2. Verwende deine Stichpunkte und schreibe eine kurze Interpretation der Geschichte vor dem Hintergrund der Informationen über die Entstehungszeit und den Autor. (→ Heft)

6.5 Der Schluss: Stellungnahme, Transfer, Autorenintention

Im **Schlussteil** deiner Textbeschreibung sollst du eine persönliche **Stellungnahme** zur Gesamtaussage des Textes, einen **Transfer** auf andere Lebensbereiche (z. B. persönliche Erfahrungen, die heutige Zeit oder die Gesellschaft) und die **mögliche Absicht der Autorin oder des Autors** verfassen.

Auf einen Blick

Schluss der Textbeschreibung

Persönliche Stellungnahme
- Was spricht dich am Text an?
- Was irritiert dich oder macht dich nachdenklich?
- Wie stehst du zum Inhalt oder Thema des Textes?

Transfer
- Kannst du das Thema oder den Inhalt auf dein **eigenes Leben** oder die **heutige Gesellschaft** übertragen?
- Kannst du das Thema oder den Inhalt auf **andere Lebensbereiche** übertragen?

Mögliche Absicht der Autorin/des Autors
- Welches **Thema oder Problem** hat die Autorin/der Autor (beispielhaft) aufgegriffen?
- Ist die **Einstellung** der Autorin/des Autors zum Thema erkennbar? Woran?
- Welche **Absicht** könnte die Autorin/der Autor mit dem Text verfolgt haben? Soll der Text z. B. informieren, unterhalten, auf mögliche Missstände aufmerksam machen?

Übung 63

1. Beantworte nachfolgende Fragen zur Kurzgeschichte „Die Geschichte mit dem Hammer“ in Stichpunkten.

	Fragen	Stichpunkte
persönliche Stellungnahme	Was spricht dich am Text an (inhaltlich, bezüglich Form, Stil usw.)?	
	Gibt es etwas, das dich irritiert oder nachdenklich stimmt?	
	Aus welchem Grund findest du den Text/die Umsetzung des Themas gelungen (oder auch nicht)?	
Transfer	Hast du selbst schon etwas Vergleichbares erlebt oder beobachtet?	

	Kannst du die dargestellte Situation auf andere Lebensbereiche übertragen?	
	Wie würdest du dich in der Situation der Hauptfigur verhalten?	
	Inwiefern ist das Geschehen/Thema heute noch aktuell?	
mögliche Absicht des Autors	Welches Thema/Problem hat der Autor beispielhaft aufgegriffen?	
	Welche Einstellung hat der Autor zum Thema? Woran ist das erkennbar?	
	Welche Absicht könnte der Autor mit dem Text verfolgen?	

2. Im Schlussteil sollst du auch das **Thema** der Geschichte auf die Gesellschaft oder das eigene Leben **übertragen**. Überlege dir daher, inwieweit es dir bereits ähnlich ergangen ist wie dem Mann in der Geschichte. Hattest du schon einmal grundlos negative Reaktionen von anderen erwartet? Beschreibe außerdem, welche Lehre du persönlich aus dem Text ziehst. (→ Heft)

6.6 Überprüfen des Geschriebenen

In der Prüfung musst du deinen Text nach der Fertigstellung unbedingt noch einmal **kritisch lesen und verbessern.** Wie du beim Überarbeiten deines Textes am besten vorgehst, zeigt dir die Schritt-für-Schritt-Anleitung in Kapitel 4.6.

Nimm dir nun eine der **Übungsaufgaben zur Textbeschreibung Prosa** vor (Kapitel „Übungsaufgaben im Stil der Abschlussprüfung“) und schreibe einen vollständigen Aufsatz. Gehe vor wie auf den vorhergehenden Seiten beschrieben. Überprüfe deinen Text anschließend anhand der **Checkliste** in Kapitel 5.6. Übung 64

▶ Übungsaufgaben im Stil der Abschlussprüfung

Übungsaufgaben im Stil der Abschlussprüfung
Übungsaufgabe 1

Pflichtteil A1

25 P.

Text

Plastikmüll: Schluss mit dem Konsum für die Tonne!

Die Welt versinkt in Plastik. Und das nur, weil sich Millionen Menschen einen Konsum angewöhnt haben, der die ökologischen Folgen komplett ausblendet.

Essay von Vivien Timmler

Zuerst die gute Nachricht. Strohhalme aus Kunststoff sterben aus, Einweggeschirr auch und Plastiktüten sowieso. Immer mehr Menschen hasten mit wiederverwendbaren To-Go-Bechern und Lunch-Boxen durch die Gegend. Und wagt es ein Supermarkt, klein geschnittenes Obst oder einzelne Bananen in Plastikverpackung anzubieten, ist ihm der virale Shitstorm sicher. Selten war das Bewusstsein für nachhaltiges Handeln so groß wie zurzeit. Nicht nur die großen Umweltverbände, sondern auch die Bundesregierung und die EU-Kommission haben Plastikmüllbergen den Kampf angesagt. Und so ökopopulistisch die Debatte gelegentlich auch geführt wird: Immerhin findet sie statt.

Doch die Realität sieht anders aus. Deutschland ist Europameister im Wegwerfen. 220 Kilo Verpackungsmüll fallen in Deutschland jedes Jahr pro Kopf an. Das ist absurd viel. Und es wird nicht weniger, im Gegenteil: Die Flut an Verpackungsmüll schwillt weiter an. Bis heute hat die Welt den Planeten mit unfassbaren 8,3 Milliarden Tonnen Kunststoff überzogen. Sichtbar wird das in Ländern wie Malaysia, Thailand oder Indien, wo Menschen und Umwelt am Müll der westlichen Welt zu ersticken drohen.

Noch immer glauben zu viele Menschen, der Müll in den Weltmeeren sei ein anderer als der, den sie zu Hause in die Tonne werfen. Was kann Deutschland, der Recycling-Vorreiter, schließlich dafür, wenn in Malaysia schmutziges Plastik in die Meere gelangt? Eine ganze Menge.

Etwa ein Drittel der Verpackungen, die im Gelben Sack landen, gelten nach wie vor als „nicht recyclingfähig“. Sie sind entweder stark verschmutzt oder bestehen aus Verbundmaterialien, die nur schwer voneinander zu trennen sind. Aber anstatt bessere Sortieranlagen zu entwickeln, war es bislang günstiger, den Plastikmüll einfach zu verbrennen – oder ihn zu exportieren. [...]

Das eigentliche Ziel ist die Vermeidung von Plastikmüll

Doch es wäre falsch, nur die Industrie in die Verantwortung zu nehmen. Denn auch die besten Verwertungsanlagen und höchsten Recyclingquoten können nichts zur eigentlichen Lösung des Problems beitragen: der Vermeidung von Müll.

Es braucht einen grundlegenden Bewusstseinswandel. Millionen Menschen hierzulande haben sich einen Konsum angewöhnt, der die ökologischen Folgen komplett ausblendet. Es ist ja auch so bequem: die einzeln verpackten Bonbons, die in der Tüte nicht zusammenkleben; das eingeschweißte Steak, das sich ein paar Tage länger hält als das von der Frischetheke; die bereits portionierten Joghurts im Viererpack mit der praktischen Papp-Ummantelung. Der Mensch sieht schlicht keine Notwendigkeit mehr, sparsam mit Verpackungen umzugehen.

Was sich aber jeder Kunde vor Augen halten sollte: Jedes Mal, wenn er eine Kaufentscheidung tätigt, trifft er eine weitere Wahl: für das eigene, flüchtige Wohl und gegen das der Umwelt. Denn mit dem unreflektierten Konsum steigt auch das Abfallaufkommen. [...]

Jeder Einzelne muss spüren, dass das Konsumverhalten, das er gewohnt ist, mit einer intakten Umwelt nicht vereinbar ist

[...] Einwegplastik muss schlicht aus den Regalen verschwinden, stattdessen braucht es neue Pfandsysteme etwa für Fertiggericht-Schüsseln, Frischeboxen oder Shampooflaschen, ähnlich dem „Milchmann-Modell“ der Fünfzigerjahre. Jeder Einzelne muss spüren, dass das Konsumverhalten, das er gewohnt ist, mit einer intakten Umwelt nicht vereinbar ist. Dass sich etwas ändern muss. [...]

Hinzu kommt, dass es mittlerweile für wirklich jedes Einwegprodukt gute Alternativen gibt. Und ausnahmslos jeder ist in der Lage, auf die kleinen Dinge des Einkaufs achtzugeben: Mehrweg statt Einweg. Unverpackt statt doppelt und dreifach. Eigene Behälter mitbringen. Und warum nicht einfach mal auf ein unnötig in Plastik verpacktes Produkt verzichten und dem Hersteller das auch so mitteilen? Es muss nicht gleich Zero Waste sein, wenn auch kleine Schritte zu mehr Nachhaltigkeit führen. Ein wöchentlicher Besuch in einem der immer häufiger werdenden Unverpackt-Läden beispielsweise: Kunden können sich dort unverderbliche Ware wie Nudeln, Reis oder Müsli zu fairen Preisen in eigene Behälter abfüllen. Das ließe sich leicht durchdeklinieren: Niemand muss für ein paar Hundert Milliliter Shampoo eine neue Plastikflasche kaufen. Auch bei Toilettenpapier ergibt die Plastikfolie nicht wirklich viel Sinn. Und möchte wirklich irgendjemand die ewig schmierigen Wurstfolien verteidigen?

Der Verzicht ist nötig – und er ist nicht automatisch teuer. Wir müssen uns nur entscheiden, in welcher Währung wir zahlen möchten. In Geld? Dann ab mit dem Jutebeutel in den Demeterladen. In Zeit? Lebensmittel retten geht auch legal, ist eben nur aufwendig – genau wie selbst hergestellte Zahnpastas und Waschmittel. Oder aber wir machen so weiter wie bisher und zahlen mit der dritten Ressource, die noch um einiges wertvoller ist als Zeit und Geld: der Umwelt. Tun wir es nicht.

Quelle: Vivien Timmler: Schluss mit dem Konsum für die Tonne! Süddeutsche Zeitung vom 24. 02. 2019. Im Internet unter: www.sueddeutsche.de/wirtschaft/plastikmuell-plastik-konsum-muell-verzicht-1.4341196-0

Textverständnis

3 P.

1. Prüfe, welche der folgenden Aussagen mit dem Sachtext übereinstimmen. Notiere entsprechend „trifft zu“, „trifft nicht zu“ oder „nicht genannt“.
   a) Nachhaltiges Handeln und Einkaufen ist derzeit vielen Menschen wichtig.
   b) Die Menge an Verpackungsmüll hat sich in Deutschland in den letzten Jahren bereits verringert.
   c) Da viele Materialien, die wir in den Gelben Sack werfen, bisher nicht recycelt werden konnten, wurden in letzter Zeit bessere Sortieranlagen entwickelt.
   d) Politiker und verschiedene Verbände haben das Problem erkannt und versuchen, mittels Verboten die Plastikmüllmenge zu reduzieren.
   e) Nur mit der Vermeidung von Müll kann man das Plastikproblem lösen.
   f) Neuartige sogenannte Bio-Kunststoffe könnten in Zukunft herkömmliches Plastik ersetzen.

2 P.

2. Erkläre kurz, weshalb die Annahme vieler Menschen in Deutschland, der Müll in den Weltmeeren sei nicht von ihnen verursacht, falsch ist.

3. Der Text betont an verschiedenen Stellen, dass sich das Verhalten der Verbraucher*innen ändern muss, um die Plastikmüllmenge zu reduzieren. Nenne stichpunktartig drei Maßnahmen aus dem Text, die Beispiele für nachhaltiges Handeln darstellen. Gib die Zeilenangaben an. 1,5 P.

4. Erläutere in zwei bis drei Sätzen den Sinn dieser Aussage: „Jedes Mal, wenn [der Kunde] eine Kaufentscheidung tätigt, trifft er eine weitere Wahl: für das eigene, flüchtige Wohl und gegen das der Umwelt." (Z. 80–83) 2 P.

Sprachgebrauch

1. Bestimme die Wortarten der unterstrichenen Wörter. Verwende jeweils den lateinischen Fachbegriff. 2 P.

   Jeder <u>Einzelne</u> muss spüren, <u>dass</u> <u>das</u> Konsumverhalten, <u>das</u> er gewohnt ist, mit einer intakten Umwelt nicht vereinbar ist.

2. Schreibe die unten stehenden Sätze mit allen fehlenden notwendigen Kommas auf. Begründe deine Einsetzung jeweils stichpunktartig mit der passenden Kommaregel. 4 P.

   a) Um die Menge an Plastikmüll nennenswert zu reduzieren wird ein Verbot von Strohhalmen aus Kunststoff nicht ausreichend sein.

   b) Klein geschnittenes Obst in Kunststoffverpackung einzelne Bananen oder Gurken in Plastikfolie doppelt verpackte Bonbons oder Salate in Einwegschüsseln lösen bei vielen Kunden mittlerweile mehr als nur ein Kopfschütteln aus.

   c) Ärmere Länder leiden unter dem Müll der westlichen Welt weil der Export von Plastikmüll bislang günstiger ist als die Entwicklung besserer Recycling-Anlagen.

   d) Jeder Einzelne kann mit seinen Kaufentscheidungen die auch die Umwelt berücksichtigen und nicht nur das eigene kurzfristige Wohl einen kleinen Teil zur Lösung des Müllproblems beitragen.

3. Bestimme jeweils die Zeitform. Verwende den lateinischen Fachbegriff. 1 P.

   a) Deutschland wird immer als Recycling-Vorreiter angesehen.

   b) Der Verzicht auf Produkte in Einwegverpackungen wird in Zukunft generell notwendig werden.

4. Formuliere den folgenden Satz ins Aktiv um. Behalte dabei die Zeitform bei. 1 P.

   Bisher ist zu sehr auf Kosten der Umwelt gelebt worden.

2 P. 5. Bilde aus den folgenden Wortbestandteilen Wörter, mit denen sich die unten stehenden Sätze sinnvoll ergänzen lassen. Schreibe die Wörter so auf, wie sie jeweils in die Lücken eingefügt werden müssten. Achte auf die richtige grammatikalische Form und korrekte Rechtschreibung.

1. Bestandteile	2. Bestandteile
zustande	gehen
entlang	kommen
weiter	sein
da	laufen

a) Die Deutschen sind Europameister im Wegwerfen und deshalb zu einem großen Teil mitverantwortlich am … der großen Menge an Verpackungsmüll auf der Welt.

b) Wenn die Entwicklung so …, wird es auf der Erde kaum mehr einen Flecken geben, an dem die Tier- und Pflanzenwelt nicht von Plastikmüll bedroht ist.

c) Schon jetzt haben wir, wenn wir an einem Strand …, unzählige Mikroplastikartikel unter den Füßen.

d) Ob es auf der Welt jemals wieder so aussehen wird, als wäre der Plastikmüll nie …, ist sehr fraglich.

2 P. 6. Formuliere den Satz so um, dass das Subjekt im Vorfeld steht, und bestimme anschließend das unterstrichene Satzglied.

„<u>Selten</u> war das Bewusstsein für nachhaltiges Handeln so groß wie zurzeit." (Z. 14/15)

3 P. 7. Erläutere die unterstrichenen sprachlichen Bilder aus dem Text in eigenen Worten.

a) „Schluss mit dem <u>Konsum für die Tonne</u>!" (Überschrift)

b) „Die Welt <u>versinkt in Plastik</u>." (Z. 1)

c) „<u>Strohhalme</u> aus Kunststoff <u>sterben aus</u>, Einweggeschirr auch und Plastiktüten sowieso." (Z. 4–6)

1,5 P. 8. Nenne für die unterstrichenen Begriffe jeweils ein Wort oder einen Ausdruck mit ähnlicher Bedeutung.

a) „Doch die <u>Realität</u> sieht anders aus." (Z. 23)

b) „Millionen Menschen hierzulande haben sich einen <u>Konsum</u> angewöhnt […]." (Z. 65–67)

c) „Jeder Einzelne muss spüren, dass das Konsumverhalten, das er gewohnt ist, mit einer <u>intakten</u> Umwelt nicht vereinbar ist." (Z. 95–98).

Pflichtteil A2 25 P.

Matthias Brandt: Blackbird

1. Nenne zwei mögliche Gründe, warum Motte sofort in Tränen ausbricht, als er davon erfährt, dass Bogi ins Krankenhaus musste. 2 P.

2. Arbeite heraus, welches Gefühlschaos Motte erlebt, als er Bogi das erste Mal im Krankenhaus besucht (vier Aspekte). 4 P.

3. „Am Abend stand ich plötzlich meinem Vater im Wohnzimmer gegenüber, wir waren uns dort zufällig begegnet." (S. 48) 4 P.

   Analysiere Mottes Verhältnis zu seinen Eltern (vier Aspekte).

4. Arbeite heraus, welche Erkenntnisse Motte über Steffi gewinnt, als er sie nach seinem Joint mit Neandertal-Klaus in der Stadt trifft. 3 P.

5. „Ich dachte: ‚Der Bogi …' – und dann fühlte ich etwas, wofür ich keine Worte hatte, was sehr wehtat, erst unter der Zunge, dann hinten am Kopf und am Ende auf der linken Seite, direkt unter den Rippen. Etwas, das bitter schmeckte und kurz und grell aufleuchtete […]. Dann schüttelte ich den Gedanken mit einem Ruck aus meinem Kopf […]." (S. 38) 12 P.

   Am Abend nach dem Besuch bei Bogi im Krankenhaus versucht Motte dieses Gefühl, das er beim Verlassen des Krankenzimmers gespürt hat, in Worte zu fassen.

   Schreibe Mottes Tagebucheintrag (mind. 200 Wörter).

Mirjam Pressler: Nathan und seine Kinder

3 P. 1. Nenne drei Gründe, weshalb es Daja so leichtfiel, ihre Heimat zu verlassen und sich dem Zug der Kreuzfahrer*innen nach Jerusalem anzuschließen.

3 P. 2. Erkläre mithilfe eines Zitats aus dem Roman, weshalb Geschem nach dem Brand in Nathans Haus befürchtet, dass er das Haus verlassen muss.

3 P. 3. Analysiere, welche Gefühle und Gedanken den Tempelritter umtreiben, nachdem Daja in ihrem Gespräch Rechas wahre Herkunft angedeutet hat (drei Aspekte).

3 P. 4. Zeige anhand von Zitaten aus dem Text auf, wie sich Recha am Tag nach dem Brand bei ihrem Spaziergang durch die Stadt fühlt und zu welcher Erkenntnis sie gelangt.

13 P. 5. „[D]ie Worte, die sie uns entgegenrief, kamen nur abgehackt aus ihrem Mund: ‚... Unglück ... Feuer ... Recha ... mit Gottes Hilfe ...‘
Ich sah, wie Nathan erstarrte und zu zittern begann, jegliche Farbe wich aus seinem Gesicht [...].“ (S. 43)

Schreibe Nathans inneren Monolog, der ihm in diesem Moment durch den Kopf gehen könnte (mind. 200 Wörter).

Wahlteil B

50 P.

Bearbeite eine der drei folgenden Aufgaben.

Erörterung

Erörtere Möglichkeiten, wie du als Verbraucher*in zur Reduzierung von Plastikmüll beitragen kannst, und gehe auf Schwierigkeiten ein, die der Lösung des Problems im Wege stehen. Verwende die folgenden Materialien für deine Argumentation. Begründe deine Meinung.

Material 1

Industrie wehrt sich gegen Plastikverbote: Wie sich die Plastikindustrie zurückmeldet

Von Arvid Kaiser

Wer das Handwerk der Krisen-PR lernen will, findet derzeit kaum einen besseren Übungsfall als in der Plastikindustrie. In kurzer Zeit hat das Nischenthema Meeresmüll einen zentralen Platz in der Öffentlichkeit bekommen. Weit mehr als 100 Länder versuchen das Problem mit Verboten oder Steuern in den Griff zu bekommen. Die Branche ist in der Defensive. [...]

Stolz ist die Industrie auf die von mehreren Konzernen zu Jahresbeginn gebildete „Allianz gegen Plastikmüll in der Umwelt“, die Milliarden in besseres Recycling investieren will. Was bleibt ihr auch anderes übrig? [...]

Die Plastiklobby bestreitet nicht, dass ihre Produkte in der Umwelt ernsten Schaden anrichten. Ihr wichtigstes Argument jedoch: Die Alternativen könnten alles noch schlimmer machen. Im texanischen Austin würden seit dem Verbot von Einweg-Plastiktüten 2013 die dickeren Mehrweg-Plastiktüten die Kanalisation verstopfen.

Als Supertrumpf verweist die APBA[1] auf eine Studie des britischen Umweltamts, derzufolge leichte Plastiktüten im Vergleich am wenigsten Klimaschaden anrichten. Papiertüten müsse man schon – unrealistischerweise – viermal verwenden, Baumwolltaschen sogar 173-mal, um den CO_2-Ausstoß auf das Niveau einer Einweg-Plastiktüte zu bringen.

Die Studie stammt aus dem Jahr 2011 und stützt ihre Annahmen auf Daten von 2006, ist aber wirkungsvoll: Die Zahlen kursieren auch schon an deutschen Supermarktkassen. Das Klima riskieren, um die Meere zu schützen? Das Ausspielen verschiedener Umweltziele gegeneinander dürfte zwar wie im Fall der Atomkraft nicht weit führen. Mit dem Säen von Zweifeln lässt sich aber zumindest Zeit gewinnen – vor allem, wenn sie begründet sind und dann auch noch von unverdächtiger Quelle kommen.

So kommentiert auch Plastics Europe[2] den Plastikatlas: Zurzeit werde „der Trugschluss genährt, dass Konsum automatisch nachhaltig wird, wenn man nur die Plastikverpackung weglässt“. Oft sei aber das Gegenteil der Fall. [...]

Eine besondere Rolle spielt der Dax-Konzern Covestro, erst 2015 von Bayer abgespalten mit dem rasch wachsenden Verkauf von Plastik – pardon: „hochwertigen Polymer-Werkstoffen“ – als Wachstumsstory. Das Leverkusener Unternehmen stellt zwar vor allem langlebige Produkte beispielsweise für Autos oder Gebäude her, hat also mit dem hauptsächlich kritisierten Einweg-Plastik wenig zu tun. Die Image-Probleme bekommt aber auch Covestro zu spüren.

Das „Handelsblatt“ berichtet von einer Reise des Covestro-Chefs Markus Steilemann nach Indien – eines wichtigen Wachstumsmarkts, der aber noch restriktiver als die Europäer die Plastikflut eindämmen will. „Ich habe auf einer

2 Plastics Europe: Verband der Kunststofferzeuger

1 American Progressive Bag Alliance: Industrieverband; wehrt sich gegen Verbote von Einweg-Plastiktüten

Konferenz hier gesagt, dass Plastik das Material des 21. Jahrhunderts ist“, sagte der Manager. „Die Menschen haben darauf so reagiert, als wäre ich auf dem falschen Planeten.“ Ein indischer Geschäftspartner habe gescherzt, Steilemanns „High-Tech“-Visitenkarte aus Plastik dürfe er wohl nicht annehmen.

„Die Welt hat kein Kunststoffproblem“, verteidigte sich Steilemann jüngst im „Tagesspiegel“-Interview. „Sie hat ein Problem mit dem Abfallmanagement.“ Eine „wirklich effektive globale Zirkulärwirtschaft“ müsse dringend angegangen werden. Covestro selbst gehe mit gutem Beispiel voran: indem man sogar das Klimagas CO_2 selbst als Grundstoff anstelle von Erdöl nutze und so aus der Atmosphäre ziehe. Matratzenschaum und Turnhallenböden auf CO_2-Basis sind schon im Handel, viele weitere Produkte sollen folgen.

Nullenergiehäuser, Leichtbau von Fahr- und Flugzeugen – all das sei „kostengünstig ohne Kunststoffe nicht vorstellbar“. Die Plastikindustrie will lieber Lösung als Problem sein.

Plastik ist leichter, flexibler, reiner, beständiger und vor allem günstiger als die gängigen Naturmaterialien – diese Vorteile werden reihenweise auch auf plastik-kritischen Websites aufgezählt.

Die wohl wirksamste Gegenwehr zum Anti-Plastik-Kurs kommt ohnehin nicht von der Industrie selbst, sondern von Endkunden, die den Wandel ablehnen. In Australien kam es zu Tumulten, als eine Supermarktkette Einwegtüten aus dem Sortiment nahm. Und McDonald’s erntete mit dem Wechsel zu Papierstrohhalmen in Großbritannien eine Petition mit hunderttausenden Stimmen. Daraufhin blieb die Burger-Kette doch lieber beim Plastik.

Quelle: Arvid Kaiser: Wie sich die Plastikindustrie zurückmeldet. Manager Magazin vom 12. 06. 2019. Im Internet unter: www.manager-magazin.de/unternehmen/artikel/plastik-industrie-meldet-sich-zurueck-lobby-gegen-verbote-a-1272003.html

Material 2

Schaubild

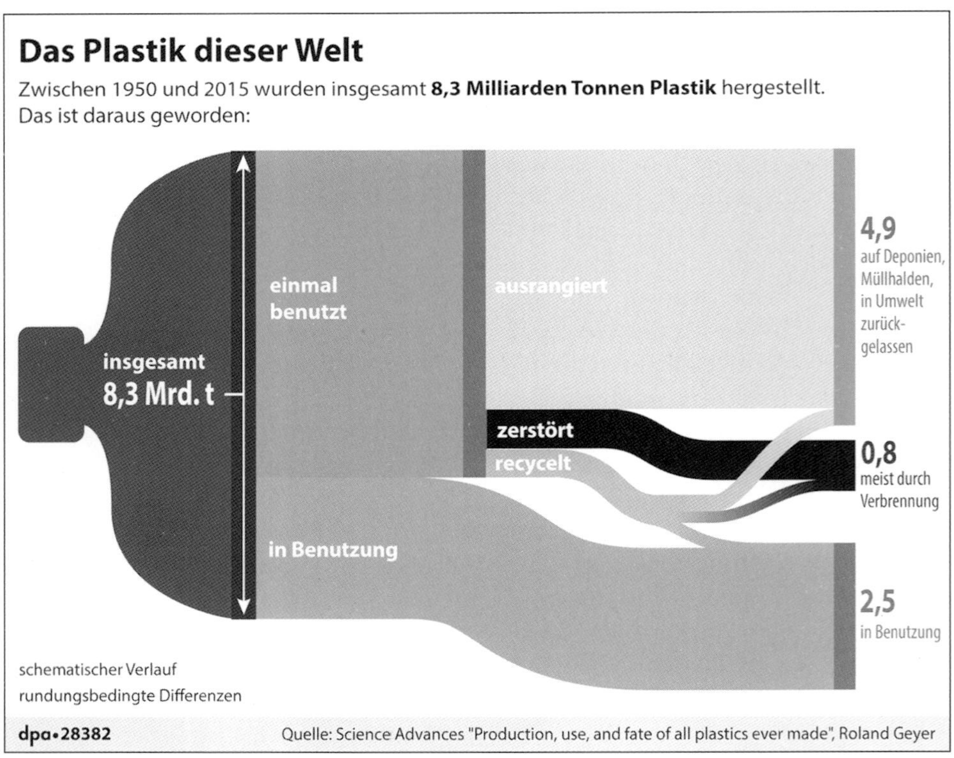

Quelle: © picture-alliance/dpa-infografik

Textbeschreibung Lyrik

Text

Mascha Kaléko (1907–1975): Einmal sollte man

Einmal sollte man seine Siebensachen
Fortrollen aus diesen glatten Geleisen.
Man müßte sich aus dem Staube machen
Und früh am Morgen unbekannt verreisen.

Man sollte nicht mehr pünktlich wie bisher
Um acht Uhr zehn den Omnibus besteigen.
Man müßte sich zu Baum und Gräsern neigen,
Als ob das immer so gewesen wär –

Man sollte sich nie mehr mit Konferenzen,
Prozenten oder Aktenstaub befassen.
– Man müßte Konfession und Stand verlassen
Und eines schönen Tags das Leben schwänzen.

Es gibt beinahe überall Natur,
– Man darf sich nur nicht sehr um sie bemühen –
Und so viel Wiesen, die trotz Sonntagstour
Auch werktags unbekümmert weiterblühen.

... Man trabt so traurig mit in diesem Trott –
Die andern aber finden, daß man müßte ...
– Es ist fast, als stünd' man beim lieben Gott
Allein auf der schwarzen Liste.

Man zog einst ein Lebenslos „zweiter Wahl".
Die Weckeruhr rasselt. Der Plan wird verschoben.
Behutsam verpackt man sein kleines Ideal.
– *Einmal* aber sollte man ... (Siehe oben!)

Quelle: Mascha Kaléko: Einmal sollte man. In: Das lyrische Stenogrammheft. 1933.

Aufgabenstellung

Fertige zu diesem Gedicht eine Textbeschreibung an. Bearbeite im Hauptteil folgende Schwerpunkte:

- Aufbau und Form
- Sprachliche Mittel und deren Wirkung
- Die Perspektive, aus der das Gedicht geschrieben ist
- Bezug zur Überschrift

Bewertet werden in deinem Aufsatz neben Inhalt, Aufbau und Form der Textbeschreibung auch Sprache und Rechtschreibung.

Textbeschreibung Prosa

Text

Botho Strauß (*1944): Rückkehr

Da gab es den Bäckermeister Alwin, der eines Morgens nicht mehr in seine Backstube kam, seine Frau Myriam verließ und nach Mexiko auswanderte. Dort kaufte er sich in eine Papierfabrik ein und wurde ein erfolgreicher Fabrikant. Schließlich gehörten ihm zwölf Papierfabriken in ganz Lateinamerika. Nach fünfundzwanzig Jahren kehrte er nach Hannover zurück. Dort lebte seine Frau immer noch in der kleinen Wohnung am Rande der Eilenriede. Sie war inzwischen fünfzig Jahre alt und litt eine bittere Armut. Als ihr Mann davon erfuhr, nahm er sich ein Herz und besuchte seine Frau in ihrer beider alten Bleibe. Die Frau saß bei einem Glas Pfirsichlikör an ihrem Tisch, an dem sie immer gesessen hatte, wenn die Küchenarbeit beendet war. Sie blickte auf, als ihr Mann plötzlich wieder neben ihr stand, und sah dann zurück auf die Tischplatte. Sie hörte, welch ein Angebot er ihr machte und welche Unterstützung er ihr versprach. Doch sie schüttelte den Kopf und bat ihn, sie wieder mit ihm allein zu lassen.

Quelle: Botho Strauß: Rückkehr. In: Kürzestgeschichten. Reclam 2010, S. 117.

Aufgabenstellung

Fertige zu diesem Text eine Textbeschreibung an. Bearbeite im Hauptteil folgende Schwerpunkte:

- Charakterisierung der Hauptfiguren
- Die Erzählperspektive
- Den Satzbau
- Bezug zwischen Überschrift und Inhalt

Bewertet werden in deinem Aufsatz neben Inhalt, Aufbau und Form der Textbeschreibung auch Sprache und Rechtschreibung.

Übungsaufgaben im Stil der Abschlussprüfung Übungsaufgabe 2

Pflichtteil A1

25 P.

Text

Lebensmittelpreise: Unser billiges Essen

Von Sebastian Balzter

Wir geben so wenig für Lebensmittel aus wie nie. Das allein ist aber noch kein Grund, ein schlechtes Gewissen zu haben.

Das Kilo Hackfleisch, halb Schwein, halb Rind, gibt es beim Discounter im Sonderangebot für 4,49 Euro. Eine Gurke kostet 59 Cent, ein Liter frische Vollmilch 73 Cent, zehn Eier 1,19 Euro. So billig sind Lebensmittel in Deutschland. Ganze Kälber, schwarzbunt und drei Wochen alt, werden zurzeit für 8,46 Euro das Stück gehandelt. Ein T-Shirt kostet mehr. Wie kann das sein?

Von 100 Euro, die ein Durchschnittshaushalt in Deutschland für den privaten Konsum ausgibt, entfallen knapp 14 Euro auf Lebensmittel. Vor 40 Jahren waren es noch rund 20 Prozent, vor 50 Jahren rund 30 Prozent, und vor dem Ersten Weltkrieg ging sogar noch die Hälfte des verfügbaren Einkommens dafür drauf, dass alle in der Familie satt wurden. Damals gab es noch Millionen kleine Bauernhöfe im Land. Heute sind es nur noch 270 000, jedes Jahr werden es weniger. Treibt die „Geiz ist geil"-Mentalität der Deutschen eine ganze Branche in den Ruin? Und sind die Schleuderpreise nicht auch der Grund dafür, dass es einfach nicht vorangeht mit Tierwohl, Umwelt- und Klimaschutz?

Ganz so einfach ist es nicht. Günstige Lebensmittel sind nicht pauschal schlecht, teure sind nicht per se gut für Mensch, Tier und Umwelt. Drei Regeln für die Einordnung der Lebensmittelpreise, an die es sich vor dem nächsten Einkauf zu denken lohnt:

Erstens, ganz kurz und knapp, sagen Preise weniger über Herstellungskosten und Warenqualität aus als über die Zahlungsbereitschaft der Käufer. Das gilt für Lebensmittel mindestens genauso wie für andere Produkte. Das zeigen Vergleichsuntersuchungen immer wieder, etwa wenn im Labor der Schadstoffgehalt gemessen und bei Blindverkostungen der Geschmack bewertet wird. Teure Markenprodukte schneiden bei der Stiftung Warentest sogar häufig schlechter ab als Billigware vom Discounter.

Zweitens, etwas ausführlicher, bedeuten niedrigere Lebensmittelpreise nicht automatisch, dass es den Landwirten schlecht gehen muss. Die Menschheit hat sich viele Jahrtausende danach gesehnt, die Kosten für die Produktion von Lebensmitteln zu senken. Das ist erst in den letzten 150 Jahren auf atemberaubende Weise gelungen. Der Einsatz von Maschinen, Fortschritte in der Tier- und Pflanzenzucht, das Ausnutzen von Größenvorteilen und Verbesserungen in der Logistik sind dafür zu loben.

Dass die Ausgaben für Lebensmittel keinen so großen Teil des verfügbaren Einkommens mehr ausmachen wie früher, liegt aber noch an etwas anderem. Es geht uns im Durchschnitt materiell besser als früheren Generationen. Wir setzen den hinzugewonnenen Wohlstand aber zunehmend für Dinge ein, die unsere Großeltern noch überhaupt nicht kannten, für Smartphones beispielsweise. [...]

Die Landwirte haben ihre Produktivität allein in den vergangenen zwanzig Jahren um gut 80 Prozent gesteigert, deutlich stärker als der Rest der deutschen Wirtschaft. Das heißt, sie können Getreide, Milch und Fleisch günstig anbieten und trotzdem ein Auskommen

finden. Mehr als Sonderangebote vom Discounter machen ihnen im Zweifel schwankende Weltmarktpreise, steigende Pachtkosten und Ungewissheit über die Agrarpolitik zu schaffen. [...]
Damit zum dritten Punkt: Niemand, der es gut meint und es sich leisten kann, ist alternativlos den niedrigen Lebensmittelpreisen im Discounter ausgeliefert. Vor den Toren Frankfurts, auf dem Dottenfelderhof, einem biodynamischen Vorzeigebetrieb, kostet das Kilo Hackfleisch 14,48 Euro, ein Liter Frischmilch 1,59 Euro, sechs Eier aus eigener Haltung gibt es für 3,59 Euro. [...] Insgesamt steigt der Bioanteil am Lebensmittelmarkt kontinuierlich, und Biobetriebe kommen je Arbeitskraft auf ein deutlich höheres Einkommen als konventionelle Höfe. Sie werden stärker gefördert. Außerdem sind Lebensmittel aus Biolandwirtschaft, die dem Vieh mehr Platz lässt, ohne künstlichen Dünger und chemische Pflanzenschutzmittel auskommt, deshalb weniger Ertrag je Hektar und Tier hat, tendenziell teurer. Aber auch hier gibt es Abstufungen: Inzwischen verkaufen auch Aldi und Lidl im großen Stil Bioware, zu deutlich niedrigeren Preisen als etwa der Dottenfelderhof. Wieder machen sich Größenvorteile bemerkbar. Thomas Greim, als Gründer des Biohändlers Dennree einer der Pioniere der Szene, betreibt seit ein paar Jahren einen Hof mit rund 1 000 Kühen nach den Regeln des Bioland-Verbandes: Ökolandwirtschaft im industriellen Stil. [...]
Bis hierher lautet das Fazit: Niedrige Lebensmittelpreise sind kein Skandal, sondern ein Fortschritt. Wie schön, dass jeder selbst entscheiden kann, wofür er sein Geld ausgibt.
Jetzt kommt das Aber. Es betrifft genau diese Entscheidungsfindung, und Achim Spiller, Professor für Agrarökonomie an der Universität Göttingen, kennt sich damit besonders gut aus. In einer Vorlesung hat er vor Kurzem seine Zuhörer gefragt, welche Tomaten sie als bewusste Verbraucher kaufen würden: niedersächsische oder italienische? Die große Mehrheit votierte für das regionale Gemüse. Für das Klima sei dies jedoch genau falsch, sagt Spiller. Eine Tomate aus einem beheizten norddeutschen Gewächshaus verursacht fünfmal so viel CO_2-Ausstoß wie eine mit dem Lkw aus dem sonnigen Süden angelieferte. Teurer ist sie unter Umständen auch noch.
„Beim Tierwohl liegen die meisten Laien mit ihren Vorstellungen dagegen richtig“, sagt Spiller. „Es geht dem Vieh tatsächlich besser, wenn es mehr Platz hat. Manchmal machen sich aber auch Leute Sorgen, wenn Kühe im Winter draußen auf der Weide stehen. Dabei haben die es viel lieber kühl als warm.“
Der Tomaten-Trugschluss ist jedoch kein Einzelfall. Und Aufklärung darüber macht das Leben nicht leichter. Je mehr wir über die Welt wissen, das ist ein ewiges Paradox des Fortschritts, desto komplizierter wird der Umgang mit diesem Wissen. Was regional ist, muss nicht klimafreundlich sein. Was bio ist, hilft womöglich nicht der bäuerlichen Landwirtschaft. Was konventionell hergestellt wurde und von weit her kommt, kann trotzdem eine gute Ökobilanz haben, weil Effizienz einen sparsamen Einsatz von Ressourcen erfordert und Pflanzenschutzmittel nicht zwangsläufig zum großen Insektensterben führen müssen. [...]
Die Zielkonflikte, die sich daraus ergeben, lassen sich kaum auflösen. Sie tragen zu dem bei, was Wissenschaftler auf Englisch als *„citizen consumer gap“* bezeichnen. Gemeint ist die Lücke zwischen dem in jeder Hinsicht vorbildlichen Verhalten, das wir als Bürger prinzipiell verlangen, und den Ernährungsentscheidungen in unserem täglichen Leben. Rund 200 davon, haben Wissenschaftler ermittelt, trifft jeder von uns an jedem einzelnen Tag. Soll es am Morgen eine Tasse Kaffee sein oder noch eine zweite? [...] Kaufen wir das Brot beim Bäcker oder im Supermarkt?
Der Preis allein taugt nicht als Indikator, um all diese Fragen zu beantworten. Schon gar nicht, wenn wir viele verschiedene Ziele zugleich erreichen wollen: gesund leben und gut essen,

die Umwelt und das Vieh schonen, die Landwirte fair bezahlen. Ein Grund zum Verzweifeln ist das aber noch lange nicht. Wer will, dass mehr Geld bei den Landwirten ankommt, kauft Kartoffeln und Fleisch am besten direkt im Hofladen. Wer Tiere und Boden pfleglich behandelt wissen will, kauft saisonales Gemüse. Und radelt zum Einkaufen. „Man kann noch so sehr auf den CO_2-Abdruck der Lebensmittel achten", rechnet Achim Spiller vor, der Professor aus Göttingen: „Wenn man mit dem Auto zum Supermarkt fährt, ruiniert man sich die Klimabilanz gleich wieder."

Quelle: Sebastian Balzter: Unser billiges Essen. FAZ vom 2. 12. 2019. Im Internet unter: www.faz.net/aktuell/finanzen/wie-schlimm-sind-schleuderpreise-fuer-lebensmittel-16512164.html (gekürzt)

Textverständnis

1. Prüfe, welche der folgenden Aussagen mit dem Sachtext übereinstimmen. Notiere entsprechend „trifft zu", „trifft nicht zu" oder „nicht genannt". — 3 P.
   a) Der Anteil des Einkommens, der für Lebensmittel ausgegeben wird, ist in den letzten Jahrzehnten gesunken.
   b) Der Preis eines Produktes gibt verlässlich Auskunft über die Herstellungskosten.
   c) Die Landwirtschaft hat ihre Produktivität in den letzten zwei Jahrzehnten deutlich stärker gesteigert als der Rest der deutschen Wirtschaft.
   d) Den Deutschen wird – im Gegensatz zu den Franzosen – nachgesagt, besonders gern billige Lebensmittel zu konsumieren.
   e) Gewächshaustomaten aus Niedersachsen verursachen fünfmal so viel CO_2-Ausstoß wie italienische Tomaten und sind zudem vermutlich auch noch teurer.
   f) Jeder Bürger trifft pro Tag rund 200 Ernährungsentscheidungen.

2. Nenne stichpunktartig vier Gesichtspunkte, wie es gelungen ist, die Kosten für die Produktion von Lebensmitteln zu senken. — 2 P.

3. Im Text ist vom „Tomaten-Trugschluss" (Z. 154) die Rede. Erkläre, was damit gemeint ist. — 2 P.

4. Welche Einkaufsempfehlung würdest du Konsumentinnen und Konsumenten geben, denen das Tierwohl besonders am Herzen liegt? Begründe deine Aussage mithilfe des Textes. — 2 P.

5. Erläutere in zwei bis drei Sätzen den Sinn der folgenden Aussage: — 2 P.

   „Wie schön, dass jeder selbst entscheiden kann, wofür er sein Geld ausgibt." (Z. 125–127)

Sprachgebrauch

5 P. 1. Schreibe die folgenden Sätze zunächst ab und setze dann die fehlenden Kommas. Begründe deine Entscheidungen jeweils stichpunktartig mit der passenden Kommaregel.

a) Die Landwirtschaft von der in den vergangenen Jahrzehnten viel Flexibilität verlangt wurde ist auch mit der Digitalisierung vor große Herausforderungen gestellt.

b) Jeder Konsument kann durch sein Kaufverhalten für das Tierwohl sorgen indem er bei Kaufentscheidungen nicht nur das eigene Wohl in den Blick nimmt.

c) Rinder Schweine und Hühner erhalten auf Bio-Bauernhöfen viel mehr Platz als in der konventionellen Landwirtschaft.

3,5 P. 2. Bestimme in folgenden Sätzen die Wortarten der unterstrichenen Wörter. Verwende die lateinische Bezeichnung.

a) „Niemand (1), der es gut meint und es sich leisten kann, ist alternativlos (2) den niedrigen Lebensmittelpreisen im (3) Discounter ausgeliefert." (Z. 90–94)

b) „Je mehr wir über die Welt wissen, das (4) ist ein ewiges (5) Paradox des Fortschritts, desto komplizierter (6) wird der Umgang mit diesem Wissen." (Z. 156–160)

2 P. 3. Ordne jeweils eine der deutschen Bezeichnungen dem entsprechenden Fremdwort richtig zu.

	Fremdwort
a)	Mentalität (Z. 26)
b)	Paradox (Z. 158)
c)	Produktivität (Z. 78)
d)	Branche (Z. 27)

Deutsche Bezeichnung
Wirksamkeit
Geistlichkeit
Wirtschaftszweig
Verrücktheit
Denk- und Anschauungsweise
Ergiebigkeit
Widersinnigkeit
Schnelligkeit

1,5 P. 4. Lies das nachfolgende Zitat und forme es in die indirekte Rede um.

„Beim Tierwohl liegen die meisten Laien mit ihren Vorstellungen dagegen richtig [...]. Es geht dem Vieh tatsächlich besser, wenn es mehr Platz hat." (Z. 146–150)

Beginne deinen Satz wie folgt: Achim Spiller sagt, ...

5. Erkläre jeweils die Schreibweise der unterstrichenen Buchstaben. 2 P.
   a) „Wer will, dass mehr Geld bei den Landwirten ankommt, kauft Kartoffeln und Fleisch am besten direkt im Hofladen.“ (Z. 194–197)
   b) „Soll es am Morgen eine Tasse Kaffee sein oder noch eine zweite?“ (Z. 182–184)

25 P. **Pflichtteil A2**

Matthias Brandt: Blackbird

5 P. 1. Nenne fünf Informationen über Mottes besten Freund Bogi. Belege diese anhand von Zitaten aus dem Text.

6 P. 2. Motte berichtet immer wieder über Ereignisse aus der Schule und beschreibt dabei auch seine Lehrerinnen und Lehrer. Er unterscheidet dabei klar, welche er zu den Guten zählt und welche nicht. Vergleiche die beliebteste und die unbeliebteste Lehrkraft, die von Motte beschrieben wird, miteinander. Stelle dabei dar, wie diese mit den Schülerinnen und Schülern umgehen (je zwei Beispiele) und wie sich die Schüler*innen deshalb ihnen gegenüber verhalten (je ein Beispiel). Nutze auch Zitate aus dem Roman.

2 P. 3. „Leute sah ich nicht in unserem ehemaligen Haus. Ich nickte kurz, als ob ich mich endgültig verabschieden wollte, und ging weiter. Dann stockte ich und blieb stehen. Während mir die Idee kam, drehte ich schon um." (S. 209)

Erkläre, um welche Idee es sich hier handelt.

3 P. 4. Das Thema „Sprachlosigkeit" spielt im Roman immer wieder eine Rolle. Erläutere anhand von drei Beispielen, wo diese Sprachlosigkeit erkennbar ist.

9 P. 5. „Wir schwiegen wieder eine Weile, und irgendwann sagte sie: ‚Du bist ein Spinner, aber ich hab dich ziemlich gern, Motte.'
Einfach so.
Und was tat ich?
Ich stieg in die Pedale und raste los, ohne ein weiteres Wort an Steffi vorbei. Ich fuhr ihr einfach weg, in Richtung Neue Stadt, so schnell ich konnte." (S. 168/169)

Nachdem Steffi Motte zufällig getroffen und ihm schließlich ihre Zuneigung gestanden hat, fährt er einfach wortlos davon. Welche Gedanken könnten Steffi in diesem Moment durch den Kopf gehen?

Schreibe Steffis inneren Monolog (mindestens 200 Wörter).

Mirjam Pressler: Nathan und seine Kinder

1. „Mal wird einem eine Hand hingehalten, ein andermal streckt man selbst die Hand aus.“ (S. 54) 3 P.

   Zeige anhand von drei Beispielen aus dem Roman, dass diese Aussage zutrifft.

2. Erkläre, warum Curd von Stauffen als einziger Tempelritter von Sultan Saladin am Leben gelassen wird. 3 P.

3. Nathans Tod ist für verschiedene Personen von Vorteil. Erläutere anhand von zwei Beispielen, wer ein begründetes Interesse an Nathans Tod haben könnte. 2 P.

4. Der Roman „Nathan und seine Kinder“ behandelt auch die Frage nach der einzig wahren Religion bzw. dem richtigen Umgang mit den unterschiedlichen Religionen. Für welche Art des Umgangs mit dem Thema „Religion“ plädiert das Buch? Begründe deine Meinung. 4 P.

5. „Erst verstand ich nicht, dass es ein Mensch war, der da schrie. Doch dann sah ich sie, Daja, die Herrin, wie sie sich drehte und wand und versuchte, sich aus dem Griff der Köchin zu befreien, ich sah ihr verzerrtes Gesicht und den aufgerissenen Mund.“ (S. 9) 13 P.

   Daja ist in Panik und hat Angst um Rechas Leben, das sie unter allen Umständen retten will. Gleichzeitig weiß sie, dass sie Nathan nie mehr unter die Augen treten kann, wenn ihr dies nicht gelingt. Welche Gedanken könnten Daja in der hier von Geschem beschriebenen Situation durch den Kopf gehen?

   Schreibe Dajas inneren Monolog (mindestens 200 Wörter).

50 P.

Wahlteil B

Bearbeite eine der drei folgenden Aufgaben.

Erörterung

Erörtere anhand von jeweils drei Argumenten, ob Busse und Bahnen im öffentlichen Personennahverkehr kostenfrei sein sollten. Verwende dafür die vorliegenden Texte und begründe deine eigene Meinung.

Material 1

Pro und Kontra kostenloser ÖPNV: Sollte der Nahverkehr kostenlos sein?

Autos tragen maßgeblich zum Klimawandel bei. Wäre ein kostenloser Nahverkehr ein gutes Mittel, um Menschen zum Umsteigen zu bewegen?

JA sagt Leonie Theiding

Wenn es darum geht, die Umwelt zu retten und damit unser Überleben zu sichern, sollte das keine Autolobby, kein Papierkram und vor allem keine Kostenscheu aufhalten können. Ein Schritt in diese Richtung wäre ein klimafreundlicher Verkehr, was wiederum voraussetzt: attraktivere, kostenlose öffentliche Verkehrsmittel.

Jahrzehntelang wurden die Städte autofreundlich gestaltet: Riesige Parkplätze wurden errichtet, Verkehrsschneisen durch die Quartiere geschlagen, Fußgänger und Radfahrer an den Rand gedrängt. Nun ist es an der Zeit, die Städte bus- und bahnfreundlich zu gestalten.

Das bedeutet: Die Infrastruktur in den Städten muss so umgemodelt werden, dass der „öffentliche Personennahverkehr" (ÖPNV) Menschen genauso flexibel, gemütlich und zudem verlässlich transportieren kann wie das Auto. Wären öffentliche Verkehrsmittel zuverlässig, praktisch und zusätzlich umsonst, würden sie bei einer individuellen Kosten-Nutzen-Rechnung am besten abschneiden.

Wer jetzt laut aufschreit und fragt, woher das Geld zur Finanzierung eines solchen Projektes stammen solle, der muss sich zuerst fragen, wie viel das Autofahren die Allgemeinheit kostet. 180 Euro kosten die Schäden, die bei jeder Tonne ausgestoßenem Kohlendioxid entstehen. 164 Milliarden Euro Schaden verursachte der Kohlendioxidausstoß alleine 2016 in Deutschland. Das Umweltbundesamt rechnet auch die Kosten ein, die durch gesundheitliche Schäden entstehen: Gehörschäden, Herz-Kreislauf-Erkrankungen, Bluthochdruck und Herzinfarkte sind mögliche Langzeitfolgen chronischer Lärmbelastung. In der Verkehrsökologie nennt man dies „externe Effekte" – Kosten einer individuellen Handlung werden auf die Allgemeinheit, andere Räume oder Zeiten abgewälzt.

Außerdem wird auch der Autoverkehr intensiv subventioniert: durch Diesel-Förderung, Polizeieinsätze, um beispielsweise Falschparker aufzuspüren, Blitzer-Anlagen, die Erneuerung und den Bau von Straßen.

Wenn mehr Menschen auf den öffentlichen Nahverkehr statt auf das Auto zurückgreifen, verringert sich der Ausstoß an Stickstoffdioxid, das wegen des Diesel-Skandals in aller Munde ist und Herz-Kreislauf-Erkrankungen begünstigt. 40 Prozent der in Deutschland emittierten Stickoxide werden laut Umweltbundesamt durch den Verkehr verursacht.

Hier schneiden Busse und Bahnen aber wesentlich besser ab als der Pkw: Nach Angaben des Verbandes Deutscher Verkehrsunternehmen (VDV) verbraucht eine Fahrt mit Bus und Bahnen nur halb so viel Energie pro Passagier als eine Fahrt mit dem Auto.

Und nicht zuletzt: Mit kostenlosen öffentlichen Verkehrsmitteln bliebe Mobilität kein Luxusgut. Ergo, würde ein kostenloser öffentlicher Nahverkehr auch zur Verringerung der Spaltung zwischen Arm und Reich beitragen.

NEIN sagt Edgar Langwald

Die Idee, den öffentlichen Personennahverkehr (ÖPNV) kostenlos zu machen, klingt auf den ersten Blick recht verlockend. Dann könnte jeder ihn benutzen, ob arm oder reich. Mehr Leute würden ihr Auto stehen lassen und damit die Umwelt entlasten: Es gäbe weniger Lärm, weniger Stickoxide, einen geringeren Kohlendioxid (CO_2)-Ausstoß und weniger Verkehrstote. Und keiner müsste mehr wegen Schwarzfahrens einsitzen. – Jeder würde davon profitieren.

Doch dieses Modell ist in Großstädten wie Hamburg Geldverschwendung. Versuche in vielen Städten, in denen diese Idee ausprobiert wurde, haben nämlich gezeigt, dass Autofahrer nicht einfach auf öffentliche Verkehrsmittel umstiegen, nur weil diese kostenlos waren. Die Kriterien Komfort, Geschwindigkeit und Zuverlässigkeit waren den meisten Autofahrern wichtiger als der Preis.

Ein eigenes Auto zu halten, ist ohnehin schon deutlich teurer als eine Monatskarte des Hamburger Verkehrsverbundes (HVV). Und gerade an der Zuverlässigkeit des öffentlichen Nahverkehrs in Hamburg ist noch viel auszusetzen. In anderen Worten: Hamburg hätte immer noch überfüllte Straßen. Ein Ziel für Großstädte sollte aber gerade sein, dass Autofahrer ihren Wagen stehen lassen, und nicht etwa, die Stadt touristisch attraktiver zu machen.

Zu Stoßzeiten überfüllt

Die zusätzlichen Fahrgäste, die ein kostenloser Nahverkehr anzöge, wären wohl hauptsächlich Fahrradfahrer und Fußgänger. Das würde den HVV aber noch unattraktiver machen, da Busse und Bahnen zu manchen Zeiten sowieso schon überfüllt sind.

Dazu kommt, dass der Begriff „kostenloser ÖPNV“ in die Irre führt, denn mit „kostenlos“ hat das nichts zu tun. Die Kosten würde der Steuerzahler übernehmen. In Hamburg werden jährlich 825,5 Millionen Euro durch den Verkauf von Fahrkarten erlöst. Bei 3 458 000 Einwohnern im Verbundgebiet des HVV hätte also Stand 2016 jeder Bürger 238 Euro bezahlen müssen, um die verlorenen Einnahmen zu decken. Das ist unfair gegenüber denjenigen, die den HVV überhaupt nicht nutzen, zum Beispiel, weil sie schlecht an das HVV-Netz angeschlossen sind.

Die bisherigen Versuche von Kommunen, einen kostenlosen Nahverkehr einzuführen, haben gezeigt, dass dieser kaum zu finanzieren ist. Teilweise lag das ausgerechnet an zu hohen Unterhaltungskosten durch die starke Nutzung der Busse. Unterm Strich schafft der Vorschlag mehr Probleme, als er löst.

Quelle: Leonie Theiding, Edgar Langwald: Sollte der Nahverkehr kostenlos sein? TAZ vom 18. 04. 2019. Im Internet unter: https://taz.de/Pro-und-Contra-kostenloser-OePNV/!5589087/

Material 2

Nahverkehr in Rostock: Schüler fahren künftig umsonst Bus und Bahn

Politiker und Experten haben zuletzt viel über Vor- und Nachteile des kostenlosen Nahverkehrs gestritten. Rostock hat Fakten geschaffen: Schüler fahren von 2020 an umsonst. Ist das nur der Anfang?

Als eine der ersten Städte in Deutschland führt Rostock ein kostenloses Schülerticket ein. Vom Jahr 2020 an dürfen Kinder und Jugendliche in der Hansestadt umsonst Bus und Bahn fahren. Dafür stimmte die Rostocker Bürgerschaft, in der Politiker aus allen großen Parteien sitzen. Etwa 20 000 Schüler würden von einem solchen Ticket profitieren. Pro Jahr belaufen sich die Kosten laut Sozialsenator Steffen Bockhahn (Linke) auf etwa 3,3 Millionen Euro.

Damit schafft Rostock Fakten in der Diskussion um die Zukunft des öffentlichen Nahverkehrs (ÖPNV). Erst Anfang des Jahres hatte die Bundesregierung einen kostenlosen ÖPNV ins Gespräch gebracht – als Maßnahme gegen Dieselfahrverbote. Fünf Modellstädte sollte es geben, doch Bonn, Essen, Herrenberg (Baden-Württemberg), Reutlingen und Mannheim sagten ab. Zu teuer sei ein solches Vorhaben. Zuletzt setzte sich Grünen-Chef Anton Hofreiter bundesweit für ein Ein-Euro-Tagesticket für Busse und Bahnen ein. „Schüler und Auszubildende sollen gratis mitfahren“, sagte Hofreiter.

In Rostock werden die Fahrkarten nicht nur für den Schulweg gelten, sondern auch für sämtliche Strecken, die Schüler in ihrer Freizeit zurücklegen. „Das ist der erste Schritt in Richtung eines komplett kostenlosen öffentlichen Nahverkehrs“, sagte die Landtagsabgeordnete Eva-Maria Kröger (Die Linke) der „Ostsee-Zeitung“. Das Ticket solle die Chancengleichheit erhöhen und die Bildung verbessern. [...]

Quelle: Schüler fahren künftig umsonst Bus und Bahn. SPIEGEL.DE vom 18. 10. 2018. Im Internet unter: www.spiegel.de/auto/aktuell/rostock-schueler-fahren-bald-umsonst-mit-bus-und-bahn-a-1233911.html (Auszug)

Textbeschreibung Lyrik

Text

Michail Krausnick (1943–2019): Modern modern

1 Die Mode wechselt. Bedarf wird geweckt.
Mal mit und mal ohne. Mal frei, mal bedeckt.
Mal Sex, mal Romantik. Mal mager, mal rund.
Mal länger, mal kürzer, mal farbig, mal bunt.

Mal Kurven, mal Kanten. Ein Kommen und Gehn.
Man kann sich nicht wehren. Was heute noch schön,
Ist morgen unmöglich. Es ändert sich schnell
Die Meinung, die Farbe, der Stoff, das Modell.

In all dem Gerenne, da ist es geschehn:
Da blieb plötzlich einer konsumwidrig stehn.
Er blickte verzweifelt und fragte: Warum
Rennt der Mensch wie ein Hammel, warum nur, warum?

Die Herde gab Antwort,
Ganz offen und frei:
Man fand ihn dann später
Zertreten zu Brei …

Quelle: Michail Krausnick: Modern modern. In: Pausenliebe, Edition Durchblick, Neckargemünd 2002 (Erstveröffentlichung)

Aufgabenstellung

Fertige zum vorliegenden Gedicht eine Textbeschreibung an. Bearbeite im Hauptteil folgende Schwerpunkte:

- Aufbau des Textes und Reimschema
- Bedeutung des Titels
- Zusammenhang zwischen Handlung, Sprache und Stil

Bewertet werden in deinem Aufsatz neben Inhalt, Aufbau und Form der Textbeschreibung auch Sprache und Rechtschreibung.

Textbeschreibung Prosa

Text

Josianne Maas (1921–1986): Konsequenz

Wie bitte, ob ich was bin? Gegen die Rassentrennung?
Natürlich bin ich gegen die Rassentrennung. Was können denn diese armen Menschen dafür, dass sie eine andere Hautfarbe haben? Es muss endlich mal Schluss gemacht werden mit der Diskriminierung!
Aber selbstverständlich bekommen Sie meine Unterschrift. Man muss doch schließlich beweisen, dass man tolerant ist. Also ich habe nichts gegen die Neger. Vor Gott sind alle Menschen gleich.
Rassenkrawalle in Chicago? Also wissen Sie, ich verstehe ja die Amerikaner nicht. Haben doch eine Demokratie. Sollten den Negern doch endlich die Gleichberechtigung geben. Sind ja schließlich auch Menschen.
Wenn einer zu mir an die Tür kommt? Na, hören Sie mal! Man hat doch ein Herz für diese armen Teufel. Erst gestern war noch einer hier. Ein ganz Schwarzer, sage ich Ihnen. Sowas von schwarz! Zuerst habe ich mich ja ein bisschen erschrocken, als ich die Tür aufmachte und er plötzlich vor mir stand. Aber er war sehr nett. Wollte Zeitungen verkaufen. Eigentlich kaufe ich ja grundsätzlich nicht an der Tür. Aber in diesem Fall ... Da macht man natürlich eine Ausnahme. Er sollte ja auch nicht denken ...
Sicher, ich habe ihm die Hand gegeben. Na ja, ein etwas komisches Gefühl war das ja. Ich habe mir auch gleich hinterher die Hände gewasch ...
Aber das tut man ja sonst auch.
Wie bitte?
Ob ich etwas dagegen hätte, wenn meine Tochter ... mit einem Neger? Sie, werden Sie nicht unverschämt. Meine Tochter ist ein anständiges Mädchen. Die tut sowas nicht!

Quelle: Josianne Maas: Konsequenz. In: Hugo E. Käfer (Hrsg.): Beispiele, Beispiele. Texte aus der Literarischen Werkstatt Gelsenkirchen, Recklinghausen: Ernst Bitter Verlag 1969, S. 25.

Aufgabenstellung

Fertige zu diesem Text eine Textbeschreibung an. Bearbeite im Hauptteil folgende Schwerpunkte:

- Aufbau des Textes und Merkmale der Textsorte
- Ort und Zeit
- Figuren
- Sprache und Stil

Bewertet werden in deinem Aufsatz neben Inhalt, Aufbau und Form der Textbeschreibung auch Sprache und Rechtschreibung.

▶ **Original-Abschlussprüfung**

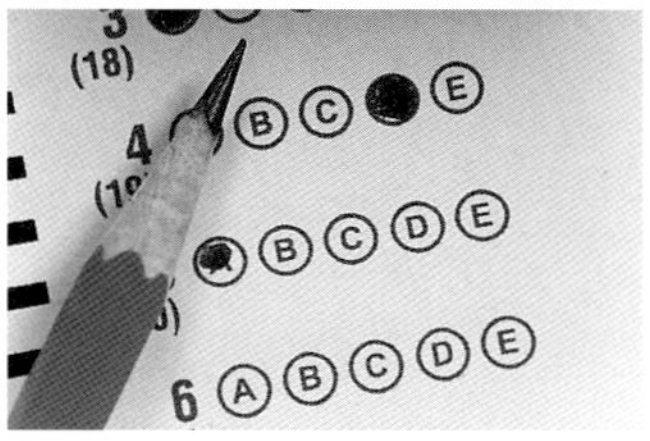

TEIL A1

25 P.

Text

Birgit Amrehn: Das kurze Leben der Elektrogeräte

Kurz nachdem die Garantie abgelaufen ist, gehen viele elektrische Geräte kaputt. Der Verdacht liegt nahe: Hersteller bauen gezielt für den Müll. Doch beweisen lässt sich dies nicht. Fakt ist: Bei der Entwicklung eines Elektrogeräts planen die Hersteller, wie lange es voraussichtlich funktionieren wird. „Haltbarkeit spielt dabei keine Rolle mehr", regt sich Stefan Schridde auf. Seit Jahren kämpft er mit seiner Kampagne „Murks? Nein, danke!" für nachhaltige Produktqualität. Er ist sich sicher: Allzu oft bauen Hersteller absichtlich einen Defekt in das Gerät. Denn wenn der Kunde neu kaufen muss, wird der Umsatz angekurbelt. Fachleute nennen das „geplante Obsoleszenz". Ob fest verbaute Akkus, Kunststoffzahnräder, die sich gegenseitig zerfräsen oder falsch bemessene Kondensatoren – Schridde wird nicht müde, Beispiele von „Murks" zu sammeln. Sein Lieblingsobjekt ist ein Milchaufschäumer eines Markenherstellers. Um das Gehäuse zu öffnen, sind zwar Schrauben vorhanden, doch letztendlich hilft nur zerstörerische Gewalt: Das Gehäuse ist zusätzlich verklebt. Eine Reparatur ist vom Hersteller nicht eingeplant. Bauen die Hersteller solche Schwachstellen also extra ein? Wasserdicht beweisen kann selbst Stefan Schridde es nicht.

Doch es gibt einige Indizien. Die meisten wurden bislang bei der Glühbirne gefunden: In den 1940er Jahren flog ein geheimer Zusammenschluss internationaler Glühlampenhersteller auf. In den Akten des sogenannten Phoebuskartells steht es schwarz auf weiß: Die Lebensdauer einer Glühbirne ist auf 1 000 Stunden zu begrenzen. Brennt eine Birne länger, wird der Hersteller mit empfindlichen Geldbußen bestraft. Doch weitere Beweise blieben bislang aus. Die Stiftung Warentest stellte vor einigen Jahren zwar fest, dass diverse Produkte unerfreulich kurzlebig sind. Doch ihre Testergebnisse ergaben keinen Rückschluss darauf, dass Hersteller absichtlich Fehlerquellen einbauten. Und auch eine 2016 vom Umweltbundesamt veröffentlichte Studie fand keine Indizien dafür. Zwar plane der Hersteller die Lebensdauer, doch sei er dabei verschiedenen Faktoren unterworfen. Zum Beispiel müsse er möglichst günstig produzieren, um auf dem Markt bestehen zu können. Technik und Material hätten Leistungsgrenzen.

„Ob es geplante Obsoleszenz gibt oder nicht – diese Frage muss gar nicht unbedingt beantwortet werden, um zu wissen, dass wir handeln müssen", sagt Ines Oehme vom Umweltbundesamt. „Unser Ziel ist es, dass die Menschen sich auf eine Mindestlebensdauer verlassen können und ihre Geräte so lange wie möglich nutzen. Und dafür müssen wir auf vielen Ebenen die Bedingungen verbessern." Denn eines förderte die von ihr begleitete Studie sehr wohl zutage: Elektrogeräte werden immer kürzer genutzt. Besonders der Anteil von Haushaltsgroßgeräten, die bereits in den ersten fünf Jahren kaputtgehen, stieg deutlich an.

Doch nicht nur die Hersteller werden in der Studie zur Verantwortung gezogen, sondern auch die Verbraucher. Viele kaufen sich frühzeitig ein neues Gerät, obwohl das alte noch voll funktionsfähig ist. Besonders bei Smartphones und Fernsehern wollen viele die neueste Technologie oder das neueste Modell besitzen. Egal aus welchen Gründen Elektrogeräte kurz genutzt werden, für das Umweltbundesamt ist das unter ökologischen Gesichtspunkten ein Dorn im Auge. Die Herstellung der Produkte verbraucht wertvolle Ressourcen; Schadstoffe und Treibhausgase belasten Umwelt und Klima. Doch was tun? „Wir müssen uns als Gesellschaft darauf einigen, wie lange ein Gerät mindestens halten soll", meint Ines Oehme. „Oder wie lange Ersatzteile vorhanden sein müssen und Software weiter unterstützt werden muss." Bei Staubsaugern regelt das bereits die Ökodesign-Richtlinie. Sie legt fest, dass spätestens ab dem 1. September 2017 der Motor mindestens 500 Stunden durchhalten muss. Das entspricht einer durchschnittlichen Lebensdauer von zehn Jahren. Mit der Ökodesign-Richtlinie ließen sich auch für andere Produktgruppen Mindestanforderungen festlegen, etwa wie lange sie halten müssen oder dass sie zu reparieren sein müssen. Für Stefan Schridde, den „Murks"-Initiator, geht das zu langsam. Er fordert eine Änderung des gesetzlichen Gewährleistungsrechts. Kunden können bisher zwei Jahre lang den Handel für defekte Elektrogeräte haftbar machen. Nach einem halben Jahr müssen sie jedoch nachweisen, dass sie nicht selbst den Defekt verursacht haben. Könnte der Kunde den Handel längere Zeit ohne Nachweis einer Ursache in Haftung nehmen, würde laut Schridde die Qualität automatisch steigen. Und er müsse nicht weiter so viel Murks sammeln.

Quelle nach: Birgit Amrehn: Das kurze Leben der Elektrogeräte. Im Internet unter: www.planet-wissen.de/gesellschaft/wirtschaft/konsum/geplante-obsoleszenz-100.html (erschienen am 28. 10. 2019)

10 P.
Textverständnis

3 P. 1. Prüfen Sie, welche der folgenden Aussagen mit dem Sachtext übereinstimmen. Notieren Sie entsprechend: trifft zu / trifft nicht zu.

a) Ein geheimer Zusammenschluss internationaler Glühlampenhersteller legte in den 1940er Jahren fest, die Lebensdauer einer Glühbirne auf 1 000 Stunden zu begrenzen.

b) Die Stiftung Warentest fand in einer Studie viele Indizien, die beweisen, dass Hersteller absichtlich Fehlerquellen einbauen.

c) Der Anteil an Haushaltsgeräten, die in den ersten fünf Jahren nicht kaputtgehen, stieg deutlich an.

d) Viele Konsumenten kaufen sich erst dann ein neues Gerät, wenn das alte nicht mehr funktionsfähig ist.

e) Unter ökologischen Gesichtspunkten ist die kurze Lebensdauer von Elektrogeräten nicht vertretbar.

f) Handrührgeräte müssen seit September 2017 eine Laufzeit von mindestens 500 Stunden aufweisen.

1 P. 2. Erklären Sie den Begriff „geplante Obsoleszenz".

2 P. 3. Das Umweltbundesamt kritisiert die kurze Lebensdauer aus ökologischen Gesichtspunkten. Formulieren Sie zwei Gründe dafür. Antworten Sie in vollständigen Sätzen.

1 P. 4. Erläutern Sie das aktuelle gesetzliche Gewährleistungsrecht.

2 P. 5. Beschreiben Sie zwei Gründe, warum Elektrogeräte immer kürzer genutzt werden.

1 P. 6. Begründen Sie, warum laut Stefan Schridde eine Änderung des gesetzlichen Gewährleistungsrechtes automatisch zu einer Qualitätssteigerung führen würde.

Sprachgebrauch

15 P.

7. Rechtschreibung — 4 P.

Bestimmen Sie die korrekte Schreibweise des unterstrichenen Wortes und benennen Sie die angewandte Rechtschreibstrategie / Rechtschreibregel.

Bsp.: kommen / komen: kommen → Strategie: Schwingen, kom – men

a) Ein schneller Defekt bei Kleingeräten ist nichts Überraschendes / überraschendes.

b) Erste Anzeichen für das drohende Ende der Lebensdauer sind zunehmend laute Gereusche / Geräusche des Gerätes.

c) Manche Elektrogeräte können bei intensiver Nutzung leicht in Brand / Brant geraten.

d) Für den Konsumenten ist es am Besten / besten, wenn er ein qualitativ hochwertiges Gerät mit einer langen Lebensdauer kauft.

8. Zeichensetzung — 2 P.

Übertragen Sie die unten stehenden Sätze und setzen Sie die fehlenden Kommas. Begründen Sie jeweils mit der passenden Kommaregel.

a) Der Umsatz wird angekurbelt wenn der Kunde neue Geräte kaufen muss.

b) Smartwatches die technisch schnell veralten sind besonders bei Jugendlichen sehr beliebt.

9. Indirekte Rede — 1 P.

Formulieren Sie die folgende Aussage in indirekter Rede. Verwenden Sie den Konjunktiv I.

Ines Oehme vom Umweltbundesamt sagt: „Unser Ziel ist es, dass die Menschen sich auf eine Mindestlebensdauer verlassen können [...].“ (Z. 31/32)

10. Tempus — 2 P.

Bestimmen Sie das Tempus. Verwenden Sie den lateinischen Fachbegriff.

a) Er muss nicht weiter so viel Murks sammeln.

b) In den Akten des sogenannten Phoebuskartells hatte es schwarz auf weiß gestanden.

c) Eine Änderung des gesetzlichen Gewährleistungsrechts wird 2030 bereits umgesetzt worden sein.

d) Der Hersteller hat bewusst Schwachstellen in die Elektrogeräte eingebaut.

1 P. 11. Aktiv/Passiv

Formulieren Sie den Satz im Passiv.

Verbraucher kaufen frühzeitig neue Geräte, obwohl die alten noch voll funktionsfähig sind.

2 P. 12. Wortarten

Bestimmen Sie die Wortarten der unterstrichenen Wörter und notieren Sie die lateinischen Bezeichnungen.

„Ob (1) es geplante Obsoleszenz gibt (2) oder nicht – diese (3) Frage muss gar nicht unbedingt beantwortet werden, um zu wissen, dass wir (4) handeln müssen.“ (Z. 29/30)

2 P. 13. Feldermodell

Erstellen Sie eine beschriftete Feldertabelle.
Tragen Sie den folgenden Satz ein, ohne ins Nachfeld zu schreiben:

Ein Elektrogerät sollte eine Mindestlebensdauer haben, weil dies aus ökologischen Gesichtspunkten nachhaltiger ist.

1 P. 14. Umgang mit Sprache

Erklären Sie die Formulierung: „ein Dorn im Auge“ (Z. 42)

TEIL A2 – LITERATUR 25 P.

Gabriele Clima: Der Sonne nach

15. Nennen Sie drei bedeutsame Figuren, denen Dario oder Andy auf ihrer Reise begegnen und erklären Sie kurz deren Bedeutung. 3 P.

16. „Also, dann hör mir mal gut zu. Du bist nicht der Einzige. Ich sitze auch in einem Rollstuhl. Seit neun Jahren schon. Hat bloß keiner mitbekommen." (S. 102) 4 P.

    Zeigen Sie auf, warum Dario seine Gesamtsituation so empfindet (vier Aspekte).

17. „‚In Ordnung', sagte die Delfrati schließlich. ‚Tun wir so, als wäre nichts passiert.' 2 P.
    Na toll, dachte Dario, das ist genau die Antwort, wie man sie von einem Weichei erwartet." (S. 21)

    Nennen Sie zwei Gründe, warum Dario Frau Delfrati in dieser Situation als „Weichei" empfindet.

18. „Deswegen, Dario, was auch immer du mit Andy gemacht hast, ich möchte nicht, dass du damit aufhörst." (S. 149) 3 P.

    Erklären Sie, wodurch Dario Andys positive Entwicklung beeinflusst hat (drei Aspekte).

19. **Hinweis zur Aufgabe**
    Aufgrund der erschwerten Lernsituation während der Corona-Pandemie standen den Fachlehrkräften zwei produktive Schreibaufgaben zur Auswahl, von denen den Schülerinnen und Schülern jedoch nur eine zur Bearbeitung vorgelegt wurde.

    Innerer Monolog 13 P.

    „Er hatte nur noch einen Gedanken, zu verschwinden, er wollte nur noch von hier weg, weit weg, einfach abhauen.
    Aber abgehauen war er ja schon. Und war hier «Am Park» gelandet. Wo es keine Villen gab. Keine Tore mit goldenen Klingelschildern. Es gab nicht einmal einen Vater." (S. 125)

    Stellen Sie in einem inneren Monolog drei weitere Gedanken Darios dar. (mindestens 200 Wörter)

oder:

13 P. Tagebucheintrag

„Dario sagte nichts, aß nichts, kam tagelang nicht aus seinem Zimmer, monatelang, jahrelang, wer konnte das schon sagen, wie bemisst man die Zeit, wenn man sich in seinem Zimmer verkriecht?“ (S. 142)

In dieser Situation schreibt Dario einen Tagebucheintrag, in dem er thematisiert, was ihm der gemeinsame Ausflug bedeutet und was er durch Andy gelernt hat. Schreiben Sie diesen Tagebucheintrag.
(mindestens 200 Wörter)

TEIL B

50 P.

Bearbeiten Sie eine der drei folgenden Aufgaben.

Aufgabe 1: Erörterung

Erörtern Sie, welche Argumente für und gegen ein Verbot von Feuerwerkskörpern sprechen (jeweils mindestens drei Argumente). Verwenden Sie den Text für Ihre Argumentation. Begründen Sie Ihre eigene Meinung.
Formulieren Sie einen zusammenhängenden, gegliederten Text.

Martin Franke: Debatte über Feuerwerk: Brauchen wir ein Böllerverbot?

Text

Es ist fast zwölf Monate her, dass die Deutsche Umwelthilfe (DUH) ankündigte, ein Böllerverbot in deutschen Großstädten mit hoher Feinstaubbelastung durchzusetzen. Notfalls auch vor Gericht. Kurz vor Weihnachten hieß es dann von der Organisation etwas zurückhaltender: „39 Prozent der belasteten Feinstaub-Städte sind für Feuerwerk-Verbotszonen.“ Städte wie Hamburg, München, Stuttgart und Köln haben Verbotszonen für private Silvester-Knaller in der Innenstadt angekündigt. Auch in Berlin sind Raketen und Böller in der Silvesternacht von 18 Uhr bis 6 Uhr zum ersten Mal nicht nur auf der Partymeile am Brandenburger Tor verboten, sondern auch auf dem nördlichen Alexanderplatz. Die Polizei hat angekündigt, Feuerwerkskörper in betroffenen Zonen notfalls „mit Zwang“ zu beschlagnahmen. In den vergangenen Jahren waren auf dem Alexanderplatz und in Schöneberg immer wieder Rettungskräfte und Polizisten mit Böllern beworfen worden.
Die meisten Deutschen sind aus Umwelt- und Sicherheitsgründen für ein Verbot von Böllern zu Silvester. Laut einer repräsentativen Befragung des Meinungsforschungsinstituts YouGov mit 2 000 Teilnehmern für das „RedaktionsNetzwerk Deutschland“ befürworten 57 Prozent ein Verbot. 36 Prozent sprechen sich gegen ein Verbot aus, sieben Prozent sind unschlüssig.
Silvesterraketen, Böller und bunte Batterien haben eine lange Tradition. Das Schwarzpulver wurde vor mehr als 1 000 Jahren in China erfunden. Im Mittelalter war es den Reichen am feudalen Hofe vorbehalten, um Gäste bei Feierlichkeiten zu unterhalten. Erst im 19. Jahrhundert wurde es der breiten Öffentlichkeit zugänglich gemacht. In den vergangenen Jahren ist der Wirtschaftszweig gewachsen: Gaben die Menschen in Deutschland 2007 noch 100 Millionen Euro für Feuerwerk aus, waren es 2017 bereits 137 Millionen Euro. Dabei ist der Verkauf auf nur drei Tage bis zum 31. Dezember begrenzt. Spannend dürfte sein, ob die Debatte um Klimaschutz die Verkaufszahlen in diesem Jahr nach unten drücken wird und Hersteller wie Weco und Comet einen Rückgang ihrer Einnahmen zu spüren bekommen – oder ob Verbraucher das Thema für ein paar Minuten ausblenden.
Eine Gefahr für das eigene Leben kann nicht nur von der eigenen Rakete ausgehen. Jedes Jahr gibt es Berichte über teils schwere Verbrennungen, verstümmelte Hände und verlorenes Augenlicht. All diese Verletzungen wären vermeidbar, warnen Ärzte immer wieder aufs Neue, zahlreiche Noteinsätze ebenso. Silvesterböller können das Gehör dauerhaft schädigen. Die Knallkörper erzeugen eine Lautstärke bis zu 120 Dezibel.
Ein weiterer Aspekt ist die Umweltverschmutzung. In einer Pressemitteilung der DUH heißt es, dass die Feinstaubmenge, die durch das Feuerwerk zum Jahreswechsel freigesetzt wird, 16 Prozent der jährlich im Straßenverkehr entstehenden Menge entspreche. Die Menschen verschmutzen zum Spaß nicht nur die Luft, die sie atmen, sondern auch die Natur in ihrer Nachbarschaft. Raketen und Böller landen ohne Umwege in der Umwelt und bleiben dort teilweise monatelang liegen.

Manche Händler verzichten deswegen bereits auf den Verkauf von Feuerwerkskörpern. Andere verdienen am Silvesterkrach weiter viel Geld: Bei einem Discounter gibt es in diesem Jahr ein sogenanntes Systemfeuerwerk mit 152 Schuss für 50 Euro. Brenndauer: etwas mehr als zwei Minuten. [...]
Leidtragende der Jahreswende sind auch Tiere: Hunde, Vögel, Waldbewohner. Sie sind diejenigen, die vor dem Fest keine Warnung erhalten und oft auch keinen Rückzugsort haben. In anderen Ländern haben die Tiere es besser, dort wird der Rutsch ins neue Jahr ohne viel Lärm gefeiert: In Spanien kommen die Menschen um Mitternacht zum Beispiel mit einer Tüte Trauben zusammen, in den letzten zwölf Sekunden des Jahres essen die Feiernden jeweils genau zwölf Trauben.
Einzig gegen ein Verbot spricht ein wichtiges Argument: das Verbot selbst. Es wäre die letzte Option des Gesetzgebers, die aber auch in die individuelle Freiheit von Menschen eingreift. Ein generelles Böllerverbot für die ganze Republik ist zudem unrealistisch, auch wenn es dazu Initiativen und Petitionen gibt. Städte und größere Orte könnten viel eher darüber sprechen und Verbotszonen einrichten.

Quelle: Martin Franke: Debatte über Feuerwerk: Brauchen wir ein Böllerverbot? Im Internet unter: www.faz.net/aktuell/gesellschaft/menschen/silvester-brauchen-wir-ein-boellerverbot-16552841.html (aktualisiert am: 27.12.2019)

Aufgabe 2: Textbeschreibung Lyrik

Günter Kunert (1929–2019): Gagarin[1]

Als er durch des Himmels Bläue aufgefahren,
Schien es, er bewege sich nicht länger fort,
Und er hänge fest in dieser schwarzen Weite,
Und die Erde drehe sich vor seinem Fenster dort.

Eine unfaßbare Kugel nannte er nun Heimat,
Und wie nie vorher kam sie ihm plötzlich nah,
Da er, fern von ihr in den Unendlichkeiten,
Stumm und reglos auf sie niedersah.

Und er liebe sie, die sich ihm zeigte,
Weil sie doch der Menschen Mutter war,
Immer noch die Söhne nährend und behausend,
Aber auch durch sie in tödlicher Gefahr.

Während seiner Rückkehr zum Planeten
Ward ihm klar: Die Erde ist nur eins.
Die darauf sind, müssen miteinander leben,
Oder von ihr wird es heißen: Leben keins.

Quelle: Günter Kunert: Gagarin. In: Der ungebetene Gast. Gedichte. Aufbau-Verlag, Berlin / Weimar, 1965.

Anmerkung
Die Rechtschreibung entspricht nicht den aktuellen Regeln.

Text

1 Juri Gagarin, russischer Kosmonaut, umkreiste 1961 als erster Mensch die Erde.

Aufgabenstellung

Untersuchen Sie dieses Gedicht und beschreiben Sie dabei folgende Punkte:
- Sprachliche Mittel und deren Wirkung
- Perspektive, Gedanken und Erkenntnisse des Kosmonauten

Formulieren Sie einen zusammenhängenden, gegliederten Text.

Aufgabe 3: Textbeschreibung Prosa

Text

Marion Miller: Das Glück

Sie fasst es nicht, kann es nicht begreifen: 60 000 Mark, sechzig große Scheine. Fünf Richtige und Zusatz: Sie hat richtig getippt. Fünfzehn Jahre lang jeden Freitag Zahlen angekreuzt. Geburtstage, Hochzeitstage, Sterbetage; fünfzehn Jahre lang geträumt, fünfzehn Jahre gehofft. Sie hält den Brief in gichtigen Händen – ihr Name, der Geldbetrag und „dürfen wir Sie zu Ihrem Gewinn herzlich beglückwünschen!" Kein Zweifel, sie ist gemeint. Sie hält den Brief ganz fest, spürt Kälte ins Gesicht steigen, legt die Hände vor die Augen, weint. Gestern Rentnerin, gestern arm, gestern gespart, gestern sich nichts geleistet, gestern an vollen Schaufenstern vorbeigehuscht. Nie hatte sie Geld. Und nun dieser Augenblick. Sie zieht das Sonntags-Dunkelblaue an, fährt in die Stadt, will das Glück auf die Probe stellen, Freude kaufen, Sehnsüchte bar bezahlen. Brechende Schaufenster, das Fest der Augen, die Flöte des Rattenfängers: kaufen, dazugehören, Geld ausgeben, glücklich sein. Die Verkäuferin warnt, dies sei ein teures Kleid, Material, Verarbeitung. Lächeln, sie möchte anprobieren, sie hat Geld. Bitte, gnädige Frau. Das Wort dröhnt in ihren Ohren: gnädige Frau! Zum ersten Mal in ihrem Leben.

Sie kauft das Kleid nicht, der Spiegel hat sie ausgelacht. Sie kauft auch keinen Pelz, der schwarze Wollmantel hält warm, tut es noch ein paar Jahre. Keinen Farbfernseher: ihre Augen sind müde, chronische Bindehautentzündung, tränig von dem, was sie sahen, durch siebzig Jahre. Kein Haus: sie ist allein. Keine Reisen in ferne Märchenländer: sie glaubt nicht mehr an Märchen. Fünf Richtige und Zusatz: was soll das Geld. Fünfzig Jahre früher hätte sie es gebraucht. Ein Haus für die Familie, die Kur für den Mann, den teuren Arzt für das Kind, den warmen Pelz, das schicke Kleid. Nie hat das Geld gereicht. Nun braucht sie keins mehr. Der Schalterbeamte holt den Direktor. Der redet auf sie ein, ob sie sich das auch gut überlegt hat: Geld legt man an, damit es sich vermehrt. Niemand verschenkt Geld, auch nicht an die Kirche. Sie bleibt dabei, sie will das Geld nicht. Schreibt den Scheck, malt mit zittrigen Händen die Riesenzahl, ihren Namen: Zahlen Sie aus meinem Guthaben.

Quelle: Marion Miller: Das Glück. In: Glück und Sinn, Schulbuch für Ethik. Klett, 1987.

Aufgabenstellung

Untersuchen Sie diesen Prosatext und beschreiben Sie dabei folgende Punkte:

- den Titel und die sprachlichen Mittel in Bezug auf den Inhalt
- die Merkmale der Kurzgeschichte belegt an Textbeispielen
- die Erkenntnis der Hauptfigur

Formulieren Sie einen zusammenhängenden, gegliederten Text.

Abschlussprüfung an Realschulen in Baden-Württemberg
Deutsch 2022

Um dir die Prüfung 2022 schnellstmöglich zur Verfügung stellen zu können, bringen wir sie in digitaler Form heraus.

Sobald die **Original-Prüfungsaufgaben 2022** zur Veröffentlichung freigegeben sind, können sie als PDF auf der Online-Plattform *MyStark* heruntergeladen werden (Zugangscode vgl. Farbseiten vorne im Buch).

Prüfung 2022

www.stark-verlag.de/mystark

Bildnachweis

S. 4: sveta/AdobeStock
S. 29: Palto. Shutterstock
S. 33: Kirill_M. Shutterstock
S. 37: © Zoonar/Polylooks
S. 40: Matthias Brandt: Blackbird. Verlag Kiepenheuer & Witsch 2021, Köln
S. 55: © Aamon – Fotolia.com
S. 66: Mirjam Pressler: Nathan und seine Kinder. Gulliver in der Verlagsgruppe Beltz © 2010, Weinheim Basel
S. 67: Stephanie Spaleck, Neuhausen-Hamberg
S. 79: © Aamon – Fotolia.com
S. 89: Alexandr Rozhov © 123RF.com (links), Ingvar Bjork © 123RF.com (Mitte), Elnur Amikishiyev © 123RF.com (rechts)
S. 92: Norebbo. Shutterstock
S. 94: musicman. Shutterstock
S. 107: © zimmytws – Fotolia.com
S. 109: © Zoonar/Marcel Paschertz
S. 115: © Hulli – Fotolia.com
S. 118: Platslee. Shutterstock
S. 119: Edvard Molnar/AdobeStock
S. 123: cosma. Shutterstock
S. 129: picture-alliance/dpa
S. 133: © Stark Verlag
S. 136: Kitch Bain. Shutterstock
S. 144: Art3d. Shutterstock
S. 151: picture-alliance/dpa

Zwischenblätter:
„Training Grundwissen“: © william87/Fotolia.com (oben), © Stark Verlag (Mitte), © Zoonar/Christine Langer-Püschel (unten)

„Übungsaufgaben im Stil der Abschlussprüfung“: © Bilderbox.com (oben), © Zoonar/Photographer: B-D-S (Mitte), Zoonar/Polylooks (unten)

„Original-Abschlussprüfung“: © Michael Flippo/Fotolia.com (oben), © Monkey Business Images/Dreamstime.com (Mitte), Bilderbox.com (unten)